博士论文出版项目

组织与技术

20世纪50年代浙江海洋渔业集体化研究

Organization and Technology

A Study on the Collectivization of Marine Fishery in Zhejiang in the 1950s

叶君剑 著

中国社会科学出版社

图书在版编目（CIP）数据

组织与技术：20世纪50年代浙江海洋渔业集体化研究／叶君剑著. -- 北京：中国社会科学出版社，2024.9. -- ISBN 978－7－5227－4215－1

Ⅰ．F326.475.5

中国国家版本馆 CIP 数据核字第 2024GT9799 号

出 版 人	赵剑英
责任编辑	黄　丹　魏厚宾
责任校对	周　昊
责任印制	李寡寡

出　　版	中国社会科学出版社
社　　址	北京鼓楼西大街甲 158 号
邮　　编	100720
网　　址	http://www.csspw.cn
发 行 部	010－84083685
门 市 部	010－84029450
经　　销	新华书店及其他书店
印　　刷	北京君升印刷有限公司
装　　订	廊坊市广阳区广增装订厂
版　　次	2024 年 9 月第 1 版
印　　次	2024 年 9 月第 1 次印刷
开　　本	710×1000　1/16
印　　张	18.25
字　　数	256 千字
定　　价	98.00 元

凡购买中国社会科学出版社图书，如有质量问题请与本社营销中心联系调换
电话：010－84083683
版权所有　侵权必究

出 版 说 明

　　为进一步加大对哲学社会科学领域青年人才扶持力度，促进优秀青年学者更快更好成长，国家社科基金2019年起设立博士论文出版项目，重点资助学术基础扎实、具有创新意识和发展潜力的青年学者。每年评选一次。2022年经组织申报、专家评审、社会公示，评选出第四批博士论文项目。按照"统一标识、统一封面、统一版式、统一标准"的总体要求，现予出版，以飨读者。

全国哲学社会科学工作办公室

2023 年

摘　　要

集体化是20世纪50年代中国基层社会发展演变的重要主题，农村、农民与农业三者是其中的核心要素。以往的研究也大多聚焦于此，类型上的差异并不显著。结合近年来水域社会与渔民群体研究的兴起，本书以浙江省档案馆以及温州、台州、宁波、舟山市档案馆的渔业档案为基础，从组织与技术两个角度研究浙江海洋渔业集体化。

组织变革是海洋渔业集体化的基础，本书探讨了水产经营体系和集体经济体系的建立。1949年以后，政府通过设立鱼市场、改造鱼行等，使水产经营权从私商转移到国家；之后又对不同的国营组织进行整合，最终形成以水产供销公司为组织形式的体制，确立了"统购包销、保障供给"的经营模式。结合海洋渔业生产的特点，政府通过阶级划分对渔民的身份进行了重新建构；在合作化中，渔民的入社资格问题体现了基层实践与政策规定之间的偏离，生产工具折价及入社后的所有权问题成为各方博弈的焦点。

技术之于海洋渔业生产意义重大，本书主要呈现了海洋渔业集体化中的敲𦩍和机帆船。敲𦩍是一种传统生产技术，1956年传播到浙南沿海，在地方政府的支持下，与渔业合作社结合后获得了迅速发展；敲𦩍渔业虽然展现了集体生产的效率，但也引发了各种问题，促使政府决定停止发展。发展机帆船是改进渔船动力的有效方案，舟山的机帆船试验在各种优等条件组合下取得了成功；机帆船既提高了生产效率，又为权力的扩张创造条件，但1958年以后机帆化的盲目推进消耗了大量公共积累。

作为国家权力向下扩张的重要形式，集体化深刻改变了近代以来浙江的海洋渔业生产秩序。无论是水产品的经营、渔业生产的组织，还是各类技术改革，都表明国家权力在海洋渔业领域获得了空前的增长。从财政汲取角度来看，集体化使中国共产党在海洋渔业领域建立了有别于明清时期与民国时期的财政汲取模式，并以持续的财政投入来构建权力基础。海洋渔业的历史经验提醒我们，真正的现代国家政权建设应是合理的财政汲取与有效的财政投入共同作用的过程。

关键词： 集体化；海洋渔业；水产经营；渔业合作；敲䑩；机帆船

Abstract

Collectivization is an important theme in the development and evolution of grassroots society in China in the 1950s. Countryside, farmer and agriculture are the core elements. Most previous studies also focus on these, which are not significantly different in types. Combining with the studies of water society and fishermen in recent years, this book which bases on fishery archives from Zhejiang Provincial Archives and Wenzhou, Taizhou, Ningbo, Zhoushan Archives, studies the collectivization of marine fishery in Zhejiang from the perspectives of organization and technology.

Organization reform is the foundation of collectivization of marine fishery, and this book discusses the establishment of aquatic management system and collective economic system. The government set up fish market and reformed fish guild, thus transferring the aquatic management right from private traders to the state after 1949. Then the government integrated different state-owned organizations. Finally, the system of aquatic supply and marketing company was formed, and the management mode of "unified purchase and sell, guaranteed supply" was founded. Combining with the characteristics of marine fishery production, the government reconstructed the identity of fishermen through class division. In the process of cooperation, fishermen's membership reflected the deviation between grassroots practice and policy regulation. Also, the price and ownership of production tools became an important topic.

Technology is of great significance to marine fishery production, and this book mainly presents Qiaogu and motor sailer in the collectivization of marine fishery. Qiaogu was a kind of traditional production technology, and it spread to south Zhejiang coastal area in 1956. Qiaogu developed rapidly with the support of local government and the combination of cooperatives. While Qiaogu fishing showed the efficiency of collective production, it also caused various problems. That was why the government decided to stop developing it. Developing motor sailer was an effective scheme to improve driving force of fishing boat, and successful motor sailer experiment was acquired under a series of superior conditions in Zhoushan. Motor sailer not only improved production efficiency, but also created conditions for the expansion of power. However, the development of motor sailer without reasonable planning consumed lots of public accumulation after 1958.

As an important form of the downward expansion of state power, collectivization had profoundly changed the production order of marine fishery in Zhejiang since modern times. Both aquatic product management and fishery production organization, as well as all kinds of technological reform, indicated that the state power had gained an unprecedented increase in the field of marine fishery. From the perspective of fiscal absorption, collectivization led to the establishment of fiscal absorption mode of marine fishery by CPC, which was different from Ming-Qing Dynasty and Republic of China. At the same time, CPC tried to build up its power base through continuous fiscal investment. The historical experience of marine fishery reminds us that the true modern state building should be a process of rational fiscal absorption and effective fiscal investment working together.

Key Words: Collectivization; Marine Fishery; Aquatic Management; Fishery Cooperation; Qiaogu; Motor Sailer

目　　录

绪　论 ………………………………………………………（1）
　第一节　选题缘起与研究要旨 ………………………………（1）
　第二节　学术史回顾与思考 …………………………………（6）
　　一　渔业通史的撰写 ………………………………………（7）
　　二　传统渔业史研究的主题 ………………………………（9）
　　三　渔业史研究的新趋向 …………………………………（20）
　　四　若干思考 ………………………………………………（25）
　第三节　相关问题说明 ………………………………………（27）
　第四节　资料、方法与主要内容 ……………………………（31）
　　一　资料概述 ………………………………………………（31）
　　二　研究方法 ………………………………………………（32）
　　三　主要内容 ………………………………………………（33）

第一章　浙江沿海的海匪与渔民 …………………………（36）
　第一节　民国时期的渔匪共存 ………………………………（37）
　　一　海匪活动与匪片 ………………………………………（38）
　　二　政府的护渔措施 ………………………………………（42）
　第二节　国共对抗下的渔匪关系 ……………………………（46）
　　一　渔业生产破坏与应对 …………………………………（48）
　　二　浙南沿海的博弈 ………………………………………（54）

第三节　沿海渔民的生存状态……………………………（62）
　　一　泛化的生存状态………………………………………（62）
　　二　渔民的收入差异………………………………………（66）

第二章　水产经营组织：经营权的转移与组织整合…………（76）
　第一节　鱼行的组织与经营……………………………………（77）
　　一　人员构成与行业术语…………………………………（77）
　　二　经营方式与佣金………………………………………（82）
　第二节　水产经营权的转移……………………………………（88）
　　一　设立鱼市场……………………………………………（89）
　　二　改造鱼行………………………………………………（91）
　　三　新格局的形成…………………………………………（94）
　第三节　水产经营组织的整合…………………………………（96）
　　一　鱼市场性质的变化……………………………………（96）
　　二　浙江水产运销公司的亏损……………………………（99）
　　三　水产供销体制的确立…………………………………（103）

第三章　渔业生产组织：渔民身份重构与组织变革 …………（107）
　第一节　组织形式的沿袭………………………………………（107）
　　一　渔会与渔民协会………………………………………（108）
　　二　渔业合作………………………………………………（113）
　第二节　渔民身份的重构………………………………………（121）
　　一　土改时期的渔民问题…………………………………（122）
　　二　渔民阶级成分的形成…………………………………（127）
　　三　渔民阶级成分的统一…………………………………（133）
　第三节　谁能入社与以何入社…………………………………（145）
　　一　渔民的入社资格………………………………………（145）
　　二　生产工具入社…………………………………………（155）
　　三　技术角度的解读………………………………………（165）

第四章 敲𦩳：传统技术的扩散与应对 …… (172)

第一节 敲𦩳渔业的北传 …… (173)
一 敲𦩳渔业的扩散 …… (173)
二 温州敲𦩳的蔓延 …… (178)

第二节 敲𦩳渔业的消极影响 …… (183)
一 大黄鱼资源的破坏 …… (183)
二 致富与增产的"烦恼" …… (186)
三 敲𦩳引发的冲突 …… (190)

第三节 敲𦩳渔业政策的转变 …… (192)
一 停止发展与分歧 …… (193)
二 矛盾升级与转业 …… (197)

第五章 机帆船：新技术的创造与推广 …… (203)

第一节 机帆船试验 …… (204)
一 台州海门：无果而终 …… (205)
二 舟山专区：试验成功 …… (206)

第二节 机帆化的动力 …… (210)
一 增产与效益 …… (210)
二 权力的扩张 …… (217)

第三节 机帆化的推进 …… (221)
一 资金来源 …… (222)
二 技术支持 …… (227)
三 遭遇困境 …… (231)

结 语 …… (235)
第一节 海洋渔业生产秩序的变化 …… (236)
第二节 海洋渔业与财政汲取问题 …… (240)

参考文献 …………………………………………………… （249）

附　录 …………………………………………………… （266）

索　引 …………………………………………………… （270）

后　记 …………………………………………………… （277）

Content

Introduction ·· (1)

  Section 1 The origin and gist of study ···························· (1)

  Section 2 Review and reflection on academic history ············ (6)

    1. The writing of a general history of fishery ···················· (7)

    2. The theme of traditional fishery history study ················ (9)

    3. New trends in the study of fishery history ···················· (20)

    4. Several thinking ·· (25)

  Section 3 Related problems explanation ····························· (27)

  Section 4 Information, method and main content ················ (31)

    1. Information overview ·· (31)

    2. Research method ·· (32)

    3. Main content ··· (33)

Chapter 1 Pirates and fishermen in the coastal area of Zhejiang ··· (36)

  Section 1 The coexistence of pirates and fishermen during the Republic of China ·· (37)

    1. Pirates activity and sea-pass ······································ (38)

    2. Government measures to protect fishing ······················ (42)

  Section 2 The relationship between pirates and fishermen under the confrontation between KMT and CPC ······ (46)

1. Destruction of fishery production and countermeasures ……（48）
2. The confrontation in the coastal area of south Zhejang ……………………………………………………（54）
Section 3 The living status of coastal fishermen ………………（62）
1. Generalized living status ………………………………（62）
2. Income difference of fishermen ………………………（66）

Chapter 2 Aquatic management organization: transfer of management right and organizational integration ………………………………………（76）

Section 1 Organization and management of fish guild …………（77）
1. Staff composition and trade terminology ………………（77）
2. Business practice and brokerage ………………………（82）
Section 2 Transfer of aquatic management right ………………（88）
1. Set up fish market ………………………………………（89）
2. Reform fish guild ………………………………………（91）
3. The formation of new pattern …………………………（94）
Section 3 Integration of aquatic management organization ……（96）
1. The nature change of fish market ………………………（96）
2. The loss of Zhejiang aquatic transportation and marketing company ………………………………………………（99）
3. The establishment of aquatic supply and marketing system ……………………………………………………（103）

Chapter 3 Fishery production organization: identity reconstruction of fishermen and organizational reform ……………………………………………（107）

Section 1 The continuity of organizational form ………………（107）
1. Two kinds of fishermen's association …………………（108）

2. Fishery cooperation ……………………………………… (113)
Section 2　The reconstruction of fishermen's identity ………… (121)
　　1. The problem of fishermen during land reform period …… (122)
　　2. The formation of fishermen's class status ………………… (127)
　　3. The unity of fishermen's class status …………………… (133)
Section 3　Who can join cooperatives and how ………………… (145)
　　1. The membership of fishermen …………………………… (145)
　　2. Production tools of cooperatives ………………………… (155)
　　3. Technological interpretation ……………………………… (165)

Chapter 4　Qiaogu: the spread of traditional technology and its solution ……………………………………… (172)

Section 1　The northward spread of Qiaogu fishing …………… (173)
　　1. The spread of Qiaogu fishing in South China …………… (173)
　　2. The situation of Qiaogu fishing in Wenzhou …………… (178)
Section 2　The passive influence of Qiaogu fishing …………… (183)
　　1. The destruction of Pseudosciaena crocea resources ……… (183)
　　2. The troubles of getting rich and increasing production … (186)
　　3. Conflicts caused by Qiaogu ……………………………… (190)
Section 3　The change of Qiaogu fishing policy ………………… (192)
　　1. Stop developing and dispute ……………………………… (193)
　　2. The escalation of contradiction and transfer employment … (197)

Chapter 5　Motor sailer: the creation and dissemination of new technology ……………………………… (203)

Section 1　Motor sailer experiments ……………………………… (204)
　　1. Taizhou Haimen: no result ……………………………… (205)
　　2. Zhoushan Prefecture: successful experiment …………… (206)

Section 2　The motivation of developing motor sailer ………… (210)
　　1. High production and benefit ……………………………… (210)
　　2. The expansion of power ………………………………… (217)
　Section 3　The acceleration of developing motor sailer ………(221)
　　1. Capital source ……………………………………………(222)
　　2. Technological support …………………………………… (227)
　　3. Encounter difficulty ……………………………………… (231)

Conclusion ……………………………………………………… (235)
　Section 1　The change of marine fishery production order …… (236)
　Section 2　Fiscal absorption in marine fishery ………………… (240)

References ……………………………………………………… (249)

Appendix ………………………………………………………… (266)

Index ……………………………………………………………… (270)

Postscript ………………………………………………………… (277)

绪　　论

第一节　选题缘起与研究要旨

自大航海时代以来，"海洋"逐渐成为世界主要国家拓展和活动的重要空间，并影响至今。而从海洋角度看待中国历史，也越来越受到史学研究者的重视，20世纪90年代以来蓬勃发展的海洋史研究正是此一趋势的反映。有学者专门提出"海洋史学"的概念，借以讨论相关研究的内涵和旨趣。杨国桢指出，"海洋史学是海洋视野下一切与海洋相关的自然、社会、人文的历史研究"，其主要内容"包括海洋的自然生态变迁的历史，和人类开发利用海洋的历史、海洋社会人文发展的历史"；海洋史学以海洋为本位，重视海洋活动群体，"从海洋看陆地，探讨人与海的互动关系，海洋世界与农耕世界、游牧世界的互动关系"①。传统叙述中对中国历史的讨论，诸如农耕社会、小农经济等，通常是基于陆地或土地本位的思考，往往忽视了海洋在其中发挥的作用。海洋史研究则将"海洋"这一要素与空间纳入视野，它的兴起是对传统陆地史观的一种补充，为我们

---

① 杨国桢：《海洋世纪与海洋史学》，《东南学术》2004年增刊。另有学者提出"新海洋史"的概念，新海洋史的研究视角由陆地本位转向以海洋为中心，并将海洋当作互动区或流动的网络来研究。参见夏继果《海洋史研究的全球史转向》，载刘新成主编《全球史评论》第9辑，中国社会科学出版社2015年版，第3—18页。

深入理解历史发展进程提供了新的视角。对研究者来说，只有充分结合海洋史观与陆地史观，才能形成更加全面的历史认识。

比海洋史更具拓展性的是，还出现了以"水"为主体的史学认知和研究趋势。20世纪70年代以后，随着水危机的加重与气候变化的影响，研究者不仅关注人类历史上的水利工程发展与相关技术进步，也更关注水在历史上与人类生存发展之间的互动关系，目前国际上水历史的研究领域非常广泛。[1] 与大多数研究将治水或水利作为理解中国社会发展演变的一个重要领域有所不同的是，一些学者开始趋向考察水域社会及其相关人群，强调"水域"与"土地"之间的差异，甚至提出了"新水域史"的概念。[2]

总而言之，学界最新的动向显示，对中国历史的研究不应只关注陆地或土地，还要重视"水"的存在，海洋史的发展可视为对传统研究视角的挑战和补充。另外在与"水"相关的史学研究中，需要避免"土地"倾向的叙述模式，以"水域"为本位进行重构，并特别注意相关人群。

有别于农民普遍以土地为根本的逻辑，沿海、沿湖、沿江河的民众有着自身独特的思维方式和生存之道。以沿海民众为例，有学者针对其在历史时期的谋生方式，提出了颇具概括性的见解。鲁西奇借用陈寅恪揭示出的"滨海地域"概念，将"滨海地域"界定为"濒临海洋、居住人群之生计与海洋环境有着密切关系或受海洋环境影响甚巨的地区，包括大陆的沿海地区、沿海诸岛屿及相关水域"。历史时期滨海地域可以提供的生活资源与条件主要有以鱼为主的各种海产品、海盐以及航行三种，由此分别形成了渔户、盐户（灶户）和水手（船师、艇户）三类重要人群。[3]

---

[1] 郑晓云：《关于水历史》，《光明日报》2014年1月8日第16版。

[2] 贺喜、科大卫主编：《浮生：水上人的历史人类学研究》，中西书局2021年版；徐斌：《以水为本位：对"土地史观"的反思与"新水域史"的提出》，《武汉大学学报》（人文科学版）2017年第1期。

[3] 鲁西奇：《中古时代滨海地域的"水上人群"》，《历史研究》2015年第3期。

鲁西奇将海洋渔业与沿海民众的谋生方式相联系，注意到海洋渔业的"生存"意义，这是理解历史时期海洋渔业相关问题的一种重要视角。但从产业角度来看，海洋渔业是沿海地区社会经济结构的重要组成部分，在发展演变过程中变得日益复杂和精细。尤其到了明清时期，在生产、运输、加工、销售等环节，海洋渔业的分工协作越来越专业化，各类行业组织也普遍成立。此外，明清时期政府对渔课的征收以及对沿海渔民、出海渔船的管理，成为海洋渔业领域中王朝制度与地方社会互动调适的焦点。概言之，民众生存、社会经济与王朝国家构成了海洋渔业研究中的三种重要维度。

以上简要呈现的"水"的研究趋势和海洋渔业的研究路径，为本书选题奠定了基础。本书在研究视角上，更加关注近代以来国家与海洋渔业之间的关系。20世纪前半叶，中国的海洋渔业整体上表现出一种落后的面貌，并在内外因素的交互作用下趋向衰退。这一时期，国家积极介入海洋渔业的发展中，扮演了重要角色。特别是在20世纪二三十年代，政府为革新海洋渔业采取了一系列举措，如组建新的渔民团体、推动水产专业教育、设立水产试验场、引入先进捕鱼设施、建立鱼市场等。但是，由于财政资源受限、民间势力抵制、社会环境动荡等影响，国家权力的增长并没有促成海洋渔业的根本性变革，其成效相当有限。

新中国成立以后，国家权力更为全面且充分地介入社会经济领域。集体化①不仅是基层社会发展演变的一条主线，同时也是国家权力延伸扩张的重要体现。目前学界关于集体化的讨论，大都集中在农业②问题及相关人群（农民）、地域（农村）。严格来说，这也是"土地"视角及其逻辑在集体化研究中的反映。当然，基于中

---

① 关于集体化内涵的说明，见绪论第三节。
② 农业有广义与狭义之分，广义的农业包括种植业、林业、畜牧业、渔业等，狭义的农业仅指种植业。本书所称"农业"，专指种植业。

国共产党的革命传统和中国以农立国的状况,农业集体化是把握乡村变迁的关键,需要持续深入地研究。但是海洋渔业有着不同于农业的特点,譬如以海域为主要生产区域、捕捞技术的专业性强、水产品的商品化率高等。因此,在参照农业集体化研究的基础上,本书主要围绕以下两个关键要素,尝试探讨海洋渔业集体化。

其一,是"组织"。"组织"作为考察农业集体化的基本切入点,有两层含义:一是动词意义上的,即通过各种策略手段将分散的个体农民组织起来,纳入集体之中;二是名词意义上的,即新政权在农村建立的各种组织,如农民协会、互助组、合作社、党支部、民兵队等。研究海洋渔业集体化,不可不注意"组织"的重要性。由于海洋渔业具有显著的商品化特征,"供—产—运—销"各个环节关联密切,并且劳动产品只有极少部分被渔民消费,绝大部分进入市场流通中,所以水产经营组织在海洋渔业研究中需要加以关注。在海洋渔业集体化过程中,私商如何退出水产经营领域,国家权力又如何介入其中?水产经营组织发生了怎样的变化?中共的革命经验主要来自农村地区,不管是革命队伍内部的成员还是革命斗争中所形成的逻辑,都与农业经济有紧密的联系。然而沿海地区的社会经济体系不同于内陆农业地区,中共在农村所获得的治理经验如阶级的划分,将如何运用到沿海渔业社会?渔民的阶级成分有哪些,他们是如何被发动与组织起来?在"土地"要素并不显著的情况下,又会有哪种生产要素凸显出来,成为集体化过程中渔民与政府博弈的焦点?

其二,是"技术"。"技术"之于集体化,可以从两个角度进行解读。一是权力的操作技术(通称权力技术),指基层政治运作中反复或经常出现的一些策略和手段,如诉苦、阶级划分等。二是生产上的技术,在本书中涵盖范围较广,既包括运用于生产的技术、知识、经验,又包括相关的能源材料、工具设备等。关于权力技术在土改以及农业集体化中的运用,学界已有充分的探讨。① 至于生产上的技术,学者大多关注人民公社建立以后,20 世纪 60 年代开始政府在农业发展方面对现代技术投入的重视。② 在海洋渔业集体化过程中,权力技术的运用在本质上与农业集体化类似,且与前述"组织"问题相关联。本书讨论的"技术",专指生产上的技术。虽然浙江沿海各地海洋渔业生产技术不尽相同,但 20 世纪 50 年代的敲𦩘与机帆船值得特别注意。两者分别是渔业生产组织变革前后传统技术与新技术的典型,都对浙江沿海渔区生产力的发展产生了深刻影响。渔业合作社的建立,究竟在敲𦩘技术传播扩散中起到了何种作用?地方政府面对敲𦩘渔业的发展,又采取了怎样的措施?新技术的推广往往借助于自上而下的组织体系,同时由集体经济组织承担相应的成本,机帆船即是一个显著的例子。但机帆化能否达到巩固集体经济组织的目标,抑或是在特定情形下阻碍生产力的发展?

以上这些问题,都是本书试图解决的。需要再次说明的是,本书并非全面、详细地探究浙江海洋渔业集体化的综合内容,而是专从"组织"与"技术"两个角度切入,考察海洋渔业集体化的重要领域和关键要素。就集体化研究的旨趣来说,考虑到中国地域辽阔,社会与人群情况复杂,在农业集体化研究之外,研究者需要用差异化的类型来拓展、深化集体化研究的空间,并在不同地域、不同人

---

① 相关研究众多,例如,郭于华、孙立平《诉苦:一种农民国家观念形成的中介机制》,载刘东主编《中国学术》第 12 辑,商务印书馆 2002 年版,第 130—157 页;周晓虹《1951~1958:中国农业集体化的动力——国家与社会关系视野下的社会动员》,载周晓虹、谢曙光主编《中国研究》总第 1 期,社会科学文献出版社 2005 年版,第 22—43 页;李里峰《阶级划分的政治功能——一项关于"土改"的政治社会学分析》,《南京社会科学》2008 年第 1 期;李里峰《群众运动与乡村治理——1945—1976 年中国基层政治的一个解释框架》,《江苏社会科学》2014 年第 1 期;等等。

② 相关讨论参见[美]黄宗智《长江三角洲小农家庭与乡村发展》,中华书局 1992 年版,第 233—237 页;林毅夫《制度、技术与中国农业发展》,上海三联书店、上海人民出版社 1994 年版,第 23—24 页;[美]李怀印《乡村中国纪事:集体化和改革的微观历程》,法律出版社 2010 年版,第 209—213 页。

群中观察集体化的发生与演进,从而丰富集体化的历史内涵。

此外,海洋渔业背后所涉及的水域社会与渔民群体,是近年来学界日益重视的一个研究领域。水域社会可分为内陆水域社会与沿海社会,其中生活着大量边缘人群,王朝国家的统治历来相对薄弱或缺失。近代以来国家权力的延伸,不仅是向基层社会渗透,还试图将边缘人群有效纳入政权体系之中,① 而沿海社会自然地理环境的复杂以及人群的频繁流动都对此构成了挑战。1949 年以后,通过集体化的推进,国家权力得到了充分扩张,这不仅反映在海洋渔业生产秩序的变化,还体现在海洋渔业领域的财政汲取。本书最后尝试从较长的历史脉络中进行梳理,以期在对比中进一步理解海洋渔业集体化的意义。

第二节 学术史回顾与思考

渔业,又称水产业。根据比较权威的解释,渔业是以栖息、繁殖在海洋和内陆水域中的水产经济动植物为开发对象,进行合理采捕、人工增养殖,以及加工利用的综合性产业,一般可分为捕捞业、水产增养殖业、水产品贮藏与加工业;广义的渔业还包括渔业船舶修造业、渔用仪器仪表制造业和渔用饲料加工业等。② 这样的定义虽然并不都适用于历史时期的状况,但至少从空间、对象和手段等方面揭示了渔业所蕴含的丰富内容。

从社会经济角度来看,渔业并非仅在水域内获取动植物资源而已,还包括生产资料的供应、水产品的运输与销售等,可以形成一

---

① 斯科特通过对"赞米亚"的研究,构建了这一地区人群逃避国家统治的历史,值得参考。参见[美]斯科特《逃避统治的艺术:东南亚高地的无政府主义历史》,王晓毅译,生活·读书·新知三联书店 2016 年版。

② 潘迎捷主编:《水产辞典》,上海辞书出版社 2007 年版,第 6 页。

条比较完整的产业链条，相关从业者除了渔民还包括各式各样的商贩。渔业的复杂形态反映在渔业史研究上，小到某一鱼类渔法渔具，大到历史时期渔业整体的变迁，研究成果丰富，内容庞杂。基于此，本节主要从研究视角与对象的转换出发，探讨中国渔业史研究的传统和新趋向，并对未来值得开拓的领域进行展望。

一 渔业通史的撰写

中国渔业通史的撰写可追溯到晚清。光绪三十二年（1906 年），江苏武进人沈同芳所撰《中国渔业历史》① 出版。该书通常被认为是中国第一部渔业史著作，具有开拓意义。全书分为前代渔史总论、渔界总论、渔业公司、渔业设官、渔捞、制造、养殖、水产八部分，其中渔业公司、渔业设官两部分集中反映了清末发展新式渔业、加强渔政管理的历史。此书的编撰适值张謇创办渔业公司、近代中国新式渔业萌发之际，而沈同芳又与张謇是"同年"（即同年中进士），交往密切。他还在该书序言中介绍了日本水产业的进展，感叹日本"十数年间，即渔业一端，致力已如此其瘁"，呼吁各界要重视渔业。由此观之，《中国渔业历史》的编写在某种程度上是要以现状来警醒时人，而这一特点也体现在民国时期的渔业史著作中。

1937 年，李士豪、屈若搴合著的《中国渔业史》② 由商务印书馆出版。据李士豪在序中所言，1936 年春商务印书馆嘱托他编著该书，而他当时在日本东京，"以国内材料征集不易，又适有他书之辑"，所以约请供职于上海鱼市场和渔业指导所的屈若搴合编。两人分别收集材料，由屈若搴完成初稿，再由李士豪编纂整理，历时半年完成。李士豪于 1925 年加入中国国民党，1927 年以后参与反蒋斗争。20 世纪 30 年代初，李士豪任职于青岛冀鲁区海洋渔业管理局，

---

① 沈同芳：《中国渔业历史》，小说林活版部印刷、江浙渔业公司总发行，1906 年。

② 李士豪、屈若搴：《中国渔业史》，商务印书馆 1937 年版。

开始关注渔业问题，并收集材料，开展调查研究。1934年秋，他以考察渔业的名义去日本，就读于明治大学经济系，与"福建事变"失败后流亡到日本的章伯钧、李伯球等经常聚会，商议如何重整旗鼓，发动反蒋抗日。1936年秋，李士豪在获得明治大学经济系学士学位后回国。① 此为《中国渔业史》编纂的重要背景。全书共九章，分别为总论、渔政设施、渔业试验与调查、水产教育、渔业技术之进展、新式渔业之沿革及其进展、水产贸易、国际渔业交涉与外轮侵渔、渔盐之重要与各省渔盐秤放之史实。从内容上看，《中国渔业史》与晚清沈氏之书一样详今略古，主要论述民国时期的渔业发展情况，部分章节呈现出资料汇编的特点。书中也体现了强烈的忧患意识，如第七章提及外国尤其是日本对中国的水产品倾销情况以及《中日关税互惠协定》对中国水产业的打击，第八章探讨了中俄渔业交涉、南海岛屿被占交涉、日本侵渔活动等。

　　总而言之，近代两部中国渔业通史在编纂方式、编写意图等方面有相似之处。进一步分析其主体内容，两者都将渔业作为社会经济重要组成部分来解构与剖析，以产业观的视角来探讨近代渔业及其发展问题，并在某些领域上溯到历史时期的中国渔业。这样的处理方式也被后来的编写者继承。1983年，张震东、杨金森编著的《中国海洋渔业简史》② 出版，该书被认为是1949年后第一部关于中国海洋渔业史的著作。全书共九章，分别为概述、渔政设施、渔民、日本对我国渔业的侵略、传统渔业的渔船渔具、我国的机船渔业、水产资源和养殖品种、加工利用、水产教育和试验研究，交叉呈现了从传统到现代的海洋渔业发展，政府的海洋渔业管理，海洋

---

　　① 关于李士豪的生平，参见陈浪《追思李士豪一生》，载浙江省政协文史资料委员会编《浙江文史资料选辑》第41辑《风雨忆同舟》，浙江人民出版社1989年版，第170—178页；陈浪、刘南燕《丹可磨而不可夺朱——记知名的爱国民主人士李士豪》，载浙江省政协文史资料委员会编《浙江文史资料选辑》第50辑《肝胆常相照——浙江各民主党派工商联史料》，浙江人民出版社1993年版，第346—355页。

　　② 张震东、杨金森编著：《中国海洋渔业简史》，海洋出版社1983年版。

渔业重要环节演变等方面的内容。

1993年，丛子明、李挺主编的《中国渔业史》① 出版。全书分上、中、下三编，上编为原始渔业、传统渔业和现代渔业的诞生（史前时期至民国），中编为中华人民共和国成立至1985年的社会主义渔业史，下编为古近代名人事要。纵观全书，编者以朝代作为重要分期依据，以产业观视角系统地呈现了中国渔业的发展历程。此书最大的特点是以时间线为主轴，将各历史时期中国渔业发展演变的重要内容整合进来，以期形成对不同历史时期中国渔业的整体认知。此种编写方式，相较于沈同芳的《中国渔业历史》、李士豪与屈若搴的《中国渔业史》、张震东与杨金森的《中国海洋渔业简史》三书在框架上简单地将渔业史按照内容切割、参照方志编纂的做法，有很大推进。

通过对中国渔业通史编纂的梳理，可以看到早期中国渔业史研究的特点。大体而言，近代特别是民国时期的渔业著作②大都由渔业相关从业者撰写，在民族危机的影响下体现了强烈的经世致用意图，史的色彩比较淡薄，所谓的通史其实也并不"通"。直到20世纪90年代，才真正构建出相对翔实、以时间为脉络的中国渔业史体系。另外，一些历史研究者开始介入渔业史研究，由此逐渐呈现出中国历史上渔业的丰富面向和意义。

二 传统渔业史研究的主题

整体而言，受相关通史书写的影响，传统渔业史研究大都从产业观视角切入，其着重点在于不同历史时期或区域的渔业发展演变、政府对渔业的管理、水产品的流通方式、渔民组织的变化、中外渔业纠纷等。按时间来划分的话，大致上又可分为古代渔业史研究和

---

① 丛子明、李挺主编：《中国渔业史》，中国科学技术出版社1993年版。
② 例如，费鸿年：《中外渔业概观》，商务印书馆1931年版；李士豪：《中国海洋渔业现状及其建设》，商务印书馆1936年版；王刚编著：《渔业经济与合作》，正中书局1937年版；钱承绪编著：《中国之渔业》，中国经济研究会1942年版。

近代渔业史研究。①

（一）古代渔业史研究

现有的研究探讨了从先秦到明清时期渔业的演变，并主要以一种进步史观的方式展开。一些研究者介绍了先秦时期渔业的状况，涉及辽东半岛、山东等地区，以及商代的渔业性质问题。② 对秦汉至唐宋时期的渔业，研究者们也多有探讨。王子今考察了秦汉时期的渔业生产，认为秦汉渔业在生产手段、经营方式等方面达到了相当成熟的水平。③ 刘汉东指出，魏晋南北朝时期渔业虽然规模较小，"大都是自然形式的捕捞，不过已有人工养殖的现象，水产品在人们的食物结构中也有一定地位"④。张剑光认为，唐代渔业生产有了较大的发展，鱼类产品的商品化超过了此前任何一个朝代。⑤ 魏天安研究了宋代渔业情况，指出宋代渔业发展的重要标志是一部分农民成为捕鱼专业户（称"渔人"或"渔户"），以及淡水养鱼业的推广。⑥ 徐世康认为，"随着造船技术的发展以及对近海环境认知能力的不断提高，宋代的捕鱼业也从秦汉魏晋时的滩涂采捕而发展到了以近海采捕为主"，并且"沿海捕鱼业的范围也相当广泛"，政府对

---

① 就生产空间而言，渔业可分为海洋渔业与淡水渔业，相应地也有海洋渔业史研究和淡水渔业史研究。但从研究内容上看，两者会有一定的交集，如河泊所、鱼行等问题。若以海洋渔业、淡水渔业来划分的话，对一些成果很难进行归类，所以不从该角度切入。

② 杨钊：《先秦时期的渔捞业》，《农业考古》1999年第1期；周苏平：《先秦时期的渔业——兼论我国人工养鱼的起源》，《农业考古》1985年第2期；刘俊勇、刘倩倩：《辽东半岛早期渔业研究》，《辽宁师范大学学报》（社会科学版）2010年第5期；吕世忠：《先秦时期山东的渔业》，《齐鲁学刊》1990年第2期；刘兴林：《论商代渔业性质》，《古今农业》1989年第1期；刘兴林：《浅议商代渔业的几个问题》，《殷都学刊》1995年第4期。

③ 王子今：《秦汉渔业生产简论》，《中国农史》1992年第2期。

④ 刘汉东：《魏晋南北朝林业、渔业考查》，《中国社会经济史研究》1991年第3期。

⑤ 张剑光：《唐代渔业生产的发展及其商品化问题》，《农业考古》1996年第3期。

⑥ 魏天安：《宋代渔业概观》，《中州学刊》1988年第6期。

沿海渔民的管理十分严格。①

明清时期渔业研究的成果非常丰富，其中欧阳宗书和尹玲玲的著作最具代表性。欧阳宗书的《海上人家——海洋渔业经济与渔民社会》②以明清时期中国的海洋渔业为对象，将海洋渔业放入整个社会经济中考察。通过研究，他认为明清时期的海洋渔业取得了巨大成就，有着极高的历史地位。明清时期是中国海洋渔业发展的高峰期，不仅表现为海洋渔业生产力的发展水平、海洋渔业资源的开发规模、鱼产品市场规模的提升，还表现在海水养殖业和远洋渔业的兴起。尹玲玲的《明清长江中下游渔业经济研究》③一书共分九章，前六章论述湖北、湖南、江西、安徽、长江三角洲各区域渔业的分布及变迁和渔业课税在地方总课税中所占比重及变化；后三章为整体性研究，分别论述长江中下游地区的渔业生产、水产市场、渔政制度及变迁。她认为，明代至清前期，长江中下游地区的渔业经济在全国占有重要地位，到清后期地位大为下降；明清以来长江中下游沿江各河湖平原地区的经济结构发生明显转换，由原来的渔业经济占据重要地位，到渔业经济下降、渔农并重，最后是渔业经济迅速退缩而变得无足轻重。两本专著之外，研究者们对明清时期渔业的整体或区域发展情况、渔业生产技术和方式等均有较为充分的论述，其中比较突出的是曾品沧对清代台湾鱼塭与鱼塘两种不同形态养殖渔业的研究。鱼塘养殖引入中国台湾后受鱼苗、雨水等条件的制约，"养殖活动往往依附在水稻农业生态体系之下，缺少独立发展的空间，无法形成高度商品化的生产形态"。而鱼塭养殖不仅鱼苗充足，并且"生产的虱目鱼也恰当地嵌入当地居民的消费生活秩序中"，具备商品化条件，进而发展成为中国台湾西部沿海的重要产

---

① 徐世康：《宋代沿海渔民日常活动及政府管理》，《中南大学学报》（社会科学版）2015 年第 3 期。

② 欧阳宗书：《海上人家——海洋渔业经济与渔民社会》，江西高校出版社 1998 年版。

③ 尹玲玲：《明清长江中下游渔业经济研究》，齐鲁书社 2004 年版。

业，塑造出资本化与专业化的特点。①

除了梳理不同时期或区域的渔业发展变迁，研究者们还关注渔业管理的制度和方式。邱仲麟论述了明代江浙地区出海捕鱼管制措施逐步放宽的过程与渔甲制的出现及其变迁。② 白斌的《明清以来浙江海洋渔业发展与政策变迁研究》③一书以其博士学位论文为基础修订而成，对明清以来浙江省海洋渔业政策生成、变革及其与浙江海洋渔业发展之间的互动关系进行了深入研究，书中将浙江海洋渔业政策分为渔民政策、渔船政策和渔业区域政策。冯贤亮以清代太湖平原为例，探讨乡村的渔船管理与渔课征收等问题。他认为清代渔船控制日趋严格，而声称已经取缔的渔课实际仍长期存在，属于田赋的一种分目。④

基于上述论析，可以发现古代尤其是明清时期，政府对渔业的管理或政策有其偏重和持续的领域，大体上体现在三个方面。⑤

其一是渔税征收。早期的渔业税收以土贡的形式呈现出来，并一直延续到明清，研究者对鲥贡多有探讨。⑥ 不同朝代，渔税征收方式和内容各有不同或侧重。中村治兵卫专门考察了唐代至明代的渔业税收问题；徐斌探讨了宋代至清代两湖地区渔税的征收及其演变；刘诗古论述了明代鄱阳湖地区渔课制度的建立与演变；杨培娜以地

---

① 曾品沧：《塭与塘：清代台湾养殖渔业发展的比较分析》，《台湾史研究》（台北）2012年12月第19卷第4期。
② 邱仲麟：《从禁捕到渔甲：明代江浙地区出海捕鱼管制措施的变迁》，《清华学报》（新竹）2005年12月第35卷第2期。
③ 白斌：《明清以来浙江海洋渔业发展与政策变迁研究》，海洋出版社2015年版。
④ 冯贤亮：《清代太湖乡村的渔业与水域治理》，《中国高校社会科学》2017年第3期。
⑤ 除后文所述三个方面外，渔盐问题也值得深入探讨，但目前学界关注较少，相关研究参见尹玲玲《略论清代的渔盐》，《中国社会经济史研究》2005年第1期；杨培娜《渔引与"乾标"——清代前中期广东渔盐配给制度的形成》，《盐业史研究》2011年第2期。
⑥ 高梁：《鲥鱼与鲥贡》，《古今农业》1988年第1期；王赛时：《中国古代食用鲥鱼的历史考察》，《古今农业》1997年第3期；张骏杰：《明清鲥贡制度变迁研究》，硕士学位论文，江西师范大学，2015年。

跨闽粤两省的南澳岛为例分析了清代前期闽粤沿海渔课、渔税的税目内涵演变与实际征收管理情况。① 河泊所是明清两代渔税征收的重要机构，学界讨论较多。薛磊考察了元代河泊所的设置与河泊政策的演变，并认为"明前期的河泊政策大体上是对元朝旧制的继承和强化"②。尹玲玲指出，全国范围内系统设置河泊所是从明初开始，洪武时期形成基本的分布格局，明中后期河泊所被大量裁并；清康熙二十二年（1683 年）全国仅剩 21 个河泊所，到光绪年间完全消失。③ 杨培娜的研究表明，明代河泊所设立之后维系困难，"各地渔疍户纷纷逃亡，课额空悬"；明中期以后，"福建广东沿海渔课的征收方式和征收对象因时因地而异"，地方官员"有将渔课通融州县里甲办纳，有于黄册相似类目（如民塘）额外加征，有借其他税项（如鱼苗税或渔船鱼埠税等）抵补"，"不再也不可能拘泥于河泊所或由渔疍户来完纳"④。

其二是渔民管理。河泊所除了征收渔课，另一项重要职能是管理渔户。徐斌指出，明代湖广地区的渔户直接隶属于河泊所管理，与其名下所应承办的鱼课一起登记于河泊所的"赤历"上，河泊所对其所属的渔户以一定的规则进行编排。⑤ 至于赤历册的结构，则是

---

① 相关研究分别参见中村治兵卫《中国渔业史の研究》，刀水书房 1995 年版；徐斌《国家与渔民：宋至清两湖地区渔税的性质、征收及其演变》，《清华大学学报》（哲学社会科学版）2019 年第 4 期；刘诗古《明代鄱阳湖区渔课制度的建立及其演变——以〈嘉靖二十一年都昌县渔米课册〉为中心》，《新史学》（台北）2017 年 3 月第 28 卷第 1 期；杨培娜《清朝海洋管理之一环——东南沿海渔业课税规制的演变》，《中山大学学报》（社会科学版）2015 年第 3 期。

② 薛磊：《元代河泊所与河泊课考述——从"金山台池印"谈起》，《中国社会经济史研究》2017 年第 3 期。

③ 尹玲玲：《明清长江中下游渔业经济研究》，齐鲁书社 2004 年版，第 300—305 页；尹玲玲：《明代的渔政制度及其变迁——以机构设置沿革为例》，《上海师范大学学报》（哲学社会科学版）2003 年第 1 期。

④ 杨培娜：《明代中后期渔课征纳制度变革与闽粤海界圈占》，《学术研究》2012 年第 9 期。

⑤ 徐斌：《明代河泊所的变迁与渔户管理——以湖广地区为中心》，《江汉论坛》2008 年第 12 期。

"以渔户的编甲为纲,而将人户及办课水域系于其下,册中既有渔户编甲的信息,同时又有水域范围及课程数额等内容,兼具了黄册与鱼鳞册两种册籍的功能";河泊所业甲系统一般为"州县—河泊所—业甲—渔户"的层级结构。① 江涛指出,明清时期湖北渔民的官方管理组织形式经历了从明朝业甲制到清朝水上保甲制的变化。② 杨培娜认为,从明初至清中叶,王朝国家管理沿海渔民的方式发生了重要变化,从简单移植针对定居农民的户籍身份管理,转变为通过船只来掌控流动渔民,概括来说就是从"籍民入所"转变为"以舟系人"。③

其三是渔船管理。由于渔船是渔民的重要生产工具,明清时期政府对沿海渔船的管理非常重视。欧阳宗书将明清时期渔船管理分为渔船制造的管理、下海后的渔船管理和其他有关渔船管理制度。其中下海后的渔船管理分为出入口管理与海上作业时管理(包括连鯮互结、分别船号、水师监督),其他有关渔船管理制度则包括渔船换照、渔船私租及转卖、循环簿制度。他特别提到了清代商渔换照的问题,即商船在渔汛期可改换成渔船的执照从事渔业采捕,渔汛期结束后再换回商照。④ 白斌认为,明清时期政府的渔船政策包括船只制造政策、出入口政策、违禁品查验政策和渔船执照政策。⑤ 杨培娜通过研究清代前期渔船规制的变化,认为清代渔船制度的设立与明末清初东南沿海地区的社会动荡直接相关。康熙中期开海后,清

---

① 徐斌:《明清河泊所赤历册研究——以湖北地区为中心》,《中国农史》2011年第2期。
② 江涛:《明至民国湖北省渔业经济研究》,博士学位论文,厦门大学,2009年,第18—28页。
③ 杨培娜:《从"籍民入所"到"以舟系人":明清华南沿海渔民管理机制的演变》,《历史研究》2019年第3期。
④ 欧阳宗书:《海上人家——海洋渔业经济与渔民社会》,江西高校出版社1998年版,第122—138页。
⑤ 白斌:《明清以来浙江海洋渔业发展与政策变迁研究》,海洋出版社2015年版,第101—118页。

代对渔船船只的管理制度逐渐明晰，通过不断修订完善，成为"定例"，具体包括渔船的单双桅、梁头大小、船只编甲、油饰编号、限带米水和禁带武器等一系列内容。① 她又考察了清代华南沿海地区澳甲、船甲的实施与推广，指出澳甲与船甲在制度设计上的区别。澳甲是"针对居住在澳口人户的保甲"，船甲主要是"针对出海在洋船只的编甲"，但在实际运用中两者可以混用。②

（二）近代渔业史研究

近代以来，中国渔业发生了深刻变化，这种变化被诸多研究者冠之以"近（现）代化"或"转型"。需要指出的是，中国渔业从传统走向现代是一个非常缓慢的过程。这突出表现在传统渔业的特质，如依靠风帆动力的渔船、控制水产品流通的鱼行、通过地缘关系结合的渔帮等仍普遍存在。渔业近代化是渐进式的和不完全的近代化。此外，从外部条件看，中国渔业的近代化一方面固然与本土政治、经济与社会的变化密切相关，另一方面很大程度上也是西方相关制度、知识与技术引进传播的结果，如渔业公司制度的创设、渔船动力技术的提升等。

都樾、王卫平论述了张謇对中国渔业近代化所作的贡献，并指出中国渔业的近代化是包含渔业经营公司化、渔业管理制度化、渔业生产机械化、渔业教育专业化等基本要义的历史进程。③ 至于渔业近代化的最终效果，研究者多持消极观点。例如，庄维民通过对近代山东渔业生产改良的考察，认为渔业改良所带来的种种变化使传统渔业迈入了近代化的门槛，但并未从根本上改变传统渔业的落后状况。④ 与"近（现）代化"表述有所不同的是，在内陆鄱阳湖区

---

① 杨培娜：《"违式"与"定例"——清代前期广东渔船规制的变化与沿海社会》，《清史研究》2008 年第 2 期。
② 杨培娜：《澳甲与船甲——清代渔船编管制度及其观念》，《清史研究》2014 年第 1 期。
③ 都樾、王卫平：《张謇与中国渔业近代化》，《中国农史》2009 年第 4 期。
④ 庄维民：《近代山东渔业生产的改良及其局限》，《古今农业》1998 年第 2 期。

出现了另一重要现象,即"农进渔退"(湖区农耕化)。吴赘指出,20世纪下半叶鄱阳湖区出现明显的"农进渔退",农业主体地位空前加强,渔业则迅速衰退。这一进程的动力机制主要包括人口增长、制度与政策变化、易于围垦的自然环境以及稻田与水面经济价值的差异等。①

渔业近代化的标志之一是相关技术的显著进步,如渔船的动力化。侯嘉星通过探讨1921—1937年山东地区渔轮机动化的缘起和发展,认为渔轮机动化与中日之间的渔业竞争关系密不可分。20世纪20年代中国渔业与日本渔业的激烈竞争促进了山东地区渔轮机动化的发展,日本"既是最主要竞争对手,也是最主要技术来源"②。水产品保鲜技术也是渔业技术领域非常重要的方面。姜明辉研究了近代上海的渔业用冰及冰鲜水产消费的问题,指出从20世纪30年代到1949年中华人民共和国成立,上海冰厂的历史可分为蓬勃发展、萧条和恢复三个阶段。③此外,技术人才在近代渔业发展中起到了重要作用。蔡昇璋对1945—1947年中国台湾渔业技术人才的研究显示,战后中国台湾渔业的振兴与发展是多方技术人才共同努力的结果。④

政府对水产品流通领域的介入是近代渔业演变的一个重要特点。伍振华将近代上海水产品交换场所的市场分为三级:一级市场为大型专业水产批发交易场所,该级市场在1936年上海鱼市场成立前是缺失的;二级市场是鱼行,分冰鲜业、咸鱼业、淡水渔业、海味业四种,属于水产中间商,从事水产品批发交易;三级市场是水产消

---

① 吴赘:《二十世纪下半叶鄱阳湖区的"农进渔退"》,《历史研究》2016年第6期。
② 侯嘉星:《战前山东地区的渔业竞争与渔轮机动化发展(1921—1937)》,《政大史粹》(台北)2011年第21期。
③ 姜明辉:《近代上海渔业用冰与冰鲜水产消费(1931—1949)》,硕士学位论文,上海师范大学,2015年。
④ 蔡昇璋:《战后初期台湾的渔业技术人才(1945—1947)》,《师大台湾史学报》(台北)2010年第3期。

费者直接购买水产的市场,有菜市、卖鱼店和腌腊店。① 可见,在传统水产品流通中,鱼行占据着重要地位。江涛指出,明代以来湖北渔业贸易繁荣,专门收购鱼类的鱼行数目、规格都有所增加,清代后期鱼行逐渐成为渔业贸易的主要中转组织。② 白斌指出,清末民初江浙一带的鱼行发展尤为迅速,鱼行对于加快海产品流通、降低生产风险有一定作用,并放贷给渔民。③ 邱仲麟的研究表明,清代江浙各鱼市在冰鲜交易过程中,逐渐发展出中介角色的冰鲜鱼行。江浙冰鲜的产销从早期简单的冰鲜船→鱼贩→消费者的供销管道,分化为冰鲜船→收鲜船→冰鲜行→鱼贩→消费者的产销方式。冰鲜鱼行让收鲜船不必在渔港发卖鱼货,节省了时间,下完货即可再出海,使收购量进一步增加。④ 1936 年,国民政府实业部发起的上海鱼市场正式成立。上海鱼市场采用官商合营形式,试图打破鱼行对水产品交易市场的垄断。李勇认为,统一鱼市场的建立强化了政府在渔业经济活动中的职能。⑤ 白斌分析强调,上海鱼市场与鱼行产生的纠纷"实质上是渔业经济主导权的归属问题",上海鱼市场打破了旧的渔业运销体系,整合了各渔业经销组织,"是有效管理海洋渔业,推动渔业现代化的重要方式"⑥。丁留宝指出,上海鱼市场的建立是统制经济思想在渔业领域的实践,其组织机构和交易制度的设计均体

---

① 伍振华:《清末民国上海水产市场的演变特征与动力机制》,载张利民主编《城市史研究》第 32 辑,社会科学文献出版社 2015 年版,第 37 页。
② 江涛:《明至民国湖北省渔业经济研究》,博士学位论文,厦门大学,2009 年,第 75—79 页。
③ 白斌:《明清以来浙江海洋渔业发展与政策变迁研究》,海洋出版社 2015 年版,第 187 页。
④ 邱仲麟:《冰窖、冰船与冰鲜:明代以降江浙的冰鲜渔业与海鲜消费》,《中国饮食文化》(台北)2005 年 7 月第 1 卷第 2 期。
⑤ 李勇:《近代苏南渔业发展与渔民生活》,博士学位论文,苏州大学,2007 年,第 116 页。
⑥ 白斌:《明清以来浙江海洋渔业发展与政策变迁研究》,海洋出版社 2015 年版,第 194—195 页。

现了国家对渔业的统制。① 鱼市场这种形式在1949年后仍被沿用，不过性质发生了变化，完全属于国营。刘亚娟对上海国营鱼市场经纪人制度存废过程中的多方互动及被改造者的诸多面相有精辟论述。②

在近代，渔民组织方式逐渐发生了变化。传统的渔民组织主要是渔帮。李勇认为，受渔业生产环境和条件影响，渔民们往往集聚在一起形成帮会组织，结帮是渔民捕捞方式的"技术"体现。渔帮以地缘关系为纽带，以渔具为依据，帮与帮之间有传统的活动水域，互不侵犯。③ 白斌考察了浙江渔帮的产生时间、组织形态、行业分工与作用。④ 在浙江，另有特殊的组织——渔业公所，最早出现在清雍正二年（1724年），大部分成立于晚清民国。白斌指出，渔业公所是"渔帮在激烈的渔业竞争中加强联合的结果"，其职能是代表渔民与政府交涉，并维护公所内部的生产秩序。至于为何渔业公所几乎只存在于浙江，而不见于闽、粤两省，他认为与船制有一定关联。⑤ 民国时期，在政府的指导和推动下，出现了新的渔民组织——渔会。蔡勤禹等通过对青岛渔会的研究，指出其成立是渔业发展和渔民自身的内在需求，以及现代社团观念影响的结果。⑥ 在渔会与政府的关

---

① 丁留宝：《上海鱼市场研究（1927—1937年）》，江西人民出版社2019年版，第122—163页。

② 刘亚娟：《新旧之间：建国初期上海国营鱼市场经纪人制度的改革》，《史林》2016年第2期。

③ 李勇：《近代苏南渔业发展与渔民生活》，博士学位论文，苏州大学，2007年，第61—63、125页。

④ 白斌：《明清以来浙江海洋渔业发展与政策变迁研究》，海洋出版社2015年版，第205—210页。

⑤ 白斌：《清代浙江海洋渔业行帮组织研究》，《宁波大学学报》（人文科学版）2011年第6期；白斌：《明清以来浙江海洋渔业发展与政策变迁研究》，海洋出版社2015年版，第210—218页。

⑥ 蔡勤禹、庞玉珍：《社会转型中的民间组织研究——以战后青岛渔会为例》，《东方论坛》（青岛大学学报）2006年第3期；蔡勤禹：《小农经济型态下的渔民组织及其职能——以民国青岛渔会为例》，《中国社会经济史研究》2006年第3期。

系方面，黄晓岩以玉环渔会为例，指出其在组织方式和管理方面表现出了自治与政府控制相结合的特点。① 除了对青岛、玉环两地渔会的探讨，研究者发现抗战胜利后的上海渔会呈现出都市型渔会的特色，内部组织健全，在行业整合方面颇能展现团体气势，在政治参与和经济作为方面比一般县市渔会主动，但其权力基本被大型鱼行和渔业公司垄断。② 渔会之外，尚有渔业合作社。李勇认为，渔业合作社是政府主导建立的、以救济渔民为主要目的的组织，是政府联系渔民的中介或桥梁，又是渔民自由联合的社会、经济组织；渔业合作社在法律上是渔业者的团体，并有渔政机构的职能。③ 至于渔业合作社与渔会的区别，白斌认为两者在人员构成上多有重复，但渔会是基层群体组织，渔业合作社是经济合作组织；④ 黄晓岩则指出，渔会和渔业合作社在业务范围上有所不同，在组织上不能互相取代，但成员构成有交叉重叠，所以在开展业务时难以划分出清晰的界线。⑤

近代中国渔业发展与外国列强对华侵略相互交织，所以中外渔业交涉与纠纷是这一时期的突出现象。彭宁探讨了晚清政府和朝鲜（大韩帝国）关于《通渔章程》签订与否的交涉过程，指出1905年之后中韩之间的渔业交涉演变成中日关系框架下中、韩、日三方之间的协商。⑥ 刘利民通过研究指出，从20世纪初开始，列强以各种

---

① 黄晓岩：《民国时期浙江沿海渔会组织研究——以玉环渔会为例》，硕士学位论文，浙江大学，2009年，第59页。
② 魏文享、王增峰：《抗战后的上海渔会与渔业经济（1946—1949）》，《中国社会经济史研究》2011年第4期。
③ 李勇：《近代苏南渔业发展与渔民生活》，博士学位论文，苏州大学，2007年，第127、146—150页。
④ 白斌：《明清以来浙江海洋渔业发展与政策变迁研究》，海洋出版社2015年版，第185页。
⑤ 黄晓岩：《民国时期浙江沿海渔会组织研究——以玉环渔会为例》，硕士学位论文，浙江大学，2009年，第63页。
⑥ 彭宁：《晚清中韩渔业纠纷研究》，硕士学位论文，中国社会科学院研究生院，2012年。

方式到中国沿海攫夺渔业资源，侵害中国领海的渔业权，如日本在渤海湾侵渔、德国在胶州湾侵渔。在反对外国人侵渔的过程中，清末中国社会催生了领海渔业权意识。① 民国时期，日本对中国的侵渔活动非常频繁。刘利民归纳了日本在中国沿海侵渔活动的特点，指出日本侵渔严重侵犯了中国的领海主权，但也相应刺激了中国领海制度的建设，是1931年南京国民政府颁布中国第一个领海法令——《中华民国领海范围定为三海里令》的重要因素之一。② 针对日本的侵渔活动，中国社会各界以及北京政府、南京国民政府也采取了相应的举措，但并未从根本上解决侵渔问题。③ 第二次世界大战结束后，日本的内政外交被盟军总部控制，但中日之间的渔业纠纷并未终结。陈冠任的研究表明，1945年日本战败至1952年所谓的"旧金山和约"生效前，盟军总部主导下的日本渔业界线划定在国际上产生了争议，引发了国民党当局的交涉与应对。④

三　渔业史研究的新趋向

前述一些学者如杨培娜、徐斌等的研究成果，虽然探讨的对象仍属传统渔业史侧重的范围，但在视角呈现、问题关怀、文献解读等方面与一般研究已有明显差异。实际上，近十多年来，在环境史、新文化史、历史人类学等的影响或推动下，中国渔业史研究在视角与对象上都得到了显著拓展。大体上来讲，从传统以产业观视角切

---

① 刘利民：《清末社会维护领海渔业权活动考察》，《晋阳学刊》2015年第4期。
② 刘利民：《论民国时期日本对华侵渔活动及其特点与影响》，《吉首大学学报》（社会科学版）2006年第2期；刘利民：《领海划界与捍卫海疆主权——南京国民政府颁布"三海里令"成因论析》，载张宪文主编《民国研究》第23辑，社会科学文献出版社2013年版，第172—186页。
③ 刘利民：《日本越界侵渔与民国北京政府的应对（1924—1927）》，《抗日战争研究》2013年第3期；刘利民：《试论1927—1937年国民政府制止日人侵渔政策——以中日渔业交涉为中心》，《抗日战争研究》2015年第1期。
④ 陈冠任：《盟军总部与中日渔权争议（1945—1952）》，《国史馆馆刊》（台北）2011年3月第27期。

入，逐步演变为强调人与自然互动，重视渔民与鱼，并考察渔业生产背后的产权问题。

穆盛博的《近代中国的渔业战争和环境变化》①是一部环境史与渔业史研究相结合，或者说将环境史引入渔业史研究中的著作，主要探讨了近代舟山海洋区域内社会与环境间的互动关系。作者指出，清朝日益增长的人口使得舟山群岛出现了移民潮，这些移民将舟山的海洋生态系统与中国的商业经济紧密相连。他将舟山渔场视为"公共池塘"，认为对"公共池塘"资源的争夺是一系列制度设计和社会网络形成的重要动力来源。随着舟山渔场开发力度的增加，竞争日趋激烈，各类渔业组织在协调资源利用方面发挥了重要作用，并产生了一系列规范。20世纪前30年，政府试图重建社会与海洋环境间新的互动关系，但效果有限。围绕舟山海洋渔业资源，产生了中日之间的渔权纠纷，乌贼网捕笼捕之争，以及江浙关于嵊泗列岛的争议。

受环境史影响，一些研究者对中国历史上渔业资源的变化以及开发产生了浓厚的兴趣，进行了更加实证性的研究。李玉尚的《海有丰歉：黄渤海的鱼类与环境变迁（1368~1958）》②一书属于海洋生物种群历史类著作。据该书"内容提要"，这是中国学者研究中国海洋生物种群历史的第一部著作，作者通过考据与计量的结合，揭示了1368—1958年黄海与渤海主要鱼类在种群结构、空间分布和资源数量上的变化，并证实气候突变、水文变化和制度变革是促使海洋生物发生变化的三个主要因子。全书最为精彩的部分当属第六章至第九章对鲱鱼的研究。除了专著，李玉尚发表过多篇论文，探讨明清以来黄渤海带鱼资源数量和渔获量的变化及其原因，明清以来大黄鱼资源的分布、开发与变迁，乾嘉以来小黄鱼渔场的开发时间、

---

① ［美］穆盛博：《近代中国的渔业战争和环境变化》，胡文亮译，江苏人民出版社2015年版。
② 李玉尚：《海有丰歉：黄渤海的鱼类与环境变迁（1368~1958）》，上海交通大学出版社2011年版。

原因和渔获物的销售区域，清代以来墨鱼资源的开发与运销，以及河流淤废与宋代以来松江鲈变迁的关系等。① 韩志浩注意到明清时期东海北部带鱼捕捞与渔民生计的重要关系，指出福建沿海和浙南沿海都面临冬季粮食短缺的问题，"而带鱼的汛期正好在冬季，沿海又有带鱼鱼群经过，故带鱼成为当地甚为重要的一种经济鱼类"②。陈亮对明清以来 500 年间闽台沿海鱼类种群结构和资源数量变化的过程进行了详细研究，涉及带鱼、大黄鱼、真鲷等资源，他认为国家制度、捕捞技术以及消费市场的变化在其中产生了重要影响，而自然环境的变化所产生的影响并不显著。③ 王涛探讨了明清以来南海大黄鱼渔场、珍珠渔场、海参渔场等的开发。④

历史上渔业资源的开发促进了鱼产品的消费。邱仲麟以技术、产业与消费切入，重点探究明代以降鱼货保鲜技术的发展对海鲜消费的影响。他指出，"随着冰鲜渔业的日益扩大，许多肉质细腻的海鱼，凭借着冰鲜船将其冷藏运回，故能保有其新鲜度与肉质的美味"，从而给江浙居民的饮食带来了变化，使得"江浙人一再讲究的食鲜文化，也才有物质的基础"⑤。易素梅以鲜味、海鲜的意象变化来呈现与探讨唐宋社会文化与士人认知体系的转型，其研究带有浓

---

① 李玉尚：《明清以来黄渤海带鱼渔获量变化及其原因》，《科学与管理》2012 年第 1 期；李玉尚：《明清以来中国沿海大黄鱼资源的分布、开发与变迁》，载夏明方主编《生态史研究》第 1 辑，商务印书馆 2016 年版，第 100—123 页；李玉尚：《乾嘉以来小黄鱼渔业的开发与市场体系》，《中国农史》2013 年第 5 期；李玉尚、胡晴：《清代以来墨鱼资源的开发与运销》，《思想战线》2013 年第 4 期；李玉尚：《河流淤废与宋以降松江鲈之变迁》，《科学与管理》2014 年第 6 期。

② 韩志浩：《粮食危机与明清以来东海北部带鱼捕捞》，《科学与管理》2012 年第 1 期。

③ 陈亮：《国家、技术与市场：闽台沿海海洋鱼类种群结构变迁原因研究（1492—1966）》，博士学位论文，上海交通大学，2013 年。

④ 王涛：《明清以来南海主要渔场的开发（1368—1949）》，博士学位论文，上海交通大学，2014 年。

⑤ 邱仲麟：《冰窖、冰船与冰鲜：明代以降江浙的冰鲜渔业与海鲜消费》，《中国饮食文化》（台北）2005 年 7 月第 1 卷第 2 期。

厚的新文化史韵味。她指出，作为地方特产的海鲜是当地官员、文人确立其与中央朝廷、皇帝之间权力关系的媒介。在宋代，产地之外的海鲜消费是奢侈品消费文化的表现之一，海鲜从君王专享的奢侈品逐渐演变为新兴士人阶层地位的标识，"伴随南北人物的流动与交汇，人们不再满足于描述海鲜的外形、滋味、烹饪方式、药用功能，还对认识海鲜的天赋本性、海鲜与地方的关系产生浓厚的兴趣"①。

随着历史学研究走向田野，研究者眼光的下移，以及对以人为主体的历史的观照，渔民的生存状态与谋生方式成为探讨的重点。② 吴俊范考察了传统时期太湖流域的自然捕捞渔民群体的类别、生计特征及其与自然和社会环境的适应性；③ 王楠以近现代胶东渔村为例，探讨渔村中妇女角色的转变；④ 王利兵对海南潭门渔民有比较深入的研究，涉及南海跨界互动、航海指南《更路簿》、海神兄弟公信仰等方面。⑤ 有鉴于中国近代渔民贫困化的论断，梁洪生通过特殊案例的研究指出，"到1940年代中后期，在鄱阳湖濒湖地区，对'渔民'的经济实力和人群力量的考量必须跳出'贫困化'等传统的定

---

① 易素梅：《鲜味与权力——海鲜在唐宋转型期的位置》，《历史人类学学刊》（香港）2017年4月第15卷第1期。

② 在中国历史上，生活着特殊的渔业人群，如浙赣地区的"九姓渔户"，闽粤沿海的"疍民"。这些人群涉及贱民、族群等问题，引起了学者们的极大兴趣，研究成果众多，在此不赘述。

③ 吴俊范：《传统时期太湖流域的渔民及其生计》，《地域研究与开发》2017年第1期。

④ 王楠：《资源、技术与政策：妇女的角色转变——以近现代的胶东渔村为例》，《妇女研究论丛》2016年第2期。

⑤ 王利兵：《流动与边界：南海渔民的跨界互动》，《二十一世纪》（香港）2017年4月总第160期；《作为网络的南海——南海渔民跨海流动的历史考察》，《云南师范大学学报》（哲学社会科学版）2018年第4期；《制度与生活：海洋秩序的渔民实践》，《开放时代》2019年第5期；《南海航道更路经研究——以苏德柳本〈更路簿〉为例》，《中国边疆史地研究》2016年第2期；《记忆与认同：作为非物质文化遗产的南海〈更路簿〉》，《太平洋学报》2019年第3期；《流动的神明：南海渔民的海神兄弟公信仰》，《中山大学学报》（社会科学版）2017年第6期；《文化生态学视野下的海洋生计与文化适应——以海南潭门渔民为例》，《南海学刊》2016年第1期。

性和视角,给予充分的重视和新的估价"①。

与渔民谋生密切相关的水域所有权或渔业权问题,也是学界积极推进的一个研究领域,目前研究者主要关注两湖地区和鄱阳湖区。

徐斌考察了明清时期两湖地区的湖池水域所有制,认为受商品经济发展以及两湖区域特性影响,水域所有权逐渐从官方流向私人,且因为水域不可分割并具有多种用途,从而演化出与土地不同的产权分割形式。他指出,明初以来水域社会的居民通过缴纳鱼课的方式获得了国家对其水域占有权的认可,并形成了一个新的湖主阶层。湖主既是水面的所有者,又是水域的"包税人",便利了国家的管理。明清时期两湖地区的水域产权在捕捞权基础上,衍生出了更为复杂的产权形态。② 江涛的研究显示,明代以降宗族、村社占有是湖北渔业产权最主要的两种民间占有形式,但渔业产权从内部归属到外在形式也发生了一系列变化,涉及渔产的争夺、转移、分割。③

刘诗古分析了鄱阳湖区"入湖权"的由来,指出"入湖权"的获得不仅部分来自祖先的"优先占有"和"先来先得",还要有制度上的合法化,明洪武年间是湖池水面产权系统确立的开始。他认为,湖权在产权形态上可分为水面权和湖地权,鄱阳湖在"渺水"和"枯水"时节有不同的产权表现形态。由于水面不能进行物理分割,所以水面权交易只能以虚拟的"股"或"分"为单位进行转

---

① 梁洪生:《从"四林外"到大房:鄱阳湖区张氏谱系的建构及其"渔民化"结局——兼论民国地方史料的有效性及"短时段"分析问题》,《近代史研究》2010年第2期。

② 徐斌:《明清湖池水域所有制研究——以两湖地区为中心》,《中国社会经济史研究》2006年第1期;《清代水域上的征课体系、产权与湖区社会——以湖北大冶河泾湖册为中心》,《历史人类学学刊》(香港)2016年4月第14卷第1期;《明清两湖水域产权形态的变迁》,《中国经济史研究》2017年第2期。徐斌关于两湖地区的研究,可参见其专著《制度、经济与社会:明清两湖渔业、渔民与水域社会》,科学出版社2018年版。

③ 江涛:《明以来湖北渔业产权的归属与变迁》,《湖北大学学报》(哲学社会科学版)2009年第3期。

让。他进一步研究指出，在长期的生产实践中，鄱阳湖区的渔民通过订立"合同议约"的方式，把民间的习惯或非正式的传统变成正式的书面规则，逐步建立捕捞秩序。① 梁洪生注意到，历史上鄱阳湖在"渺水"期间"大小水面汇成一片，消除了平时制约乡土人群活动范围和行为方式的地界，造成'湖区业权的季节性模糊'"，得依靠官府来仲裁。土改以后，水域收归国有，传统的湖区管理权被瓦解，"作为族产的小水面被分解，被组织起来的渔民日益依赖鄱阳湖捕鱼，遂与来自更广泛地域的渔民发生冲突"②。

四 若干思考

基于前文的回顾与分析，无论是产业观视角下的研究，还是近年来受新史学方法影响的研究，都表明中国渔业史研究越来越受到学界的关注。相关研究的学术视野日渐开阔，问题意识逐渐增强。传统研究与新研究之间不是此消彼长的关系，并不互相排斥，而是相辅相成。也就是说，新方法、新视角的介入为反思传统研究的不足、思考如何更好地展现研究背后的问题与旨趣提供了路径。同时，传统研究的深入能为新领域的拓展打下基础，使其论述更具说服力。两者之间的关系也间接反映了中国渔业史研究的学术积累仍较为薄弱，存在不少研究盲点，可供后来者进一步发掘。

从时段上来看，明清时期的渔业问题受关注最多，研究成果丰富，切入方式多样，涉及税收、渔民、渔船、产权、资源开发、鱼产品消费等。明清以前受存世文献的制约，对渔业问题的探讨相对

---

① 刘诗古：《"入湖权"的由来——明初鄱阳湖区的湖池"闸办"与渔户"承课"》，《历史人类学学刊》（香港）2016年4月第14卷第1期；《明末以降鄱阳湖地区"水面权"之分化与转让——以"卖湖契"和"租湖字"为中心》，《清史研究》2015年第3期；《清代内陆水域渔业捕捞秩序的建立及其演变——以江西鄱阳湖区为中心》，《近代史研究》2018年第3期。刘诗古关于鄱阳湖区的研究，可参见其专著《资源、产权与秩序：明清鄱阳湖区的渔课制度与水域社会》，社会科学文献出版社2018年版。

② 梁洪生：《捕捞权的争夺："私业"、"官河"与"习惯"——对鄱阳湖区渔民历史文书的解读》，《清华大学学报》（哲学社会科学版）2008年第5期。

较少，研究的推进也十分有限，有的学者试图将渔业纳入更加宏大的命题或视野中加以解读。对近代渔业史的研究虽然产生了不少成果，但相较于对明清时期的研究来说，成熟度较差，问题意识较薄弱。受革命史观、现代化史观的影响，部分研究成果有明显的结论预设倾向，并且同质化现象突出，史料搜集不充分，因此需要重新审视和再研究。

对集体化时期渔业史的研究，尚处于萌发状态。[①] 在这一时期渔业问题的探讨上，相关研究的不充分与文献的丰富形成了鲜明的反差。一方面，各地档案馆藏有大量渔业档案，报纸资料也十分系统；另一方面，集体化时期距离尚不遥远，所以口述对象大有人在，可为我们提供珍贵的口述资料，描述生动的历史场景。就渔业史研究结合新的史学方法和趋势来看，如历史人类学之走向田野，新文化史之强调记忆、认同等，集体化时期的研究十分直观与便利。从整个中国渔业发展史来看，集体化时期有其特殊意义：一是传统的渔业内部生产关系、政府与渔业的关系发生了质变；二是捕捞强度远超历史上任何一个时期，渔业资源受到极

---

① 有研究者聚焦于胶东半岛的渔业问题，参见王楠《资源禀赋、政策导向与社会效应——1950年代荣成地区的捕鲨计划》，《中国农史》2014年第5期；《政府权力与资源保护——以1950年代的胶东渔场为中心》，《中国历史地理论丛》2016年第2辑；《渔业合作化中的资源争端——以1950年代的胶东渔村为中心》，《古今农业》2017年第3期；《海洋风暴、应灾模式与社会变迁——以1950年代的胶东渔场为中心》，《中国历史地理论丛》2017年第4辑。与渔业相关的民主改革问题逐渐引起了研究者的兴趣，相关研究参见刘诗古《从"化外之民"到"水上编户"：20世纪50年代初鄱阳湖区的"民船民主改革"运动》，《史林》2018年第5期；陈辰立《一九五〇年代惠安沿海渔业民主改革研究》，《党史研究与教学》2018年第5期；黎心竹《水域政区化：新中国水上民主改革的历史透视（1950—1955年）》，《当代中国史研究》2019年第6期；任云仙《1952～1953年江西省水上民主改革研究》，《当代中国史研究》2019年第6期。此外，也有研究者注意到海洋渔业合作化问题，参见李飞龙、厉文姣《1950～1957年的日照渔业生产互助合作组织》，《当代中国史研究》2018年第6期；杨培娜《新中国成立初期渔业合作化政策演进与海洋渔业发展——以广东潮汕地区为例》，《广东社会科学》2022年第1期；李飞龙《合作化时期沿海"半渔半农"生产结构的调整与平衡——以山东日照地区为中心》，《史林》2023年第1期。

大破坏，由此促使中国渔业发展路径的转变；三是该时期奠定了当今中国渔业发展的基础，如渔船动力化、养殖技术等。所以，集体化时期对中国渔业发展来说是一个承前启后的时期。传统渔业逐步走向终结，政府的管理空前强化，人与自然在互动中产生深刻矛盾，并酝酿出新的方向。

从渔业史研究的对象来看，对市场与技术的专门研究相对较少。市场可分为国际市场与国内市场。就国际市场而言，近代中国水产品的输出与输入、外国水产品在华倾销等通常被置于外国侵渔背景下讨论，鲜有从国际局势演变和国际贸易的角度进行深入分析。国内市场研究中比较受关注的是鱼行、鱼市场，虽然李玉尚、王涛等的研究对部分水产品或特定地域的运销体系有所涉及，但地区间商贸路线、鱼价变动、鱼商鱼贩等问题还有待进一步考察。技术是渔业生产、水产品运销与加工中的关键因素。有些研究者注意到了近代中国渔船动力技术、冷冻保鲜技术的发展，但整体而言，学界对渔业技术的引进、发展与传播的研究，即某些技术如何从国外引进并进行本土化改造，如何传授给渔民或相关从业者，不同地区、群体对技术的复杂态度以及区域之间技术的差异等问题较为忽视。而生产技术的提高对渔业资源变化和渔民习惯认知的影响，养殖技术的进步对渔业发展方式转变以及人与自然关系调整的影响等，需要特别注意。

第三节　相关问题说明

本节主要对"集体化"相关概念、浙江沿海行政区划、水产行政机构等作一些简要说明。

集体化时期，或称集体化时代，学界对此概念多有讨论。李金铮认为，如果仅从新中国成立以后而言，集体化时代大体经历了土地改革、互助组、合作社、人民公社几个历史阶段。① 集体化时代随着20世纪80年代初人民公社制度的解体而结束。而所谓集体化，指的是在中国共产党领导下，乡村社会中的主要生产资料从私人所有变为集体所有，民众先后被组织进互助组、合作社，合作社最后合并升级为人民公社的历史进程。集体化主要发生在20世纪50年代，包括合作化与公社化两个重要阶段。② 合作化阶段历时数年，完成了主要生产资料所有权的变更；公社化阶段先是在几个月内便迅速实现了基层政权组织与生产组织的结合，即政社合一，但公社体制又经历了调整，直到1962年才确立"三级所有，队为基础"。这些是就农业集体化而言，至于海洋渔业集体化，其历史阶段特征也基本相同。

浙江的海洋渔业主要集中在宁波、舟山、台州、温州四个地区，这四个地区的行政区划在1949年以后变动频繁。1949年年底，设有宁波专区、台州专区和温州专区，舟山为定海县，属宁波专区，另有宁波市、温州市两个省辖市。1953年，江苏省嵊泗县划归浙江，同时成立舟山专区，下辖定海、普陀、岱山、嵊泗4县。1954年，撤销台州专区，其下辖县分属宁波专区和温州专区。1957年重新设立台州专区，1958年年底再度撤销。1958年11月，定海、普陀、岱山、嵊泗4县合并建立舟山县。1960年年初，撤销舟山专区，舟山县属宁波专区。1962年，恢复台州专区和舟山专区。③

1949年以后浙江省级水产行政机构的变动情况值得注意。浙江解放后，浙江省人民政府实业厅设水产组，管理全省水产事业。

---

① 李金铮：《问题意识：集体化时代中国农村社会的历史解释》，《晋阳学刊》2011年第1期。

② 有研究者指出，以互助合作和人民公社为主要标志的集体化是一个连续过程，公社化可以说是合作化的自然延续，合作化则孕育了公社化的种子。参见葛玲《中国乡村的社会主义之路——20世纪50年代的集体化进程研究述论》，《华中科技大学学报》（社会科学版）2012年第2期。

③ 具体情况详见浙江省民政厅编《浙江建置区划沿革》，浙江大学出版社2009年版，第99—139页。

1950年4月15日，成立浙江省农林厅水产局。1954年8月24日，改为浙江省农业厅水产局。1956年3月20日，经国务院批准，浙江省农业厅水产局改为浙江省水产局。1957年6月5日，浙江省水产局改为浙江省水产厅。从20世纪50年代初起，沿海各专区、县（市）在渔汛期间建立渔场（业）生产指挥部，协调相关部门的支渔工作，并配有渔业指导船。① 此外，中共浙江省委农村工作部作为党的农村工作部门，其职责中也涉及渔业。与省水产局（厅）负责具体事务不同，省委农村工作部主要制定或落实各类方针政策，指导和督促行政部门贯彻执行。

本书有多处涉及收入、经费、重量等，所以币制与计重问题要预先说明。1955年2月21日，国务院发布命令，决定由中国人民银行自1955年3月1日起发行新的人民币，并收回旧的人民币，新币1元等于旧币1万元。② 1955年以前流通的是第一套人民币，最大面值为5万元，故而一些档案和资料中的数据很大，譬如渔民的年收入会出现百万元、千万元级别。书中经常出现重量单位"担"，如一担鱼、载重百担等。在20世纪50年代，1担通常等于100斤，1斤为16两。③

对于浙江的海域自然环境和海洋渔业捕捞情况，需有一个简要认识。浙江沿海岛屿密布，海岸线曲折，港湾众多，较大的岛屿有舟山、岱山、六横、金塘、南田、玉环、泗礁、洞头等。台湾暖流自南而北流入，同时长江、钱塘江、甬江、瓯江等河流带来丰富的

---

① 浙江省水产志编纂委员会编：《浙江省水产志》，中华书局1999年版，第845、857—860页。

② 《国务院关于发行新的人民币和收回现行的人民币的命令》，1955年2月21日，载国务院法制办公室编《中华人民共和国法规汇编》第2卷，中国法制出版社2005年版，第345页。

③ 定海县志编纂委员会编：《定海县志》，浙江人民出版社1994年版，第533页；岱山县志编纂委员会编：《岱山县志》，浙江人民出版社1994年版，第482页。1959年6月25日发布的《国务院关于统一我国计量制度的命令》中规定："市制原定十六两为一斤，因为折算麻烦，应当一律改为十两一斤。"参见国务院法制办公室编《中华人民共和国法规汇编》第4卷，中国法制出版社2005年版，第448页。

营养物质，使浙江海域成为鱼类重要的产卵和索饵场所。浙江海洋鱼类资源丰富，其中大黄鱼、小黄鱼、墨鱼（乌贼）、带鱼是传统的"四大渔产"。重要渔场有嵊山渔场、岱衢渔场、大目渔场、猫头渔场、大陈渔场、洞头渔场、南麂渔场、北麂渔场等。渔汛指的是某种鱼类在某一水域旺发的时期。浙江沿海各地渔汛很多，历史上主要有春季小黄鱼汛、夏季大黄鱼汛、夏季墨鱼汛、冬季带鱼汛四大渔汛。根据捕捞方式的不同，浙江传统渔业主要有大对船渔业、小对船渔业、大捕网渔业、流网渔业、张网渔业、乌贼拖网渔业、钓船渔业等。①

至于20世纪50年代浙江海洋渔民的人数，所见统计数据与统计指标不尽相同。据《浙江省水产志》中相关统计表格显示，1953年浙江海洋渔民有72952户、346539人；1955年海洋渔民有104221户、469031人，其中专业劳动力129244人、兼业劳动力42686人（捕捞12597人、养殖30089人）；1957年海洋渔民有112181户、501503人，其中劳动力139425人。②另据1955年12月浙江省水产局编印的《浙江省水产统计资料汇编》，有海洋渔民、海岸渔民和海涂渔民三种统计指标，这三种各自又分为专业、兼业两类。其中，海洋渔民有74138户、347069人（劳动力87255人），海岸渔民有36022户、173634人（劳动力42810人），海涂渔民有16908户、74277人（劳动力21689人），合计127068户、594980人（劳动力151754人）。③大体上来说，50年代中期浙江海洋渔民不少于10万户，约有50万人。

---

① 浙江省水产志编纂委员会编：《浙江省水产志》，中华书局1999年版，第34、106—110页；张立修、毕定邦主编：《浙江当代渔业史》，浙江科学技术出版社1990年版，第1—2页；实业部国际贸易局编：《中国实业志（浙江省）》，1933年印，第4（戊）—22（戊）页。部分内容亦可参见本书附录。

② 浙江省水产志编纂委员会编：《浙江省水产志》，中华书局1999年版，第1079页。

③ 浙江省水产局编：《浙江省水产统计资料汇编》，1955年印，第10、14页。

第四节 资料、方法与主要内容

一 资料概述

本书主要运用的资料如下：

（一）档案：浙江省档案馆以及沿海各地级市档案馆保存了大量海洋渔业档案，但在档案获取上繁简不一。书中运用的档案，主要有浙江省档案馆藏中共浙江省委农村工作部档案、浙江省农业厅档案和浙江省水产厅档案，宁波市档案馆藏中共宁波地委渔盐部档案、宁波地区行政公署档案和宁波地区水产局档案，舟山市档案馆藏中共舟山地委档案，台州市档案馆藏中共台州地委档案、台州专署档案，温州市档案馆藏中共温州地委档案、温州专署档案、中共温州地委农村工作部档案和中共温州地委渔盐部档案。

（二）报刊：笔者广泛搜集并在研究中部分地利用了民国时期涉及海洋渔业的期刊，如《东方渔业》《浙温渔业》《浙江经济月刊》《浙江省建设月刊》等。通过数据库检索，获得了《浙江日报》中有关海洋渔业的资料，在研究中有较多使用。通过浙江图书馆，搜集了大量浙江沿海专区、市县的报纸，部分章节用到的有《浙南大众报》《瑞安报》《平阳报》《玉环报》。期刊方面，1949年以后的主要有《华东水产》《浙江农村工作通讯》《水产工作通讯》。

（三）方志：浙江沿海各市、县、镇的方志均或多或少有提及当地近代以来的海洋渔业情况，多数地区有专门的水产志或渔业志。书中使用的主要有《瓯海渔业志》（1938）、《舟山渔志》（1989）、《普陀县志》（1991）、《玉环坎门镇志》（1991）、《椒江市水产志》（1993）、《沈家门镇志》（1996）、《浙江省水产志》（1999）、《温州市军事志》（2003）、《宁波水产志》（2006）、《温岭市渔业志》（2007）、《舟山市军事志》（2009）、《普陀渔业志》（2015）等。此外还运用了外省方志，如《汕头水产志》（1991）、《饶平县志》

（1994）、《上海渔业志》（1998）、《诏安县志》（1999）、《南澳县志》（2000）等。

（四）其他：除上述外，本研究运用的资料繁多，择要列举如下。资料汇编方面，特别重要的是农牧渔业部水产局编的《水产工作文件选编（1949—1977年）》和浙江省水产局《浙江渔业史》编辑办公室编的《水产工作文件选编（1950—1985年）》，另外还有《中共温州地（市）委文献选编》《中国土地改革史料选编》《建国以来农业合作化史料汇编》《中共中央文件选集（1949年10月—1966年5月）》等。浙江沿海各市县的文史资料中也有不少海洋渔业文献，比较集中的如《舟山文史资料》《普陀文史资料》《玉环文史资料》。《中国海洋渔业现状及其建设》（1936）、《中国渔业史》（1937）、《浙江当代渔业史》（1990）、《当代中国的水产业》（1991）等著作对本书研究帮助甚大。此外，笔者曾在舟山做过田野调查和口述访谈，其中获得的一些重要信息对理解集体化时期渔民的生产生活、政府与渔民的关系有所裨益。

二　研究方法

在尽量搜集文献的基础上，对文献的整理、分析、比较和解读是本研究最重要的方法。具体而言，在本研究中采用了下列方法：

一是长时段考察。历史的演进是一个连续的过程，政权的更替固然是重要的分水岭，但不应成为限制学术研究视野的壁垒，学者早有"跨过1949"，强调20世纪中国整体研究的呼吁。[①] 1949年以后海洋渔业的集体化，实则是近代以来海洋渔业发展演变中的重要一环。以水产经营为例，明清以来私商所开设的鱼行长期占据主导地位，无论是民国时期还是新中国成立后，政府都尝试将水产经营事业部分或完全收归国有。在研究中，我们就不得不注意鱼行在水

---

① 冯筱才：《跨过1949：二十世纪中国整体研究刍议》，《社会科学》2012年第5期。

产经营中起到的作用。因此，本书的时间范围虽然主要限定在20世纪50年代，但在一些章节研究中对此前的海洋渔业情况会有所讨论。

二是对比分析。国共两党在国家治理能力与方式上存在着较大差异，所以看似名称相同的事物，在不同历史时期其内涵可能完全不一样。以鱼市场为例，国民政府创办的鱼市场是官商合办，且私商在其中具有重要地位，而新中国成立之后创办的鱼市场都属国营性质。又如渔业合作社，民国时期的渔业合作社是一个经济合作组织，类型丰富，有生产、运销、产销、信用等；1949年之后的渔业合作社虽然也有供销、信用等类型，但主体是生产合作社，而且其不仅在渔业生产与收益分配中发挥作用，更成为权力网络构建和延伸的基本单元。再如文献中的"海匪"，民国时期指的主要是不受国家政权控制的民间海上武装力量，1949年后地方档案中提及的"海匪"主要指向敌对的国民党海上武装力量。通过这些例子，不难发现1949年前后存在着诸多"名同实异"现象，这就需要我们在研究中经常对比分析。

三 主要内容

本书主要从组织和技术两个角度切入，研究浙江海洋渔业的集体化。

第一章论述浙江海洋渔业集体化的背景，主要涉及民国海匪问题、国共对抗以及渔民的生存状态。海匪在中国由来已久，是近代海洋秩序的重要塑造力量，对海洋渔业生产影响甚巨。民国时期由于国家海上军事力量的欠缺，浙江沿海渔民不得不保持与海匪的密切关系，从而形成一种渔匪共存的局面。1949年浙江大陆解放后，国民党军队退守沿海岛屿，国共之间的军事对抗严重影响了渔民生计，海匪的内涵也发生了变化。至于浙江沿海渔民的生存状态，长期以来泛化的描述遮蔽了渔民群体的内部差异，不同渔民在收入方面有着显著差别，由此产生了分化。

第二章讨论水产经营组织的变化。明清以来，私商开设的鱼行在水产经营中占据主导地位。新中国成立以后，政府通过设立鱼市场和改造鱼行，逐步掌握了水产经营权。水产经营权从私商转移到国家后，很快出现了不同经营组织间相互竞争的局面。因此，政府对水产经营组织进行整合。兼有市场管理与企业经营两种职能的鱼市场被定性为行政管理机构，后又下放给地方政府管理。浙江水产运销公司地位上升，但由于陷入亏本之中而被撤销。在全国体制调整与统一的背景下，最终确立的经营组织形式是水产供销公司。水产经营领域集中统一体制的形成，推动了合作化的发展，是海洋渔业集体化不可或缺的一环。

第三章探讨渔业生产组织的变革。民国时期，政府推动建立渔会、渔业合作社，试图取代原有民间组织，重新整合渔民。新中国成立以后，在一定程度上沿袭了之前的组织形式。土改和渔改时，以阶级成分为基础，渔民的身份被重新建构，为大规模的海洋渔业合作化奠定了基础。在加入合作社时，渔民因阶级成分的差异有着不同的政治待遇，但基层实践与政策规定相比一度发生了较大偏差。生产工具折价以及入社后的所有权问题，则是海洋渔业合作化中各方博弈的焦点。作为渔业生产组织变革的方式，合作化不仅充分动员渔民并广泛建立集体经济组织，还促进了渔业技术的传播与改革。

第四章探究敲𦪀的扩散与应对。敲𦪀起源于广东，是一种传统海洋渔业生产技术，20世纪50年代自南往北地扩散到福建、浙江。1956年敲𦪀传播到浙南沿海，在地方政府的支持下，与渔业合作社结合后获得了迅速发展。敲𦪀渔业的高产增加了合作社的公共积累，调动了渔民的生产积极性，展现了集体生产的效率，但也引发了各种问题，如大黄鱼资源的破坏、渔场纠纷的频繁发生等。经过充分调查，1957年浙江最终决定停止发展，引导敲𦪀渔民转业。从敲𦪀的案例中可以看到，集体化虽然改变了渔民的生产组织方式，但不可能真正消除海洋渔业生产中的地域隔阂。

第五章考察机帆船的试验与推广。机帆船结合自然力与机器动力，发展机帆船是新中国成立之初改进渔船动力的有效方案。舟山专区的机帆船试验得到了省级部门的支持，并在各种优等条件的组合下取得成功。机帆船既提高了生产效率，又为权力的扩张创造条件，推动海洋渔业合作化、渔区妇女动员等。机帆化的推进有赖于集体经济组织的公共积累和国家贷款，以及其他单位的技术支持。然而，由于缺乏合理规划，机帆化不断消耗公共积累，加之机帆船生产效益下降，导致不少集体经济组织陷入困境。机帆船的例子表明，虽然集体经济组织为新技术的推广创造了便利条件，但新技术本身并不必然会促进集体经济的发展。

结语部分，一方面从近代海洋渔业生产秩序的变化来通贯理解海洋渔业集体化问题，指出1949年以后中国共产党领导的新政权成功瓦解了各种民间组织，国家权力充分主导了海洋渔业生产；另一方面，从财政汲取角度探讨海洋渔业集体化的意义，通过对比认为新中国在海洋渔业领域建立了独特的财政汲取模式，并指出探讨现代国家政权建设不仅要关注国家权力扩张进行财政汲取的过程，还应重视其中的财政投入问题。

第 一 章

浙江沿海的海匪与渔民

"渔民头上三把刀,鱼行、海匪与风暴。"这句广泛流传在浙江沿海地区、各地大同小异的渔谣,反映了历史上渔民们遭受的深重苦难。"苦难",不仅是渔民生存状态的一种体现,同时也成为近代以来水产专家与政府认知渔民的角度之一。在一系列"苦难"的叙述中,相较于鱼行、风暴等,海匪①显得更为重要与特殊。这可以从两个方面来理解。首先,对渔民们来说,海匪的活动关乎人身与财产安全,稍不注意就有性命之虞,如何与海匪打交道是一件要事。其次,海匪兴衰反映了国家政权在海上军事力量的强弱变化,与其对沿海社会的控制能力密切相关。进一步而言,海匪不仅仅是一种身份或职业称呼,在特定情形下也成了一种政治符号,通常用来指代不受国家政权控制或者敌对的海上势力,如1949年后中共就将国民党海上武装力量称之为海匪。② 海匪问题以及渔民与海匪关系的背

---

① 学界多用"海盗"一词来概括历史时期在海洋上从事暴力抢劫行为或进行反抗官府斗争的人群,而相类似的词语还有"海寇""海贼""洋匪""海匪"等。相较于"海盗","海匪"一词更具政治倾向,有助于本书相关问题的探讨。所以,除直接引文外,行文时一般采用"海匪"。另外,关于"海盗"定义的介绍,可参见郑广南《中国海盗史》,华东理工大学出版社1998年版,第3—7页。

② 罗威廉指出,中国古代国家政权一般将拥有武装的政治对手称为"土匪",国民党政权也沿袭了这种做法,从而使得对土匪进行社会分析变得更加复杂。参见[美]罗威廉《红雨:一个中国县域七个世纪的暴力史》,李里峰等译,中国人民大学出版社2013年版,第32—33页。

后,涉及的是近代以来浙江沿海渔民的谋生环境,另外值得注意的还有渔民的生存状态,这些构成了浙江海洋渔业集体化的重要背景。

第一节 民国时期的渔匪共存

海匪在中国由来已久,其主要活动区域在历史上有所变化。宋元以前,山东胶州湾至渤海湾为海匪集聚的主要海域;到了明清时期,东南地区社会经济显著发展,海上贸易兴盛,沿海各省如浙、闽、粤的海匪活动频繁。海匪的来源也日趋复杂,参加者有沿海贫民、渔民、农民、小商贩、手工业者、佣工、奴仆、僧道,以及海商、失意儒士、官兵叛卒、胥役,等等。① 在这些不同职业的构成人员中,渔民是海匪最主要的来源。据穆黛安掌握的1794年至1803年间自愿成为海匪的93人的职业背景情况,其中有将近半数(44人)是渔民,"渔民比任何其他职业阶层都有可能成为海盗"②。另外,海匪横行又给海洋渔业生产造成了严重破坏,影响渔民生计甚巨,渔民生存状况的恶化反过来加剧了"亦渔亦匪"的情况。

海匪与渔民的复杂关系,以及其中牵涉的海洋渔业,还关系到国家治理与国家主权问题。18世纪末至19世纪初,东南沿海的海匪一度十分猖獗,活跃在闽浙洋面的蔡牵,广东洋面的郑一嫂、张保

---

① 郑广南:《中国海盗史》,华东理工大学出版社1998年版,第15—16、19—20页。另外,元末至明代的倭寇问题需要留意。一般认为,14—15世纪的倭寇主要由日本人组成;到16世纪,从事海上走私贸易的中国商人及其追随者构成了倭寇的主体。参见樊树志《"倭寇"新论——以"嘉靖大倭寇"为中心》,《复旦学报》(社会科学版)2000年第1期。

② [美] 穆黛安:《华南海盗(1790~1810)》,刘平译,中国社会科学出版社1997年版,第6、15页。

仔等，对清政府的沿海统治造成了非常大的威胁。到了晚清，随着西方殖民者泛海而来，时人对于海防与海权更加重视，组织沿海渔民、发展海洋渔业成为维护国家利益的重要手段。光绪十年（1884）、二十二年（1896），清政府两次下令沿海各省筹备渔团。渔业公司倡导者张謇曾指出发展渔业与维护海权之间的利害关系："海权渔界，相为表里。海权在国，渔界在民。不明渔界，不足定海权；不伸海权，不足保渔界。互相维系，各国皆然……际此海禁大开，五洲交会，各国日以扩张海权为事。若不及早自图，必致渔界因含忍而被侵，海权因退让而日蹙。"① 张謇是从国家立场出发，注意到了海洋渔业发展中潜藏的权益。但从渔民的角度来看，如果不解决海匪问题，那么又何谈其中的国权呢？近代以来，在政府无力澄靖海氛的情况下，浙江沿海渔民不得不保持与海匪的密切关系，以求生存空间，从而形成了一种渔匪共存的局面。

一　海匪活动与匪片

浙江沿海岛屿众多，港湾遍布，为海匪出没提供了优越的自然地理环境，也使政府清剿的难度增大。民国时期便有人指出："陆上所有的匪徒，以有地物之识别而易于消灭，海上则是一片汪洋，难于追踪；浙省岛屿林立，更难铲除。"② 舟山海域海匪的猖狂，更是为沿海各省所罕见，"间虽有保护巡船巡游其中，而海盗又出没无常。苟非根本解决，虽有巡舰，亦无济于事"③。除了舟山群岛附近，浙南沿海也是海匪活动的重要区域。1928年，中共浙江省委特派员郑馨在给省委的报告中提到："瑞安海岛区有渔民三四千人，并

---

① 《商部头等顾问官张咨呈本部筹议沿海各省渔业办法文》，《东方杂志》1906年3月第3卷第2期。
② 银丕振：《浙江渔业管理的几个值得注意的问题及其对策》，《浙江省建设月刊》1936年9月第10卷第3期。
③ 姚焕洲：《舟山群岛乌贼（或称墨鱼）之生栖及网捕与笼捕之得失》，《浙江省建设月刊》1932年12月第6卷第6期。

且那边土匪甚伙,都在海面打劫,所谓海盗此也。"① 瑞安的匪患由来已久,海匪"出没无定,剿办不易,岛民渔民屡受掠夺,官吏鞭长莫及","邑中向有海水不干,海贼不断之谣"②。海匪还破坏海上交通安全,抢劫轮船,绑架乘客。如 1931 年 2 月 5 日,海匪冒充乘客,劫掠了开往宁波的新宁台轮船,击毙护船士兵四名,并抢走船上货物,掳走乘客十余人,后来用钱才赎回。③

全面抗战爆发以后,由于日本侵略者封锁中国沿海,国民政府失去了制海权,海匪规模迅速扩大,活动更为频繁。在浙江,"一般屑小,因迫于生计,相互勾结,乘机肆意骚动,同时敌人复用他们扰乱我们的海疆,综计浙江沿海股匪达三百个单位以上,人数不下两千"④。横行在舟山海域的海匪,有很多来自台州。1938 年 6 月 7 日下午,台州匪首王云祥率 100 多名匪徒分乘 14 艘木帆船到普陀黄兴岛,登陆后将岛上的两名渔民剖腹杀死,并掳走渔民数名、妇女两名,抢劫衣服、首饰和现金。同年 8 月 26 日夜,有一股近百人的台州海匪流窜至普陀佛渡岛,岛上 200 余户人家被抢。⑤ 仅 1938 年 10 月,舟山海域就发生抢劫事件 16 起,当年被劫渔(商)船有 300 余艘。⑥ 浙南沿海也频遭海匪侵扰。1937—1940 年,温岭石塘一保至十保的后山、坑里、东角头、桂岙有 13 人被海匪杀害,被海匪打

---

① 《郑馨给中共浙江省委的报告(节录)》,1928 年 3 月 5 日,载中共浙江省委党史资料征集研究委员会等编《红十三军与浙南特委》,中共党史资料出版社 1988 年版,第 19 页。

② 民国《瑞安县志稿》,《富庶编·渔业门》,浙江图书馆古籍部藏 1938 年版,第 42 页。

③ 民国《海门镇志稿》卷 5《军事》,椒江市地方志办公室 1993 年标点本,第 59 页。

④ 王贻观:《抗战以后之浙江渔业问题》,《浙江建设(战时特刊)》1939 年 10 月第 1 期。

⑤ 《普陀渔业志》编纂委员会编:《普陀渔业志》,方志出版社 2015 年版,第 646 页。

⑥ 浙江省水产志编纂委员会编:《浙江省水产志》,中华书局 1999 年版,第 463、867 页。

残的不计其数。① 在温州活动的海匪主要分为三帮，"本地温属一带的'土匪'，从福建来的'南匪'，和台州来的'北匪'"②。长期以来以台州籍海匪势力最大，最为猖獗。据《瓯海渔业志》记载，温州"海匪多数台州'绿壳'"，"自全面抗战开始，敌舰进扰，恶势力乘机活跃，与敌舰互相勾结，为海洋之大害，其盘踞地，大都在乌蛏背与黄大岙间之小门山、鹿西及洋屿披山一带，尤以小门山一伙为数最多，以毛瑟为其主要武器"。书中列举了当时已经查实的股匪，其中人数在50人以上的全部为台州籍，有吕义忠（温岭人，部从130余人）、吴云龙（温岭人，部从80余人）、王云祥（临海人，部从70余人）、尹鸿瀛（临海人，部从100余人），另外还提到一绰号为"三伯爷"的临海人，指出他有指挥大多数股匪的能力，"各股匪头大都系其干儿子"③。到1941年，温州的海匪势力有所消长。1941年年初，台州籍海匪误与日本舰队发生冲突，之后被日本海军清剿，结果"无法在海上立足，势已大减"；福建籍海匪则与日本侵略者勾结，"认贼作父，自贱救国第二军，以筹饷为名，屡向渔村勒索巨款，横行无所忌惮"④。

浙江海域持续不断的匪患直到抗战结束也未有所减轻，而是贯穿于整个民国时期，以致严重影响了沿海渔民的生计。渔民们虽偶有反抗，但为求海上太平，不得不屈从接受海匪发给的匪片（或称片子、写票、盗片、保险片、旗照等）。匪片其实是一种海上通行证，渔民需要用钱或粮食从海匪处购买，借以保证在该海匪控制海

---

① 《温岭市渔业志》编纂委员会编：《温岭市渔业志》，中华书局2007年版，第439—440页。

② 汪金铸：《敌匪环伺下海上渔村形形色色》，《浙温渔业》1941年9月第6期。

③ 方扬编：《瓯海渔业志》，浙江省政府建设厅第三区渔业管理处1938年印，第130—132页。另外，"绿壳"一词的来源，可能与清咸丰年间来浙江沿海骚扰的广东海匪有关。据记载，"广东盗船形如蚱蜢，号蚱蜢艇，滨海民呼为绿壳"。参见民国《台州府志》卷136《大事略五》，《中国地方志集成·浙江府县志辑》，上海书店出版社1993年影印本，第45册，第849页。

④ 《本处三十一年度事业计划书》，《浙温渔业》1941年9月第6期。

域内捕鱼时的生命与财产安全。换言之，渔民买了匪片，就相当于向海匪交了保护费。

据记载，台州渔民缴纳匪片的情况是"起初一船一片，仅二元、四元，后变本加厉，每片有索十元、二十元者；初仅一盗首名片，后群盗相继发片，一船三片四片；初时一片，期间一年一回，后则分为春、秋、冬三季。总计每对渔船每年被盗勒索，至少二十元、三十元，多则八十元、百元不等"[①]。至于收费方法，有一类被称作"匪棍"的人居间联系，帮海匪收取渔民的钱款，"渔民于未出海之先，有一种匪棍，将盗片送至各渔户，劝其接受，一张勒索十元、二十元不等，甚者五十元、百余元，亦不一定"[②]。也有一些是由渔业公所代为办理，"更有所谓保险片者，即败类之公所，印就某某公所私片，或以著名海盗名片暗地出售于渔民，每片收洋十五元、二三十元不等。执此片者，渔汛时期如遇盗匪，可将此片出示，有时匪人见片，便可幸免"[③]。匪片"上书匪首姓名，并印有天官赐福，顺风得利等字样"[④]。渔民认购匪片后，貌似得到了安全保障，但也难免遭到勒索劫掠。由于大大小小海匪数量众多，渔民不堪其扰，"著名之匪有数，而无名之匪无穷，或三人一杆，或五人一班，执木壳手枪，肆扰渔舟"[⑤]。

海匪抢劫、购买匪片通常被认为是近代渔民遭受的深重苦难之一，但如果换一个角度来看的话，认购匪片也未尝不是在政府海域控制不严、护渔能力缺失情况下的一种民间协调机制。海匪大多数是贫苦渔民出身，熟悉渔业生产与渔民生活，所以试图以匪片建立

[①] 金寄桴：《浙江台属水产概况》，《浙江省建设月刊》1934年3月第7卷第9期。

[②] 《石浦渔业之调查》，浙江省立宁波民众教育馆1936年印，第7页。

[③] 叶奇峰：《对于定海县组织渔会之意见》，《浙江省建设月刊》1936年2月第9卷第8期。

[④] 方扬编：《瓯海渔业志》，浙江省政府建设厅第三区渔业管理处1938年印，第130页。

[⑤] 《石浦渔业之调查》，浙江省立宁波民众教育馆1936年印，第7页。

起一套可以调和双方矛盾的机制，一方面保证自身的经济来源，另一方面尽量避免直接破坏渔民的生产活动。这种常态化的非暴力处理方式，较之偶发而不可预见的海上暴力劫掠，显然更易为渔民所接受。当然，由于海匪众多，内部情况复杂，匪片的实际效果可能会不尽如人意，却也勉强维持了渔匪共存的局面，符合双方需求。总之，通过匪片，不少渔民与海匪建立了较为稳定的联系，从而获得了一定的生存空间，其生产生活得以维持。

二 政府的护渔措施

晚清时期，巡洋剿匪的任务基本上是由水师负责。光绪年间，清政府下令沿海各省开办渔团，浙江宁波、台州、温州等府相继组建，其时渔团兼有护渔职能。在创办渔业公司过程中，张謇从青岛德国公司购入"万格罗"号捕鱼轮船，改名为"福海"号，该船配有快炮、后膛枪等武器，主要负责保护公司所属在江浙洋面的渔船。① 此外，各地的渔业公所也会在渔汛期间雇用武装来保护出海渔船。② 这些构成了清末浙江沿海的主要护渔力量。民国建立后，在延续、继承原有护渔力量的基础上，并有所创建和发展。

1913年，浙江将原来设置在镇海县的浙江外海水师巡防队改为浙江外海水上警察厅，配有水巡兵1269名，分为3区11个分队，统辖全省海区，有"超武""新宝顺""永靖""永安""永定"等5艘巡舰和90艘巡船。后又改为浙江外海水上警察局，其巡舰分泊海门、镇海、石浦、永嘉等处。水上警察局（厅）的舰船在渔汛期间护送渔船到渔场，也有少数水警驻扎岛屿以防海匪，出海渔船则分类按汛交纳护洋费。③

南京国民政府成立后，浙江曾尝试组织训练沿海渔民来防御海

---

① 《江浙渔业公司简明章程》，《东方杂志》1905年1月第1卷第12期。
② 白斌：《明清以来浙江海洋渔业发展与政策变迁研究》，海洋出版社2015年版，第215—216页。
③ 浙江省水产志编纂委员会编：《浙江省水产志》，中华书局1999年版，第869页。

匪。1928年7月，浙江省政府委员会通过《浙江省海洋渔民自卫团暂行规程》，拟成立渔民自卫团。根据规定，"渔民自卫团由海洋渔民就各海岛、重要渔区联合组织，称为某某区渔民自卫团"，并暂由外海水警局管理；渔民自卫团捕获海匪后，"应立时解送就近官厅究办，不得擅行禁押及处分"①。但从实际情况来看，沿海各地似乎并未成立渔民自卫团。

另一个值得注意的护渔措施是设立专业警种——渔业警察。1931年6月，国民政府内政部和实业部公布《渔业警察规程》，规定渔业警察负有追捕海盗、制止外人超界采捕、执行地方行政官署发布保护水产繁殖或取缔渔业等命令的职责。但各省因经费筹集等方面的困难，渔业警察设置工作进展缓慢。② 浙江直到1935年才成立宁波渔业警察局和温州渔业警察局，局长由行政督察专员兼任。温州渔业警察局是由该区护渔事务所改设而来，配有铁壳巡视船2艘，警长4名，警士36名，枪支42支，并在瑞安、玉环、平阳等县设分局，瑞安北麂岛设渔业警察队，平阳南麂岛设渔业派出所。宁波渔业警察局下设3个渔业警察队，每队约30人，并在沈家门设立办事处（后扩充为分局）。渔业警察局经费由各辖区渔业团体负担，不足部分呈请省政府拨补。③ 整体而言，渔业警察局人员数量少，且经费有限，难以充分发挥效用。如宁波渔业警察局"因尚无确定经费及为节省起见，故甚为简单，办事人员多由专员公署职员兼之。此外不过有护洋轮三只……三轮每月费用约共四千元，此款及护洋轮之构造费，概由公署垫支"④。渔业警察局成立后，与原有

---

① 《浙江省海洋渔民自卫团暂行规程》，《浙江建设厅月刊》1928年7月第14号。
② 马玉生：《中国近代中央警察机构建立、发展与演变》，中国政法大学出版社2015年版，第163页。
③ 浙江省水产志编纂委员会编：《浙江省水产志》，中华书局1999年版，第868—869页。
④ 林茂春、吴玉麒：《鄞县渔业之调查》，《浙江省建设月刊》1936年10月第10卷第4期。

外海水上警察局权限重叠，发生纠纷，到1936年即被裁撤。

全面抗战爆发后，为加强海防起见，政府计划在沿海各区进行渔民保甲的编组，成立护渔艇队和渔民自卫队，以防御海匪和敌寇。当时计划在温州编30保，台州编50保，宁波编40保，每区各设一个保甲委员会。同时，计划第一区（定海）组织护渔艇队2队、士兵60人，第二区（海门）组织2队、士兵70人，第三区（温州）组织3队、士兵98人，并发动各地渔民，组织渔民自卫队。在职责方面，"护渔艇队担任保卫指挥组训的使命，渔民自卫队等则负有侦缉游击自卫的任务"，两者相互配合，"并与渔保保持密切的联系"①。

以上主要是就政府层面而言，民国时期浙江还有一些其他护渔方式，如渔民自行集资请船保护，各地渔会组织护渔队等。多方介入、上下重视，表面上增加了护渔力量，有助于清剿海匪，保护渔业生产，实际却存在职责不清、相互推诿的问题。时人曾深刻指出："护渔之机关愈多，则护渔力量理应增加，但揆之实际，乃有不然。盖渔民一旦被劫求救，甲方可以非管辖范围而推至乙方，乙方又可以职责所限而推至丙方，如此迁延时日，盗终难缉，即或追捕，亦能逐出其管辖区域以外即算了事。"② 政府设立的护渔机构在渔民中的口碑也较差，一些渔民甚至宁愿自己出钱雇船保护，也不愿找政府机构："数年来听诸渔民口碑，对于国家设立之护洋船，非但得不到其实惠，反受到敲剥留难之苦。所以各帮渔民，情愿自挖腰包，托本帮公所或渔会，另雇护洋船，随渔船来往，方得安心从事。"③ 以当时政府最主要的护渔力量水警为例，这些人原本有向渔民

---

① 王贻观：《抗战以后之浙江渔业问题》，《浙江建设（战时特刊）》1939年10月第1期。

② 银丕振：《浙江省渔业现况及调整途径》，《浙江省建设月刊》1936年5月第9卷第11期。

③ 姚咏平：《改进浙江省大黄鱼渔业及制造业之意见》，《浙江省建设月刊》1934年3月第7卷第9期。

"讨羹鱼佐膳"的习惯,"但近来不肖警士,对于羹鱼,视为一种意外收获。渔民送他一二尾,他不高兴,甚者过渔船自掳……水警为羹鱼一节,和渔民起纠纷,无岁无之。渔民鱼被索,人受伤,层见迭出,甚且因伤而至残废。"① 此外,水警与海匪之间也存在相互勾结的情况。1932年6月,镇海蟹浦渔户戴才允在洋面被海匪绑去渔伙6人,水警队"甚至与匪联络,互相利用","某舰一次捕得盗匪四人,受赂四百元,即行释放"②。

政府对于海匪除了清剿以外,还将其中人数多、武装强的进行收编,以此维护海上秩序。这种做法主要集中在抗战时期。1942年,温、台二区联合组织成立温台外海护航总队,玉环人毛止熙从中协助,收编了大量海匪。③ 关于这一情况,战后有人指出:"抗战期中,政府为统一护渔组织,收编海上著匪数股,组织护渔委员会,下辖护航三大队,分驻台、温各海口,补助浙海警海面之治安,其给养以渔船、商船之大小而定收费之标准。"④

政府将海匪收为己用,一方面是因应时局与形势变化,增强海上军事力量的需要;另一方面也与海匪的来源密切相关。海匪多数并非十恶不赦之徒,而是被逼入绝境的贫苦渔民。这些人熟悉当地情况,且有一定的人际关系,有助于政府掌控沿海社会。正如当时人所描述:"海盗大都为沿海居民,尤其以渔民为多。因受政治的经济的压迫,无以谋生,强梁之徒,铤而走险。渔民受其扰害,小之倾筐倒篓,捕获之鱼尽为劫掠以去;大之绑票、掳船、勒索巨款,而政府又不能保护渔民。于是渔民以为盗之可以徼倖,一时亦相率

---

① 《石浦渔业之调查》,浙江省立宁波民众教育馆1936年印,第9页。
② 戴渠:《调查鄞县定海镇海三县渔业状况之报告》,《浙江省建设月刊》1932年12月第6卷第6期。
③ 朱仁巴整理:《毛止熙其人其事》,载玉环县政协文史资料委员会编《玉环文史资料》第19辑《综合性史料》,2002年印,第176页;陈于滨、苏宰衡:《记浙闽海匪》,载中国人民政治协商会议浙江省委员会文史资料研究委员会编《浙江文史资料选辑》第21辑,浙江人民出版社1982年版,第186—189页。
④ 李辉忠:《浙江省台属渔业概况》,《东方渔业》1948年11月第1卷第8期。

为匪。"① 这种"亦渔亦匪"的情况,当是民国时期的普遍现象。而要根绝海匪,治本之策在于振兴渔村与渔业,"调剂沿海渔村金融,维持沿海居民生计,使皆安居乐业,无冻馁之虞,斯盗风自戢"②。否则,渔业衰落导致渔民无法谋生,群趋为匪,而海匪滋生反过来又进一步破坏渔业的发展,两者将陷入恶性循环之中。浙江渔民与海匪长期共存,其症结多半也在于渔村经济的衰落。随着国民党政权在大陆的溃败,海上势力在整合与对抗中发生了新变化,渔匪关系随之进入新阶段。

第二节 国共对抗下的渔匪关系

1949年4月21日,中国人民革命军事委员会主席毛泽东、中国人民解放军总司令朱德发出向全国进军的命令,中国人民解放军第二、第三野战军横渡长江,摧毁了国民党经营的长江防线。解放军于4月底入浙作战,在地方党组织和地方武装的配合下,到7月初基本上解放了除磐安县(10月30日解放)外的浙江大陆。③ 但浙江各地仍残留不少国民党武装力量,特别是7月中旬野战军大部相继离浙,一度出现"匪占农村,我孤立于城市的现象"④。据8月份的不完全估计,华东地区约有匪特、股匪及散匪武装6.9万余人,其中

---

① 李士豪:《中国海洋渔业现状及其建设》,商务印书馆1936年版,第202页。
② 张柱尊:《振兴渔业宜先保护渔商渔民说》,《浙江省立水产科职业学校校刊》1930年4月第1期。
③ 浙江大陆解放的过程,详见中共浙江省委党史研究室、当代浙江研究所编《当代浙江简史(1949—1998)》,当代中国出版社2000年版,第21—24页;中共浙江省委党史研究室《中国共产党浙江历史》第2卷上册,中共党史出版社2011年版,第3—5页。
④ 《省委一九四九年十一、十二月份综合报告》,1950年1月5日,载浙江省档案馆等编《中共浙江省委文件选编(1949年5月—1952年12月)》,1988年印,第184页。

"最严重而普遍者为浙江,约四万七千余人",并且"散布全省"①。为此,浙江军区、中共浙江省委抽调武装力量和组织工作队下乡进行全面清剿,到1949年年底消灭了浙江大陆上残余的国民党主要武装力量。②

浙江大陆解放前后,国民党武装力量纷纷逃往沿海岛屿,凭借天险进行抵抗。舟山群岛是国民党战略经营的重点区域。1949年7月,国民党设立舟山群岛防卫司令部,其下总兵力约6万人,并在岛上构筑坚固的防御工事。同年10月,改设"东南军政长官公署舟山指挥部",扩充陆、海、空军力量。到1950年4月,国民党在舟山的总兵力达12.5万人,还部署了大量舰艇、飞机。③浙南沿海岛屿也成为国民党军队退守的重要区域,并以之为跳板不断袭扰大陆。1950年3月1日晚,玉环楚门镇遭到袭击,沦陷长达11小时,人员被俘及伤亡24人,损失公粮百余万斤,人民币5亿多元,布匹杂物等折价6000多万元。④3月中下旬,温岭、黄岩、三门分别遭到较大规模的侵犯。⑤

除国民党正规军外,当时盘踞浙江沿海岛屿的武装力量还有三种主要来源:一是原来的海匪,他们投靠国民党而被收编;二是帮会,主要是上海一带的青帮,在大陆解放后逃往岛上,组织游击队;

---

① 《华东军区司令部关于剿匪工作经验的初步总结》,1950年1月23日,载中国人民解放军历史资料丛书编审委员会编《剿匪斗争·华东地区》上,解放军出版社2004年版,第286页。

② 中共浙江省委党史研究室、当代浙江研究所编:《当代浙江简史(1949—1998)》,当代中国出版社2000年版,第53—54页。需要特别说明的是,1950年以后浙江大陆上的"匪患"又有所复发,直到1952年年底才基本肃清。

③ 舟山市军事志编纂委员会编:《舟山市军事志》,2009年印,第669页。

④ 《温州专员公署关于呈送玉环楚门事件检讨报告》,1950年5月11日,载中共温州市委党史研究室编《中共温州地(市)委文献选编(二)》,中共党史出版社2013年版,第261页。

⑤ 陈广相:《建国初期华东地区剿灭海匪的斗争》,《党史资料与研究》2008年第3辑。

三是各县的国民党自卫队、警察自卫队。① 所有敌对的海上军事力量,在地方档案中称之为"匪""土匪""海匪""匪特""蒋匪""蒋匪帮"等,以"海匪"一词出现的频率较高。②

一 渔业生产破坏与应对

国共在浙江沿海的军事对抗,特别是国民党军队在海上的暴力行为,使渔民的生计受到了严重影响。国民党军队在舟山实行"封港",只准当地渔民在指定远洋区域捕鱼,不准渔船靠岛,结果许多木船不堪远航,受大风浪影响,捕捞一无所得。有的船只被集中封扣在岛上,海上风暴来临时,船只互撞,以致人船两亡。③ 情况严重的如蚂蚁岛渔民,后来的描述中称:"蒋介石匪军盘踞在这个海岛上,宰杀了他们的全部牲畜,砍光了山上的大树,把他们支在海上的捕鱼架全部拔起来去做工事,并用枪托和刺刀赶打全岛的男女,把他们像赶鸭子一样驱下海,赶到附近的荒岛上去修筑工事。"④ 在宁波,为解决渔民困难与恢复渔业生产,宁波专署专门召开宁波地区渔民座谈会;针对外海不能捕鱼的问题,实业处号召渔民们在象山港内多用小船捕鱼。⑤ 在台州,因海匪破坏掠夺,渔民不敢下海捕鱼,海门区238只渔船曾一度全部停止生产,导致1924户渔民生活困难。⑥ 玉环县坎门区的钓船过去每天从天刚亮一直下钓到天黑,每船可下钓十多次,但受海匪骚扰影响,必须等到太阳出来看清海上情况才敢下钓,太阳一下山就停止放钓,致使每天只能放钓六七次,

---

① 马骏杰:《档案里的中国海军历史》,山东画报出版社2014年版,第424—425页。

② 行文表述时,主要兼用"国民党军队"与"海匪"二词。

③ 《舟山渔业开始恢复》,《浙江日报》1950年5月26日第1版。

④ 管白宇:《荒岛渔民走上大家富裕的道路——访远悬在祖国东海中的蚂蚁岛》,《浙江日报》1954年9月18日第2版。

⑤ 欧阳仲文:《宁波专署开渔民会议》,《浙江日报》1950年1月22日第2版。

⑥ 项德润、许葆源:《台州专区渔业初步恢复》,《浙江日报》1950年6月5日第2版。

产量大大减少。①

由于出海生产困难，渔民收入锐减，生活上往往无以为继，从而导致一些悲剧事件的发生。玉环坎门有渔民因家庭生活困难而大举借债，但无力归还，最后选择跳海自杀，丧葬问题也只能靠出海伙伴共同帮助解决。② 平阳鳌江有渔民因海匪占据南麂、北麂，无法出海生产，收入不能维持家庭生活，家中时常断炊，其妻忍饥挨饿并四处借贷，但最后还是生病饿死。③ 实际上，许多沿海渔民家庭主要以捕鱼为生，收入来源较为单一，家中又缺少能维持基本开支的土地。加之渔业生产有明显的季节特征，一旦错过了出海时机，渔民们就面临着极大的生存压力。

即便是到海上生产，渔民也冒着巨大的风险。当时经常发生的情况是，渔民不仅生产工具被破坏，而且人身安全也无法得到保障。据岱山、嵊泗、临海、三门、奉化等13个县的统计，1950年被海匪掠夺和毁坏的渔船共115只，被枪杀的渔民有83人；1951年被海匪掠夺和毁坏的渔船共84只，被枪杀的渔民有122人。据玉环、洞头、平阳等6个县和温州市的统计，自1950年1月到1953年6月，被海匪枪杀的渔民有231人，渔船被毁230只。另据瑞安、平阳两县调查，自1950年1月到1952年8月被海匪抓捕过的渔民达1291人。④ 夸张的如玉环坎门应东有个渔民，曾经被抓6次，最后一次被关在孤岛上，风雨交加之夜，他趁监视人酒醉，驾驶一只小钓船逃回。⑤ 海匪抢夺

---

① 温州区地专渔业生产调查组：《玉环县坎门区历年来渔业产销情况综合报告》，1952年8月5日，温州市档案馆藏，94—1—20。
② 中共玉环县委：《玉环坎门二个群众自杀事件报告》，1950年6月5日，温州市档案馆藏，87—2—38。
③ 《中共温州地委关于平阳鳌江饿死人事件的通报》，1951年5月4日，载中共温州市委党史研究室编《中共温州地（市）委文献选编（三）》，中共党史出版社2013年版，第193页。
④ 《沿海渔区的基本情况（资料）》，1954年，浙江省档案馆藏，J007—006—020。
⑤ 玉环坎门镇志编纂办公室编：《玉环坎门镇志》，浙江人民出版社1991年版，第65页。

毁坏渔船，使渔民失去最重要也是最昂贵的生产工具，而且一艘渔船上往往有数人乃至十数人共同劳动，这就影响了多个家庭。海匪抓走或者杀死渔民，使部分渔民家庭丧失劳动力，被抓走的渔民往往需要亲属支付一笔不菲的赎金才能回来，这些都造成了严重的社会负担。

　　据相关档案可知，当时海匪劫夺渔船的方式主要有两种：一是随季节以重点占据作业地区的海岛为根据地，时常出没，劫夺渔船；二是看风向、潮流，在渔船出渔入渔的航线中，截断去路，劫夺渔船。根据1951年的了解，海匪劫夺渔船的据点情况是：在宁波专区，秋冬汛海匪多以东福山岛为据点，春夏汛除东福山外，另有大小洋山，南北渔山；在台州专区，海匪多以一江山岛为据点，春夏汛以大小鹅冠、东箕为据点；在温州专区不分汛期，海匪长年占据着南北麂列岛、北龙、凤凰山、北关山、东台等处。① 由此可见，海匪以其能控制的海岛作为据点，结合渔业生产特有的季节性和区域性，从而在破坏生产方面起到事半功倍的效果。这也间接表明，渔业生产本身所具有的显著规律十分容易造成渔民海上行踪的暴露，在无法迅速剿灭海匪的情况下，需要有特别的举措才能起到保护渔业生产的作用，以维持渔民的生计。

　　海匪抢船、毁船，抓人、杀人，致使不少渔民对出渔生产有很大顾虑，视下海为畏途。部分渔民不得已向海匪购买匪片，以求海上生产安全。1950年，舟山普陀鲁家峙21对渔船中有19对买了匪片，每张价格人民币300万元至400万元。1950年冬到1951年春，玉环坎门渔民购买匪片总共花费人民币13多亿元。② 渔民购买匪片后，既减少了海上生产的风险，又可以到海匪控制的海域内捕鱼，对于摆脱生存困境起到一定作用。但是，海匪向渔民兜售匪片是一

---

　　① 浙江省农林厅水产局：《为送上护洋材料一份希参照由》，1951年8月9日，浙江省档案馆藏，J116—005—086。
　　② 中央水产实验所舟山组、浙江省农林厅水产局舟山组：《舟山群岛水产资源调查：沈家门区工作总结报告》，1951年，浙江省档案馆藏，J122—003—004。

种以暴力为依托的强制交换行为，渔民购买只是特定形势下的无奈之举，加重了自身的经济负担。另外，对于海匪来说，匪片也是检验渔民立场的一种手段。如平阳县江南区石峛乡渔民除被劫掠勒索之外，还要"再领牌照（引者注：即匪片）60张，每张银元200元，限3日内送齐，否则将全村房屋放火烧焚"①。

从公开要求和宣传中，可以看到中共一直反对渔民购买匪片，甚至指责买匪片的渔民政治觉悟不高。各地渔民订立的爱国公约或海防公约中，也特别强调不许买匪片。如台州区首届渔民代表会议通过的爱国公约中，明确要求渔民"不准买匪片"②。不过，基于现实情况的考量，中共对此采取了默许的政策。1952年11月18日，中共温州地委等在关于海防工作的决定中指出："渔民到匪区生产购买匪片，由于目前外海小岛尚为敌人盘踞，为照顾渔民生产，不可硬性禁止，但亦不号召。"③12月6日，温州区海防委员会在给各县的通知中进一步明确："近接省委指示，各海防委员会应切实组织力量，尽力保护渔民生产，但渔民如前往我完全无力控制之海面捕鱼问题，向我要求准予向海匪购买捕鱼'护照'（匪票），则可经公安机关审查研究，予以默许。"④

为抵御海匪侵扰，保护渔业生产，中共在沿海地区采取了"劳武结合"的办法。所谓"劳武结合"，亦即在渔民海上生产的同时，利用民兵、解放军等进行武装保卫，有的甚至组建特种武装力量，

---

① 《温州专员公署关于平阳县蒲门区土匪活动致省政府报告》，1950年5月19日，载中共温州市委党史研究室编《中共温州地（市）委文献选编（二）》，中共党史出版社2013年版，第280页。

② 《台州区首届渔民代表大会通过决议》，1951年，台州市档案馆藏，J036—003—018—042。

③ 《中共温州地委、温州军分区、公安十七师关于海防工作的决定》，1952年11月18日，载中共温州市委党史研究室编《中共温州地（市）委文献选编（四）》，中共党史出版社2013年版，第727页。

④ 温州区海防委员会：《关于我军无力控制海面准予渔民向匪购买匪票的通知》，1952年12月6日，温州市档案馆藏，87—33—3。

采用隐蔽的形式护渔。浙江大陆解放后，沿海民兵在各村设立情报站，日夜放哨巡逻，并多次击退海匪登陆，有的还组成护渔队，配合渔民下海捕鱼。① 1951 年年初，中国人民解放军驻舟山二十二军专门挑选曾下过海、捕过鱼、熟悉水性的官兵 80 余人，组建了亦劳亦武的"机帆船捕捞大队"，担负秘密剿匪、护航护渔任务。当时船上除配备一批身着渔民服装的官兵外，还聘雇渔村船老大和渔工 105 人，每艘机帆船上均装配轻重武器。至当年 6 月，该大队共俘获和击毙海匪 102 人，缴获匪船 4 艘，救回被劫渔船 9 艘，救出渔民和船员 90 余人。② 1951 年 4 月，浙江省军区指示温州、台州两分区"各从现有机动部队中抽一个加强的步兵连兵力专责掩护捕鱼"，具体方法是将部队伪装隐蔽分散到渔船中，随同渔船出海和返港，或者以现有帆船组成武装船工与渔船队同时下海，在其周围巡逻警戒。③ 1952 年，玉环坎门从海上民兵队中挑选优秀骨干组成一支"渔武队"，配有 4 只小钓船、24 个民兵，并配备 16 支步枪、4 挺冲锋枪，部分手榴弹、联络信号旗、望远镜等。除了生产外，渔武队的主要任务是侦察海岛敌人活动情况、护渔、护商和配合解放军解放海岛等，其活动范围北到舟山以北，南到福建一带。④

针对渔民分散捕鱼，不利于武装护渔的情况，各地还对出海渔民和渔船进行编队，加以集中进行保护。1951 年，为便于部队武装护送，台州各地出现了将出海渔民组织为生产大队的做法，并被作为一种成功经验加以推广。1952 年春汛，台州专区按渔船分布情况

---

① 《浙江民兵一年来的英勇斗争》，《浙江日报》1950 年 10 月 1 日第 7 版。

② 《普陀渔业志》编纂委员会编：《普陀渔业志》，方志出版社 2015 年版，第 650 页。

③ 《浙江省第五军分区、温州专员公署关于渔业生产的联合决定》，1951 年 4 月 30 日，载中共温州市委党史研究室编《中共温州地（市）委文献选编（三）》，中共党史出版社 2013 年版，第 178—179 页。

④ 郭口顺：《坎门民兵"渔武队"》，载玉环县政协文史资料委员会编《玉环文史资料》第 13 辑，1998 年印，第 24 页。

和渔民自愿等原则,将出海渔船编成大队、中队、分队,大队配备脱产干部跟随渔民一起出海,中队、分队由渔民代表会议选举渔民协会骨干积极分子负责。各队及时向当地渔业生产指挥部汇报情况,密切海上联系,统筹调配护洋力量。① 舟山普陀境内设置了3个以大对船作业为主的捕捞生产大队,即六横和桃花一个大队(渔船143对),虾峙一个大队(渔船124对),沈家门一个大队(渔船77对),同时大队下设12个中队。② 1952年,沿海三个专区共组织渔民生产大队46个、中队141个、分队360个、小队2012个。③ 这种联防性质的生产,虽然组织明确、层级分明,但并非互助合作组织中的集体生产,只是安全考量下的统一指挥,集体出渔与返港而已。

在国民党军队严加封锁的温州海域,一部分渔民由海军护送转移渔场,北上舟山生产自救,其方式有两种。一是改变北上路线。从1951年春夏汛起,温州专区每年组织百余对中捣网、黄鱼对等小型渔船,由乐清湾江夏处抬船过坝,经温岭内河,行驶至海门,再抬船过坝出海,由海军护航,沿海岸北上至舟山渔场。二是进行军事掩护。1951年夏,解放军一个排的兵力配合200多名民兵护送温州渔船北上。他们先经过周密部署,选择南风天气,同时放出消息要进攻国民党军队占据的披山岛,逼敌逃跑,其间使渔船乘机连夜渡过披山洋、大陈洋,最后在石浦海军的护航下抵达舟山沈家门。春夏汛结束后,由于海面仍被封锁,渔船返航时只得由石浦海军护送进入海门港,并将渔船交给海门渔民协会代管,

---

① 中共台州地委:《省农委关于全省沿海渔区工作会议报告与省农委批语的通报》,1952年11月5日,台州市档案馆藏,J013—004—059—029。

② 《普陀渔业志》编纂委员会编:《普陀渔业志》,方志出版社2015年版,第450页。

③ 《一九五二年浙江省水产工作综合报告》,1953年1月20日,载浙江省水产局《浙江渔业史》编辑办公室编《水产工作文件选编(1950—1985年)》上册,1987年印,第31页。

待冬汛时再北上。渔民们则从海门步行，风餐露宿，翻山越岭回去。①

如果说农业生产环境与农民生活环境具有较显著的空间关联度，那么海洋渔业生产环境与沿海渔民生活环境则在很大程度上是分离的。以此来分析的话，20世纪50年代初浙江沿海特别是浙南沿海地区绝大部分渔民面临着一种矛盾的处境，即生活环境的"解放"与生产环境的"未解放"。受海匪频繁活动，海洋渔业生产的流动性，以及海洋渔场面积辽阔等因素的影响和制约，即便中共采取了一系列海上生产保护与应对措施，但这些举措只能部分或暂时地解决出海问题，并且一般很难兼顾生产效率。整体而言，渔民生活仍是普遍困难，"海匪抢船抓人"的情况实际上还在不断发生。浙南沿海长期存在的严峻形势，对于渔民的行为方式以及相关政策的制定都带来一定影响。

二 浙南沿海的博弈

如前所述，国民党十分重视舟山群岛的经营，舟山原本是国共对抗最激烈的地区。从1949年8月18日至11月5日，经过近80天作战，解放军攻占舟山群岛外围30多个岛屿，歼灭国民党军队8000余人。国民党则进一步扩充在舟山的军力，调来海军第一、第二舰队，扩建岱山机场，又从汕头、台湾、金门等地增调大量军队。② 1950年3月，蒋介石接获中共可能攻打舟山的情报。4月底，蒋介石巡视舟山，得知并证实中共拥有俄制喷气式飞机，国民党军队将难以获取制空权，最后决定放弃守卫舟山群岛，并从5

---

① 温州市水产局、水产学会等编：《温州水产志·资料长编》卷4《水产捕捞篇》，1991年印，第13页；温州市水产总公司、温州市水产学会：《浙江渔业史·温州渔业史料（一）》，1987年印，第27页。其中细节仍有疑惑之处。比如，只是佯攻披山岛的话，那过了披山洋后，行驶至大陈一带又将怎么办？又如，停于海门的渔船在下一个渔汛来临前，将由谁负责修理，出海渔民的物资如何解决？

② 舟山市军事志编纂委员会编：《舟山市军事志》，2009年印，第669、680页。

月中旬开始陆续撤走军队。① 解放军随即进占舟山各主要岛屿，又于7月解放嵊泗列岛，到1951年基本肃清舟山各岛残留的国民党武装力量。

舟山群岛解放后，国共在浙江沿海军事对抗的重心转移到浙南沿海。据浙江军区1950年11月底的统计，浙江全省尚有土匪9000余人，其中盘踞在以大陈岛为主的浙南沿海岛屿的海匪就有6000多人，他们"进行海盗式的流窜抢劫活动，乘隙窜扰沿海地区和继续向我大陆派遣潜入"②。当时国共双方争夺最激烈的，当属洞头。洞头在1949年10月解放后，1950年7月重新被国民党军队占领。解放军虽然立即组织了力量进行反攻，但于当年10月撤出，1951年又有两次作战，直到1952年1月才最终解放洞头。③ 1951年9月，蒋介石派胡宗南（化名秦东昌）到大陈岛任总指挥，统一整编浙南沿海岛屿的武装力量。1952年以后，国民党军队在浙南沿海占据的重要岛屿有东矶列岛、上下大陈岛、披山岛、南麂列岛、北麂列岛等，此外还有宁波象山的渔山列岛。

国民党军队长期占据外围岛屿，国共双方持续斗争，浙南沿海地区的社会形势自1949年以来就变得十分错综复杂。1949年9月，海门出现大量谣言，如第三次世界大战爆发、国民党即将反攻要把海门炸成荒地、解放军抓挑夫准备逃跑，等等，一时造成社会混乱，民众纷纷逃往农村，市场萧条，人民币贬值。④ 据调查，当时海匪在海上与沿海的活动方式主要有：（1）以军舰带小炮艇巡弋伏劫；（2）化装成其他地区的商贩登陆；（3）伪造通行

---

① 刘维开：《防卫舟山与舟山撤退》，载沈志华、唐启华主编《金门：内战与冷战：美、苏、中档案解密与研究》，九州出版社2010年版，第25—34页。
② 《浙江军区司令部一九五〇年剿匪工作总结》，1951年1月12日，载中国人民解放军历史资料丛书编审委员会编《剿匪斗争·华东地区》上，解放军出版社2004年版，第602页。
③ 温州市军事志编纂委员会编：《温州市军事志》，解放军出版社2003年版，第316—318页。
④ 《海门工作情况》，1949年9月16日，台州市档案馆藏，J013—001—007—114。

证、印章混进大陆；（4）以送亲、结婚名义来大陆送委任令等；（5）利用或威胁码头工人，拉拢个别农会来发展陆地游击队，供给物资；等等。①

渔民与海匪之间也存在着复杂的关系。站在渔民的角度来看，他们既"恨匪""恐匪"，又"勾匪"，"表现在匪抢劫不能下海捕鱼，下海时须用工具毛竹除自用一部分外，一部分给匪作工事，掩护散匪出入"②。除了前述购买匪片外，当时出现的另外一个比较严重的问题是"粮食漏海"，即有相当数量的粮食通过渔民流入到匪占海岛。因为海岛一般无法自给自足，在人员激增的情况下，各类物资尤其是粮食的供应十分紧张，需要从外部大量输入。温州专员公署曾指出，"据温州海关统计，每月经过该关登记流入洞头岛的大米即达3万斤之多，未经该关登记而入其他海岛的尚无法统计，足见粮食流入海岛不在少数"，所以决定"凡来自匪占海岛的渔民及其他群众一律不准卖给粮食"，"对我区下海捕鱼的渔民，可经审查确系渔用，而非资敌后，适当给以一部分"③。

由于渔民掩护海匪活动，给海匪提供物资等情况的存在，新政权对一些地区的渔民抱有相当高的警惕性。如有调查报告透露，黄岩县金清区白果乡在1951年11月乡政府未成立前，"渔民个个是与匪联系的"，所以当地政府批评渔民"通匪、藏匪、亲匪、当匪"，"甚至说没有一个渔民的身世是清白的"④。在台州，"个别地方怕渔

---

① 《台州沿海情况调查材料》，1951年1月11日，台州市档案馆藏，J013—003—054—004。

② 《台州沿海情况调查材料》，1951年1月11日，台州市档案馆藏，J013—003—054—004。

③ 《温州专员公署关于严防粮食漏海资敌的指示》，1951年9月26日，载中共温州市委党史研究室编《中共温州地（市）委文献选编（三）》，中共党史出版社2013年版，第432页。

④ 浙江省农林厅水产局水产资源调查队：《台州专区黄岩县水产资源调查综合报告》，1953年，台州市档案馆藏，J036—005—075—023。

民下海通匪，有阻止渔民出海生产现象"①。在温州，"有些部门和干部歧视渔民都不是好人"②。对于渔民中的坏分子，新政权还严加管制，不允许其下海生产。如中共台州地委沿海工作队在基层工作中要求："对一般惯匪、支匪、窝匪、通匪的坏分子经群众讨论和研究，不允许下海。解放前当过土匪的或当过多年兵，须自己保证和联合保证结合，始准予下海。"工作队还特别强调，"沿海的不纯分子确实太多了"③。

除了坏分子以外，另有两类特殊人群值得注意。

一是所谓的匪属，即海匪的亲属。海匪中有相当多是温州或台州本地人，有的还与家庭保持联系，如"三门县现在海上为匪者即达三百八十多名，很多与家庭有联系，最近还发现个别寄钱回家"④。因此如何对待、处理匪属显得格外重要。内迁，是处置重要匪属的一种手段。中共台州地委在1951年11月规定："海岛上之重要匪属与反动党团主要分子，必须内迁，由区委讨论，县委县府批准后办理。"⑤ 在镇反运动中，中共台州地委要求"对与匪有联系的各种反革命分子和与匪仍有联系的重要匪属，不能逮捕而由当地群众无条件管制者，必须内迁一部，可由区委讨论，县委批准后予以适当安插"⑥。对于一般遵纪守法的匪属，中共则普遍采取宽大、感

---

① 中共台州地委：《关于冬季渔民工作的指示》，1952年10月9日，台州市档案馆藏，J013—004—059—001。

② 《中共温州地委关于沿海群众生产生活情况报告》，1953年4月26日，载中共温州市委党史研究室编《中共温州地（市）委文献选编（五）》，中共党史出版社2013年版，第264—265页。

③ 中共台州地委沿海工作队：《关于渔民工作的报告及几个问题的请示》，1951年4月10日，台州市档案馆藏，J013—003—054—024。

④ 中共台州地委：《关于加强沿海对敌斗争，保证胜利完成各项中心任务的指示》，1954年1月15日，台州市档案馆藏，J013—006—006—001。

⑤ 中共台州地委：《关于开展海岛工作的指示》，1951年11月23日，台州市档案馆藏，J013—003—041—068。

⑥ 中共台州地委：《关于加强沿海区镇压反革命的指示》，1951年12月15日，台州市档案馆藏，J013—003—041—050。

化的手段。玉环县坎门区在 1954 年派投诚归来的陈必胜到各乡去作宣传，动员匪属赶紧设法把儿子、丈夫叫回来，同时专门召开匪属会议，培养典型，进行诉苦。① 针对各地发生的对匪属采取疏远仇恨态度，当面讽刺以及辱骂等现象，1954 年年初中共台州地委要求予以纠正，并阐明相关政策："对已彻底认识到自己的夫、子为匪的罪恶与可耻，而遵守政府法令，积极生产的匪属，主要是鼓励他们的进步，并通过他们去争取教育其他对政府不满的匪属；对那些由于不了解政府对匪属的政策，害怕政府'另眼相看'的匪属，主要是向他们讲清政策，消除他们的思想顾虑。"②

二是被抓放回的渔民。这类渔民数量很多，其中还有少部分是在受过训练后被放回，协助海匪刺探、搜集大陆情报。如何处理这类渔民，台州专区海防委员会曾指示各地，除了对他们进行登记并做有计划秘密考察之外，"不应一律逮捕扣留，加强教育启发其阶级觉悟，使其不但能表明态度安分守纪，反而能贡献敌之情况"③。温州区海防委员会也强调："对那些被匪捕去放回的渔民，除要他们到政府登记并有计划地布置进行秘密考察外，不应一律逮捕批押，而应加强政治教育，提高其阶级觉悟，使之向我报告真实情况，表明态度。"④ "不应一律逮捕"的政策只是简单设置了大多数渔民回来后所能得到的待遇底线，仍缺乏具体的指导措施，实际留给各地的处理权限相当大。考虑到当时放回的渔民众多以及各地采取的错误做法，中共台州地委于 1954 年年初指示各地"应分别不同情况（出身成分、社会关系、回来后的表现等）采取不同对策，绝不能一律

---

① 中共玉环县委宣传部：《玉环县坎门区是如何通过渔民开展对敌斗争的》，《浙江农村工作通讯》1954 年 6 月第 23 期。
② 中共台州地委：《关于加强沿海对敌斗争，保证胜利完成各项中心任务的指示》，1954 年 1 月 15 日，台州市档案馆藏，J013—006—006—001。
③ 台州专区海防委员会：《关于加强海防保卫经济建设指示》，1952 年 12 月 3 日，台州市档案馆藏，J013—004—050—037。
④ 温州区海防委员会：《关于我军无力控制海面准予渔民向匪购买匪票的通知》，1952 年 12 月 6 日，温州市档案馆藏，87—33—3。

视为'特务',更不允许粗暴地予以辱骂、乱抓,或采取车轮战术",并提出"今后各县均由公安人员以政府民政部门面目出现,召开小型的座谈会或个别地进行教育,表示同情与慰问,根据情况分析,确定重点审查对象"①。

中共对一般匪属、被抓放回渔民的宽大政策,也与当时沿海形势的变化有密切关系。不同于以往直接勒索或劫掠,从1953年开始海匪逐步转变策略,利用各种方式大力拉拢渔民。温州区渔业生产委员会在1953年4月的春汛生产准备报告中指出:"由于海匪造谣破坏'三月中反攻大陆,退出沿海二十里',用发贷款救济米,告渔胞书,向渔民进行检讨慰问,造成渔民思想混乱,削弱渔民对匪仇恨。"② 中共玉环县委宣传部指出:"去年(引者注:1953年)十月份以来,敌人活动花样变得更为危险毒辣,即专以一套假仁假义、小恩小惠的手段来笼络渔民,企图离间渔民与我关系,达到刺探我党政军内部情报的目的。"③ 瑞安县有一渔民1954年春外出代工,遇到海匪发给他八斤米、六尺布,回来便说:"土匪好起来了。大家下去生产没有关系。"④ 玉环坎门鸡山乡渔民在披山洋生产,渔船逆风行驶不动,海匪用汽船代拖至渔场,还送给渔民大米,说现在不卖匪片,还要保护渔民生产。⑤ 更有甚者,海匪直接派人到一些地区拉拢渔民。据中共平阳县委渔盐民工作部报告:1954年12月,有3个"特务"坐帆船到北麂岙,召开渔民大会。会后对敢于与之接近的

---

① 中共台州地委:《关于加强沿海对敌斗争,保证胜利完成各项中心任务的指示》,1954年1月15日,台州市档案馆藏,J013—006—006—001。
② 温州区渔业生产委员会:《温州专区目前春汛生产准备情况的报告》,1953年4月18日,温州市档案馆藏,104—37—11。
③ 中共玉环县委宣传部:《玉环县坎门区是如何通过渔民开展对敌斗争的》,《浙江农村工作通讯》1954年6月第23期。
④ 中共温州地委渔盐部:《转发瑞安县海防委员会关于在城区鹰捕船渔民进行总路线教育的报告》,1954年7月22日,温州市档案馆藏,95—1—1。
⑤ 玉环县渔业生产指挥部:《冬汛生产互助合作情况总结报告》,1954年12月20日,浙江省档案馆藏,J122—006—008。

25 只夹网船分发东西，每只船分到一水桶米（约 50 斤），每人分到 6 盒火柴（夹有传单），1 条肥皂（夹有传单），2 颗糖，四两到半斤的糖精。① 海匪送给渔民大米、副食品以及各类生活用品，并非随意赠予或救济，其中一个用意在于破坏统购统销政策。如海匪对渔民造谣说："现在统购统销，到社会主义你们都要饿死。"②

除了拉拢渔民，海匪也根据形势需要运用武力手段，借此削弱中共的威信。1954 年 8 月 22 日，中国各民主党派、各人民团体发表《为解放台湾联合宣言》。根据中央军委部署，福建军区于 9 月 3 日炮击金门，9 月 22 日进行第二次炮击。浙江沿海渔区从 9 月份开始宣传解放台湾教育，并组织渔民散发各类宣传品到海匪控制区。在此情况下，浙南一带的海匪连续抢劫渔船，抓捕渔民。据不完全统计，1954 年 9 月底至 10 月中旬，海匪先后在南北麂山和温岭石塘镇附近海面劫走渔船 9 只，渔民 69 人。③ 到 10 月底，温州专区共被海匪劫走渔船 48 只，渔民 364 人。④ 洞头县洞头乡民众普遍埋怨政府，反映："不讲解放台湾还好讨海（生产），现在海都不好讨了。"当时流传着"海匪抓人是因九月中旬县渔业互助合作训练班上五百多代表通过决议，要支援解放台湾"，"海匪怕渔民支援解放台湾，所以载重百担以上的渔船都要抓去"等各种说法。⑤ 乐清县有些渔民

---

① 中共平阳县委渔盐部：《平阳县渔业生产互助合作与对敌斗争情况报告》，1954 年 12 月 21 日，温州市档案馆藏，95—1—3。
② 玉环县渔业生产指挥部：《冬汛生产互助合作情况总结报告》，1954 年 12 月 20 日，浙江省档案馆藏，J122—006—008。
③ 《一九五四年浙江渔业生产工作初步总结》，1954 年 11 月 1 日，载浙江省水产局《浙江渔业史》编辑办公室编《水产工作文件选编（1950—1985 年）》上册，1987 年印，第 70 页。
④ 中共温州地委渔盐部：《第四季度温州区渔业生产互助合作情况综合简报》，1954 年 12 月 28 日，温州市档案馆藏，95—1—1。
⑤ 中共温州地委渔盐部：《转发本部检查组关于贯彻解放台湾宣传揭发敌人绑架渔民阴谋发动群众对敌斗争的报告》，1954 年 11 月 15 日，温州市档案馆藏，95—1—1。

民害怕去支前和解放台湾，在订立爱国公约时不写上支援解放台湾。①

针对上述情况，中共采取措施进行反制。除了加强对坏分子等的管制与改造，揭露敌人阴谋，提高渔民的政治与思想觉悟外，还专门设立招待所、供销社来争取敌方控制下的民众。1954年9月，中共温州地委渔盐部要求各地"做好敌占岛屿与游击岛的群众工作和伪军家属工作，争取他们靠拢我们，分化瓦解敌人"，提出利用他们到大陆购买生产、生活资料或推销产品的机会，进行宣传教育，同时对游击岛上的贫苦居民予以救济，并视具体情况在鳌江、瑞安城区、坎门建立渔民招待所或专对敌占岛民交易的供销社。② 瑞安县设立渔民招待所后，到1954年11月共招待游击岛屿群众1.2万余人次，结合招待广泛开展宣传教育，总计召开大会30次，座谈会101次，受教育1万余人，配合公安部门发现线索破获敌特案11件。③

综上所述，1949年以来浙江沿海渔匪关系呈现出来的复杂状况，实际上是国共对抗的产物。国民党军队的海上暴力行动使渔民的生命财产无法得到有效保障，极大地干扰了渔业生产，影响渔民的生活。但国共对抗局面的长期存在，以及国民党军队间或出现的拉拢行为，又意味着渔民似乎有了摇摆、选择的余地。随着1955年1月一江山岛战役的爆发以及国民党军队的败退，浙江全境解放，此种复杂关系的基础也就不再存在。而反观这一时期浙南沿海地区相关政策的实施与调整，诸如坏分子、匪属、被抓放回渔民的处理，

---

① 中共乐清县委渔盐部：《一九五四年渔业生产全面工作总结》，1955年5月4日，温州市档案馆藏，95—1—3。

② 中共温州地委渔盐部：《关于进一步发动渔民群众开展对敌斗争的几个意见》，1954年9月15日，温州市档案馆藏，95—1—1。

③ 《中共浙江省委农村工作部关于我省海洋渔业几个问题的调查报告》，1955年10月26日，载浙江省水产局《浙江渔业史》编辑办公室编《水产工作文件选编（1950—1985年）》上册，1987年印，第93页。

渔改补课以及渔民入社资格问题（见第三章第三节），一定程度上与敌对方策略的变化以及国共双方对抗形势的演变产生联动效应，进而深刻影响了当地社会的发展进程。

第三节　沿海渔民的生存状态

本节主要探讨的是20世纪30年代至50年代初浙江沿海渔民的生存状态。关于这一问题，可以从多方面进行论述，如性格特征、风俗信仰、家庭经济、海上生活、文化程度、日常习惯等。但面面俱到的分析容易陷入人云亦云之中，把握不住问题的关键所在。在许多前后相袭、层层累积的文本中，有一种将"渔民"概念化、单一化的倾向，并对其生存状态进行泛化的描述。① 换言之，如果不考察渔民群体的内部差异，我们就无法深入理解渔区阶级划分与阶级斗争的现实基础。当然，这一问题的背后还涉及哪些人会被归为"渔民"，以及谁在书写着"渔民"的历史。②

一　泛化的生存状态

民国时期，不少人对沿海渔民的境遇抱有一种同情而怒其不争的态度。如有人认为："渔民不良生活的酿成，一半也因为他们自身有种种坏的嗜好，像饮酒、吸烟和赌博。在渔汛的时节，收入比较丰富，他们就浪费浪用，夜夜元宵。"③ 还有人指出："渔民因海上生活异常危险，人的生命朝不保暮，养成一种'今朝有酒今朝醉'的心理。故有钱时习于浪费，醉酒赌博宿娼等不良习惯，渔民中间

---

① 所谓"泛化"，指的是将个别的、少部分的或者大部分的特征抽象、扩大到整个群体，用普遍性取代特殊性，忽视差异的存在。
② "渔民"的建构史十分复杂，此处只是抛砖引玉，不作进一步探讨。
③ 王宗培：《中国沿海渔民经济状况之一瞥》，《浙江省建设月刊》1931年6月第4卷第12期。

是很通行的。"① 相类似的表述称："渔民知识浅陋，性情粗鲁，故日常生活极不规律，不知储蓄，一旦收获丰富，则多赌之，嫖之，往往无隔日之粮；同时，渔民因海上生活之危险，常怀生命朝不保夕之感，遂又养成一种'今朝有酒今朝醉'之心理。"② 渔村中赌博盛行，以至于有人感慨："每值渔汛时期，各渔埠渔港，莫不牌鸣振野，呼声撼天！此类情形，实已成为我国沿海各地渔村普遍的现象，渔民每于水落回洋，整理渔具之际，便去寻找娱乐，藉以调剂海上危险而枯燥的生活，赌博便是最普通的'娱乐'。试问何处渔村无有设赌？我人只要到渔村一走，便会惊异这里的'世外桃源'！"③ 大体而言，赌博、嫖妓、嗜酒以及浪费是渔民给人的整体印象。这类群体性行为大多集中出现在渔汛期间，具有一定的季节性，与渔业生产的高风险密切相关。

除了不良嗜好与习惯外，渔民们性情粗暴，好勇斗狠，而且文化程度普遍较低，十分信仰神灵。就像时人所观察到的，"渔民以船为家，泛海为生，终日与波涛为伍，性情粗暴，常以细故，辄动武凶殴，或因争夺渔场，发生械斗，或以渔法渔具之不同，发生纠纷"，由于"居处偏僻，文化落后，智识闭塞，其愚顽尤甚于一般乡愚"④。渔民受教育程度在全国范围来看是相当糟糕的，"我国教育，素不发达，而此不发达之程度，尤以渔村为甚，一般渔民，概多目不识丁，平均识字之人，尚不及十分之一，故渔民简直无教育可言"，并且"又生性好勇斗狠，偶遇渔汛减收，辄敢越货杀人，流为盗匪；而对于神佛，则异常信仰"⑤。

---

① 李士豪：《中国海洋渔业现状及其建设》，商务印书馆1936年版，第207页。
② 陈灵秀：《复兴渔村经济刍议》，《东方渔业》1948年10月第1卷第6—7期合刊。
③ 方家仲：《大目洋春季渔汛概况》，《浙江经济月刊》1947年10月第3卷第4期。
④ 饶用泌：《浙江渔业建设之推进》，《浙江经济月刊》1947年10月第3卷第4期。
⑤ 戴渠：《调查鄞县定海镇海三县渔业状况之报告》，《浙江省建设月刊》1932年12月第6卷第6期。

以上情形，有的是基于观察浙江或来浙江渔场生产的渔民而得出的一般性结论。至于浙江各地渔民的具体状况，实际上也相差无多。根据时人调查，在岱山的台州帮渔民"均未受教育，稍能识字者，仅占百分之一二"，他们"大半嗜酒如命，无贮蓄性，稍有收入，即烟酒赌嫖，无所不至"；象山东门帮渔民也"多不识字，无教育可言"，"烟酒嫖赌，无所不能，性喜械斗，时起争执，有家室可归者，尚能顾及收入的不易而稍知节省"①。定海县渔民信仰各种宗教，其中沈家门"以天主教为最盛，约八百人，其次耶稣教、佛教、道教，均不及百人"，岱山东沙角"佛教耶教均百人左右，道教可三十人"②。鄞县东钱湖一带，寺庙随处可见，渔民们"每对大对船用于敬神之款，年达七八十元。其所信仰者为太保少保菩萨，遇风涛时则呼天上圣母娘娘"；咸祥镇虽然寺庙较少，但渔民崇敬神灵的热情不减，"其所信仰者，仍以天后宫（圣母娘娘）为主"③。洞头三盘渔民每逢出海或谢洋之时，"必须许愿与叩谢一次"，生了病也是"先求道士拜神，再请医生诊治"④。

渔汛出海生产前需要大量资金准备生产生活资料，而大部分渔民又无此财力，所以如何筹措资金尤为重要。解决方法主要有两种。一是借贷，主要向鱼行借钱或生产生活物资（见第二章第一节），也有少数向银行、钱庄和亲友借，还有不少渔民去借高利贷。二是纠会或组会，即通过集合若干有信用且熟识的渔民，相互间进行资金支持。各地"会"的名称与组会方式不尽相同。定海渔村中盛行的是七星会，由会头一人和会尾七人组合起来，"会额大概从三四百元至一千五百元，利息也比普通人纠会来得高，大概从一分至一分八

---

① 姚咏平：《岱山水产之调查》，《浙江省建设月刊》1933年1月第6卷第7期。
② 金之玉：《定海县渔业之调查》，《浙江省建设月刊》1935年10月第9卷第4期。
③ 林茂春、吴玉麒：《鄞县渔业之调查》，《浙江省建设月刊》1936年10月第10卷第4期。
④ 汪金铸：《敌匪环伺下海上渔村形形色色》，《浙温渔业》1941年9月第6期。

厘";当会头需要承担一定风险,"如果有一个已经得会的会尾,中途遭了死亡的灾难,那末做会头的,要默认吃亏了"①。三门湾一带流行花会,"合数人或十余人同组一花会,规定每月缴交会款若干,并在某一定时期,集合会员投标一次,其标用数目最少者,即得该次标取权,而获得其所标数目之款项以为应用;此种办法所出之利息较轻,月息仅一分至一分半间"②。参与纠会的渔民一般有一定经济基础,"真贫苦的人,他是叫不到人来纠会的"③。

1949年以后,革命话语占据主导地位,渔民生活上的贫困被归咎于各种封建剥削。1950年,定海县人民政府在汇报渔民所受封建剥削情况时,将其分为鱼行栈的剥削、高利贷的剥削、冰鲜的剥削、船租的剥削、劳力的剥削等几种。④ 在1951年台州编印的《渔民工作手册》中,有一份《渔民阶级情况和生产、生活特点的调查》,具体描述了底层渔民遭受的各类封建剥削:"渔工出卖劳动力受渔业资本家的剥削,渔业资本家除供给渔工伙食外,仅以收获的20%至30%分给渔工,有时经盘算后甚至说无利可分。贫苦渔民向渔业资本家租船,每对船租每汛谷40石。向地主、资本家、鱼行、鱼商借贷资金,利息银洋每元日利铜元四枚,借谷每石月利二斗五升,四个月按复利计算。既捕得鱼后,但因借了鱼行、鱼商的资本,不得不被迫以低价卖给他,并且过秤时以百斤作七十斤、五十斤。也正由于多重的剥削,造成渔民生活的极度贫困。"⑤ 当代人编纂的各类史志则进一步强化了1949年以前浙江渔民的苦难状态,即他们普遍

---

① 王宗培:《中国沿海渔民经济状况之一瞥》,《浙江省建设月刊》1931年6月第4卷第12期。

② 戴行悌:《温台渔民猬集下之三门湾渔业剖视》,《浙温渔业》1941年9月第6期。

③ 李士豪:《中国海洋渔业现状及其建设》,商务印书馆1936年版,第180页。

④ 定海县人民政府:《为收集关于渔民受封建剥削情况及土改时与渔民有关诸问题汇报由》,1950年10月6日,宁波市档案馆藏,地31—2—28。

⑤ 台州地农委编印:《渔民工作手册》,1951年9月,台州市档案馆藏,J013—015—001—112。

受到各种剥削，负担沉重，生活贫困。①

虽然"苦难"构成了渔民生存状态的重要表征，但也不乏细心者留意到，"有船的渔民，经济情形很不差，不斤斤计较于捕捞的丰歉的，固然也有一小部分"②，"渔民生活因地方而不同，此外同一地方，概以经济状况之宽裕与否，而有参差"③。泛化的渔民生存状态遮蔽了历史本来的复杂面貌，容易使研究者陷入长期以来累积的片面认知之中，我们需要深入渔民群体内部进行考察。

二 渔民的收入差异

向鱼行等借钱或者纠会筹集资金出海生产的渔民，要么自己拥有渔船，要么可以个人独租或合伙承租渔船，显然不同于只是出卖劳力与技术的渔民。这其实就反映出渔民群体的差异性，而其中关键又在于不同渔民的收入状况，具体可从如下两个方面展开探讨。

一是渔船上渔民的分工收入。

这种收入占渔民全年收入的大部分或一部分，收入差异是生产分工导致的，体现了渔船上渔民生产时的不同职责与个人技能。一般来说，渔船上职责越重，技术难度越大的职务，相应的收入也就越高。据《普陀渔业志》记载，当地90岁高龄的老渔民介绍，清末一般年景中，渔船上普通雇工年收入10—12元银圆，如果担任船老大、出网等技术职务，全年收入有15—20元银圆。④

---

① 这类史志非常多，其中代表性叙述可参见浙江省水产志编纂委员会编《浙江省水产志》，中华书局1999年版，第462—464页；郭振民《舟山文史资料》第10辑《舟山渔业史话》，中国文史出版社2005年版，第439—445页；《普陀渔业志》编纂委员会编《普陀渔业志》，方志出版社2015年版，第759—762页。

② 王宗培：《中国沿海渔民经济状况之一瞥》，《浙江省建设月刊》1931年6月第4卷第12期。

③ 戴渠：《调查鄞县定海镇海三县渔业状况之报告》，《浙江省建设月刊》1932年12月第6卷第6期。

④ 《普陀渔业志》编纂委员会编：《普陀渔业志》，方志出版社2015年版，第757页。

长元制指的是雇工捕鱼的经营模式，在浙江海洋渔业生产中相当普遍。长元制下渔民的工资形式，可分为包薪、拨份（拨分）、开脚三种。① 表1-1反映了民国时期普陀大对渔船上各类职务的工资分配情况。以偎船（亦作"煨船"）为例，工资最高的是老大，其次是多人、车关多人，最低的是扳二桨、扳三桨。包薪中最高工资（1275）是最低工资（375）的3.4倍，拨份中最高（6.5）是最低（1.7）的3.8倍；开脚中最高（2.0）是最低（0.5）的4倍。老大是一船之首，全面负责渔船的生产、航行、派工、安全、伙计生活等；偎船上的多人，职责是协助老大掌舵、驶船以及各项船务处理等；车关多人负责拨启或关闭车关，拨篷和帮助驶船等。这些职务的责任重，技术要求也高。扳二桨主要职责是放收渔网曳纲、摇橹、搭撑篷、解大砣、挑水、劈柴和做鱼羹等；扳三桨主要职责是起放渔网曳纲、渔绳、管理车关、摇橹、搭撑篷和协助火将烧饭菜等。两者的技术要求相对较低。②

表1-1　　　　1928—1949年普陀长元制大对船渔民工资分配表

	技术职务	包薪 （米：千克）	拨份 （％）	开脚 （脚数）
偎船	老大	1200—1275	5.5—6.5	1.5—2.0
	车关多人	825—900	3.2—3.6	1.0—1.1
	多人	975—1050	4.5—5.0	1.15—1.2
	头多人	675—750	3.0—3.5	0.9—1.0
	火将	750	3.2	1.0—1.1

---

① 简单来说，包薪就是固定工资；拨份是工资不固定，在生产净收入中抽取一定份额作为工资，对象一般限于渔船上重要技术人员；开脚是指把船、网、劳力等折成脚（股）数，按生产净收入分配。参见浙江省水产志编纂委员会编《浙江省水产志》，中华书局1999年版，第406—407页。

② 舟山市普陀区政协教文卫体与文史委员会编：《普陀文史资料》第3辑《普陀渔船史话》，中国文史出版社2009年版，第195—197页。

续表

技术职务		包薪 (米：千克)	拨份 (%)	开脚 (脚数)
偎船	扳三桨	375—450	2.5—2.6	0.5—0.6
	抛头锚	600—675	2.5—3.0	0.9—1.0
	扳二桨	375—450	1.7—1.8	0.5—0.6
	拔头片	600—675	2.5—3.0	0.9—1.0
网船	老大	975—1125	4.5—5.0	1.2—1.5
	副老大	900—1050	3.2—3.5	1.1—1.2
	多人	600—675	3.0—3.2	1.0—1.1
	出网	825—900	3.4—3.5	1.0—1.1
	出袋	750—825	3.2—3.3	0.9—1.0
	拖下纲	750—825	3.0—3.3	0.9—1.0

资料来源：普陀县志编纂委员会编：《普陀县志》，浙江人民出版社1991年版，第292页。

在有的渔船上，会兼用不同工资形式。如表1－2所示，温州薪给制的大撩网渔船，由网船老大（即长元）付给渔民固定工资，最高工资（网船中舱）是最低工资（网船搭桨）的6倍，网船中舱的工资是煨船上一般职务工资的3倍；合股制（即开脚）的大撩网渔船上，一部分渔民按股获得收入，其中网船老大拿3股，约占总股数的35％，另一部分渔民是按月付给工资，但收入是薪给制下同样职务的2倍左右。由此似乎可以推测，采用合股制的大撩网渔船，其年产渔获量要远高于薪给制的大撩网渔船。此外如鄞县的大对船、大捕船一般采用包薪与拨份相结合的办法，包薪者大多技术不精、任职轻易，拨份者多为有一定技术的渔民。①

---

① 浙江省水产志编纂委员会编：《浙江省水产志》，中华书局1999年版，第407页。

表1-2　　20世纪30年代中期温州大搞网渔船渔民工资情况表

	技术职务	薪给制（工资：元/月）	合股制（分头股分成数）	分配工作
网船	老大	由船东自兼无雇佣者	3.0	统管二船及网船航驶之责
	拔豆只	10	1.0	摇桨
	中舱	18	2.0	司起网下网等工作
	拔后只	7	0.5	摇桨
	搭桨	3	8元/月（按薪给）	帮同摇桨及受差遣
煨船	老大	16	1.5	航驶煨船
	后桨	7	12元/月（按薪给）	摇桨
	二舱	6	12元/月（按薪给）	摇桨
	中舱	6	12元/月（按薪给）	摇桨
	后送	6	0.5	烧饭

资料来源：方扬编：《瓯海渔业志》，浙江省政府建设厅第三区渔业管理处1938年印，第61—62页。

对于大多数下海生产的渔民来说，起初会先从最简单的职务干起，待技术熟练后，有机会转换到工资待遇更好、技术要求更高的职务，逐渐熟悉渔船上的各类技术。如果渔民积累了一定的财富并掌握重要技术，还能买船或租船，雇人捕鱼，自己当长元。此处不妨简要呈现20世纪50年代初调查所得的两个渔民的情况。鄞县东钱湖陶公山人王玉忠，10岁在老家放牛，11岁学船匠，13岁下海捕鱼，最初当扳二桨，后当网船头多人，第三年做拖下纲，21岁当上老大，"与人拼股硬脚船，拿17.3%"。后因机缘巧合，王玉忠发现佘山洋鱼类旺发的秘密，跟踪去捕捞小黄鱼，一次即达万余斤，由此发家，先后买了大对船11只，冰鲜船1只。1933年，他还在嵊山开鱼行，但为人所骗，累计亏损3万元银圆，船变卖8只，剩下4只，后来又买入2只。到新中国成立时，他以租船为自身的主要收入来源。普陀鲁家峙人张宝盈，18岁下海捕鱼，曾做过扳二桨、网船多人、抛头锚，21岁当上小对偎船老大，但自己没有船，从36岁起做长元。①

王玉忠、张宝盈的经历，其实是渔民从雇工变成长元，努力发家致富的缩影。长元制下的渔船分工，虽然渔民收入分等，各有高低，但与职责大小、技术高低一般相符合，同时也能够为群体内部的流动创造机会，当然其中因个人禀赋、勤俭程度、家庭条件、机遇情况等而异。

二是不同阶层渔民的收入。

这种收入指的是渔民或其家庭的整体收入，收入差异主要是生产工具，特别是渔船占有与否造成的。在正常年景下，渔船占有所带来的收益为数颇多，是长元或船主②主要的收入来源。

长元制包薪方式中，一对大对船或一艘大捕船的全部捕捞收入扣除生产成本（包括伙食费、工资等）后，剩余的都归长元，若亏损也由其承担。一对大对船若遇到丰产年景，清末普陀虾峙的长元可获得30—50元银圆，少数还更多；而雇工的年收入大多在10—20元银圆，其中技术强的雇工收入高于普通雇工。③ 渔业生产利润受到年景、工具、技术等多种因素的影响，但不管效益如何，渔船上的普通雇工始终处于底层，他们是收入最少的一群人，生存最为艰难。

1930年，浙东渔伙（即船上雇工）代表项来保等呈请浙江省建设厅改善待遇。在他们递交的《浙东渔民请愿代表团宣言》中，阐述了大对渔船薪给渔伙收入低下、生存困难的情形：薪给渔伙每个

---

① 浙江省农林厅水产局水产资源调查队：《沈家门水产资源调查综合报告》，1952年，浙江省档案馆藏，J122—004—009。

② 所谓长元，是就生产关系而言，指雇工捕鱼的人；船主，是就生产工具的占有而言，指渔船的所有者。两者的身份既可重叠，也可分离，船主雇工捕鱼即是长元，长元租船捕鱼则不是船主。长元中既有下海捕鱼的，也有不参加生产的。

③《普陀渔业志》编纂委员会编：《普陀渔业志》，方志出版社2015年版，第757页。

月工资10元，如果生病不能下海生产，必须自己找替工，而替工的工资一天少则2元，多则5元、6元；渔伙分为薪给渔伙与硬脚渔伙两类，其中硬脚渔伙每人年薪50元，但在船上有股，生产最好的年份能分到165元，共计年收入215元，而薪给渔伙除了80元年薪外（一年中有8个月生产时间），没有其他任何收入；捕获的杂鱼，原先是照例分配，但现在取消了分配。为此，他们提出四点要求：（1）薪给渔伙生病，由船主负责雇佣替工，替工工资除本人每天应得薪水抵销一部分外，由硬脚渔伙每天承担四分之一，不足部分再从净利中扣除；若遇到婚事、丧事，可以请假，薪水照扣。（2）公开资本和一切账目，鱼货出售须由网船老大证明签字。（3）捕获杂鱼照旧分配。（4）创设渔民流动医养所，经费由长元和硬脚渔伙共同负担。①

经浙江省建设厅饬令，鄞县、镇海、定海三县拟订了《改善渔伙待遇办法》，提出相应的改进办法：（1）工资问题，如果薪给渔伙能将工资的一部分投资于生产，可以享受与硬脚渔伙一样的待遇；如果其不愿意或因贫穷而不能，则在分配红利时给予一定的奖励金。（2）婚丧请假问题，一律给七天，工资照付，替工工资由船主、渔伙平均负担。（3）疾病请假问题，除因染上性病、打架受伤以及赌博导致身体或精神问题不能工作，替工工资完全由渔伙个人负担外，其他情况下需要雇佣替工时，长元和渔伙本人各负担四分之一，不足部分列入生产成本。（4）经济公开问题，公开资本和一切账目，并按照惯例在鱼类出售时，经网船老大会同证明。（5）杂鱼分配问题，按照旧有习惯，提成分给渔伙。②

上述案例为我们揭示出了浙江海洋渔业生产中渔民间的分化。首先，海洋渔业捕捞中普遍存在雇佣劳力的现象，雇主（即长元）

---

① 《改善渔伙待遇及渔船之调查》，《浙江省建设月刊》1930年9月第4卷第3期。

② 《改善渔伙待遇及渔船之调查》，《浙江省建设月刊》1930年9月第4卷第3期。

与雇工是两大基本群体。其次，雇工中也有明显的收入分化，该案例主要表现为"薪给渔伙"与"硬脚渔伙"的差别。第三，渔民间的紧张关系尚未达到引发激烈冲突的程度，部分渔民为争取待遇改善的斗争得到了政府渔业主管部门的支持。

长元的高收益并不是绝对可以得到保障的。在渔业生产歉收、发生自然灾害或渔船损坏等情况时，长元需要承担经营亏损的风险，而包薪制下的渔伙能够照常获得工资。表1-3所示定海有船渔民（此处即长元）20世纪30年代初收支情况，全年共计收入2018元，支出2088.4元，收不抵支，反映了长元经营渔业的不易。当然，其中一些支出项目有待商榷，如交际费、住屋修理费、借款利息等。这个亏损的例子是否可以代表当时定海长元家庭的一般经济状况也值得怀疑。因为表格的统计似乎仅针对一个劳力，没有考虑到长元家庭是否有其他劳力或半劳力，也没有计算家庭副业或其他收入。另外，长元可能自己下海生产以减少雇佣支出，并且有的还拥有土地，土地产出可以提供额外收益或者减少家庭日常生活开支。

表1-3　　20世纪30年代初定海有船渔民全年收支概况表

	项目	费用（元）
收入	渔获收入	2000.0
	弃船费（以雇夫三人计算，渔值180元，抽10%）	18.0
	共计	2018.0
支出	雇夫工资（连老大在内）	800.0
	船钞	4.4
	网具费	150.0
	修船费	120.0
	公所会费	4.0
	饭食费（以全家五口计算）	360.0
	雇夫饭食（以四人五个月计算）	120.0
	冰	

续表

	项目	费用（元）
支出	盐	
	衣服费（每人每年5元）	25.0
	交际费（亲友应酬及赌博消费）	300.0
	婚丧费（平均每八年一次，每次250元）	31.0
	住屋修理费（以自有房屋三间计）	72.0
	借款利息（以每年300元，月息二分计）	72.0
	杂费（子女教育费在内）	30.0
	共计	2088.4

资料来源：王宗培：《中国沿海渔民经济状况之一瞥》，《浙江省建设月刊》1931年6月第4卷第12期。

为了解水产资源和渔区情况，便于渔民工作的开展，20世纪50年代初浙江省农林厅水产局曾组织过水产资源调查队到各地进行专题调查。其中，《沈家门水产资源调查综合报告》较为详细地介绍了舟山沈家门镇渔民的生活情况。[①]

根据调查结果，沈家门镇生活比较富裕的渔民有152户，占全镇渔民的19.7%。这些渔民在七个半月中合伙生产，可捕鱼6万—7万斤，淡汛期间也劳动，并有部分副业收入，"一年可吃二饭一粥，少吃蕃茄[②]，一年中全家每人还可做一套新单衣"。例如28村渔民俞全兴，全家6口人，有屋2间，蕃茄1000株，全年收入579万元，支出524.5万元。

生活勉强可以维持的渔民有503户，占全镇渔民的65.2%。这些渔民在七个半月中合伙生产，可捕鱼5万—6万斤，淡汛期间也劳动，但因缺乏工具，副业少，收入不多，"家庭的生活有时减至二粥一饭，并多吃蕃茄，有时还要出当一部分衣服等"。例如28村渔

[①] 浙江省农林厅水产局水产资源调查队：《沈家门水产资源调查综合报告》，1952年，浙江省档案馆藏，J122—004—009。

[②] 蕃茄：即红薯。

民陈阿根，全家4口人，无田无屋无渔具，全年收入370万元，支出441.5万元。虽然入不敷出，但相差不多，而且本人身体健康，可以勉强维持生活。

生活艰苦，受贫困威胁的渔民有116户，占全镇渔民的15.1%。这些渔民在七个月中合伙生产，捕鱼5万斤以下，淡汛因无工具，只能去做其他工作，收入有限。家庭人口较多，副业极少，"时常发生断炊现象，尤其淡汛更感困难，家中东西大部分出典或出卖，过着做一天吃一天的生活"。例如27村渔民胡仁兴，全家5口，一向以捕鱼为生，年老有病，全年收入247万元，支出403万元，生活极其贫困，需借粮度日。

上述是新中国成立初期沈家门渔民整体的生活水平，从中可见当时大部分渔民的收入仅能勉强维持生活。另外，调查报告中还有"渔业典型户"个案调查，呈现出不同阶层渔民的经济情况。以下列举的三类人，某种程度上是浙江海洋渔业生产中的支配性力量。

船主王玉忠，71岁，鄞县东钱湖陶公山人，全家6口。其年收入情况：有船2只出租（1963.5万元），房屋出租3间（364.65万元），还有1间出租给运销公司（84万元），浮子出租10个月（90万元），共计收入2502.15万元。支出情况：修船（865万元），渔船保险费（75万元），船租税（172.788万元），抗美援朝捐献（42万元），共计支出1182.288万元（注：此数据与各项支出之和有所出入）。盈余1319.862万元。

长元张宝盈，56岁，鲁家峙人，全家8口。其经济情况：以捕鱼为生，有地，房屋数间。1951年至1952年秋冬汛生产收入220万元，春汛78万元，尚欠外债108万元。每月耗米1.5石，全年耗米18石，折币360万元。

独立劳动力黄明胜，46岁，登步岛人，全家4口。其经济情况：原籍有房屋3间，地约6分，有大对船1只（船龄20年），大捕船1只（船龄5年）。除下海捕鱼外，还兼做冰鲜运销业务。1951年8月至1952年6月，小黄鱼汛收入261万元，船租收入1330万元，给运销公司撑船收入 70 万元,合计收入 1661 万元。

由上可知,船主王玉忠不下海生产,其主要收入来自船租,还为抗美援朝捐款 42 万元,在当地来说生活非常富裕。张宝盈虽然是长元,但家庭人口多,负担重,经济情况并不乐观。黄明胜的收入主要来自船租,按照一般的观念也可算是船主,但与王玉忠的区别在于他本人参加劳动,因此被归为独立劳动力。

通过三人情况的分析,我们就不难明白,在沿海渔区划分阶级时为何是"渔业资本家"而不是"船主"被作为一种主要成分,以及为何"长元"没有被列为成分的一种。① 王玉忠的例子表明,渔民中确实有一小部分人专靠租船为其主要生活来源,不参加劳动生产,这类人通常年纪很大或非常富有。"船主"虽然标识了主要生产工具(渔船)的占有,但不一定能与雇工经营直接联系在一起。张宝盈的例子揭示了"长元"本身的复杂,即长元制是一种生产关系,"长元"并不意味着生产工具的占有,也不能完全反映渔民的经济实力。黄明胜的例子代表了本人拥有渔船又下海参加劳动的一类渔民,这种情况不能简单地用"船主"或"渔业资本家"的身份来定义他们。三个例子从不同角度揭示了沿海渔民生存方式的多样性,有助于理解集体化以前渔民群体内部存在的分化。

---

① 渔区阶级成分主要有渔工、贫苦渔民、独立劳动者、渔业资本家。根据定义,后三者均或多或少地占有生产工具(见第三章第二节)。

第 二 章

水产经营组织：
经营权的转移与组织整合

      水产品的经营是海洋渔业发展中的重要环节。明清以来，私商开设的鱼行在水产经营中长期占据主导地位。[①] 但这种局面到1949年以后发生了急剧变化，鱼行纷纷转业退出，国营鱼市场、运销公司等的建立初步实现了水产品的国家经营。之后，水产经营体制在不断调整中趋向集中统一。水产经营权的转移与经营组织的整合，既是计划经济体制建立[②]的一个缩影，又是海洋渔业集体化的重要组成部分。水产品流通所形成的不再是一个相对自由的市场，而是由国家管控的市场。这进一步消除了渔民逃避集体生产的可能，间接推动了渔业互助合作运动。

---

    ① 水产品流通过程复杂，经营主体很多，除鱼行外，还有冰鲜商、鱼厂、鱼店、鱼贩等。各地对鱼行的称呼或有不同，如广东称"鱼栏"。另外，鱼行在许多文献中亦写作"渔行"。

    ② 计划经济体制的建立分为两个阶段。1949年到1952年，在创建新民主主义经济体系中，形成了计划经济体制的雏形；从1953年起，对农业、手工业和资本主义工商业进行社会主义改造，到1956年形成了以国有和集体为绝对主体的公有制，同时全面建立了中央高度集权的计划经济体制。参见程连升《筚路蓝缕：计划经济在中国》，中共党史出版社2016年版，第38—64页。

第一节　鱼行的组织与经营

早在唐宋时期，江浙一带就有鱼行。这类鱼行只是简单连接渔民与消费者的纽带，可理解为专卖水产品的店铺，性质上与后来的鱼行不同。明清以来的鱼行属于牙行的一种，充当鱼货交易中介的角色，是渔业生产规模扩大、产销分工深化的结果。另外需要说明的是"鱼栈"。就浙江而言，鱼栈大部分集中在舟山。严格区分的话，鱼行主要代客买卖，联系渔民与鱼厂；鱼栈经营的业务除代客买卖外，还包括收购运销、腌制加工。有的材料称："在沈家门者，名为鱼栈（沈家门鱼栈约有六十二家），在岱山等处者，名为鱼行，实则一而二，二而一。不过鱼栈之经手，买主以各地鲜货行居多，间亦有经冰鲜转卖；而鱼行经手，买主都系厂家；又鱼栈间亦收买鱼类，自行销售，而鱼行仅任仲介而已。"① 之所以叫作"鱼栈"，还有特定意图。称"行"者，按规定一行一帖（帖相当于营业执照）纳税；称"栈"可掩盖经营规模，联合其他鱼栈向政府申领一个牙帖，少纳税。1949年以后，一般将鱼行和鱼栈统称为"鱼行栈"。② 不管是鱼栈还是鱼行栈，均属讨论的范围。③

一　人员构成与行业术语

清末以来特别是民国时期，浙江的鱼行栈发展十分迅速。1936

---

① 戴渠：《调查鄞县定海镇海三县渔业状况之报告》，《浙江省建设月刊》1932年12月第6卷第6期。

② 舟山市政协文史和学习委员会编：《舟山文史资料》第17辑《舟山渔业世纪回眸》，中国文史出版社2014年版，第23页。

③ 行文时兼用"鱼行""鱼栈""鱼行栈"三者，不严格区分。由于材料的限制，本节的讨论多以舟山为例。舟山是浙江海洋渔业繁盛的地区，当地鱼行有一定代表性。另外，关于中国近代行栈的整体研究可参见庄维民《中间商与中国近代交易制度的变迁：近代行栈与行栈制度研究》，中华书局2012年版。

年，舟山有鱼行栈350家，1947年发展到678家，几乎垄断舟山海洋捕捞的全部鱼货。据1947年春汛浙江省渔业局对沿海16个县的统计，共有鱼行栈1772家，其中鱼行564家，鱼栈1208家。①这些鱼行栈规模不等，有的拥有大量现金，信誉卓著，业务广泛，有的并无周转资金，以代销为主。不同规模的鱼行，其人员数量差异较大，"鱼行视其资本之大小及贸易额之多少，而定用人数之多寡"②。

据《瓯海渔业志》记载，温州当地大的鱼行人数有十余人，小的鱼行有5—6人。一般中等规模的鱼行，内设经理（或老板）1人，主管进货、出货与账务；账房1—2人，协助经理登记账目；秤手2—3人，称量货物；学徒2—3人；出栈5—6人，负责搬送货物等。③ 三门海游的信记鱼行，资产雄厚，规模较大，人手齐全，配有阿大（经理）、里外账房、出海（采购）、伙计（店员）、火头（炊事员）和学生（学徒）等十四五人。在该行当过学徒的章以托回忆：重要问题由阿大陈建树召集里账房许绪创、外账房章宏绪和高级伙计茅会大等人协商讨论，作出决定后由阿大付诸实施，其他职工相助。工资方面，以阿大陈建树和高级伙计茅会大最高，每月大概折米二三石（每石150市斤），一般店员每月工资折米为一至二石，火头每月工资折米五六斗（每斗15市斤），学徒没有工资，每月只发少量蒲鞋、剃头钱，年终发3—5元银圆的压岁钱。职工的膳食开支全由鱼行负担，不必付钱。④

---

① 浙江省水产志编纂委员会编：《浙江省水产志》，中华书局1999年版，第411、472页。

② 林茂春、吴玉麒：《鄞县渔业之调查》，《浙江省建设月刊》1936年10月第10卷第4期。

③ 方扬编：《瓯海渔业志》，浙江省政府建设厅第三区渔业管理处1938年印，第101、105页。

④ 章以托：《信记渔行的兴衰》，载政协三门县文史资料委员会编《三门文史资料》第4辑，1990年印，第79—81页。

在一些借给冰鲜船旗号向渔民收购鲜鱼的鱼行栈中，有一类俗称"落河先生"的重要人员。① 落河先生由鱼行栈老板亲自选任，作为其派出的全权代表，具有掌秤、定价的职权。落河先生需要具备一定文化，头脑灵活，又对鱼行栈忠心。从进鱼行栈当学徒开始，到成为一个合格的落河先生，一般要经过三四年的勤学苦练。凡是借鱼行栈旗号的冰鲜船进入港内向渔船收购鱼货，鱼行栈就会派落河先生下船验货定价。落河先生先下到渔船，看过船上鱼货品种、鲜度、质量、数量后，同渔民商量定好出售价格，然后再到冰鲜船协商收购价格。一般是给渔民定价低，而实际出售给冰鲜船的价格高，这样鱼行栈可以从中赚取利润。而在与冰鲜船议价时，往往有渔民在场。为把渔民排除在外，鱼行栈逐渐编造出一套行业术语（即行话、暗语），用来与冰鲜船讨价还价。②

这套行业术语的关键在于替换数字表达方式。据葛银水掌握的情况，舟山普陀一带的行话暗语主要有如下几种：

（1）早期会借用历史人物、民间典故以及俗语等。如"甘罗"或"拜相"，民间传说甘罗12岁被封为丞相，表示12元或120元；"孝子"，取自二十四孝典故，表示24元或2元4角；"狗撒尿"，因为狗在撒尿时三爪落地，一爪翘起，代表3元或30元；"磊不倒"，指四角落地之物不会倒，表示4元或40元；等等。

（2）上述行话用久后，不少渔民也能逐渐听懂，所以又编造出一套更加复杂且能变换的行话。这套行话暗语分成4套，由40个字组成，5字1句，共8句，如表2-1所示。

---

① 有的资料直接将秤手当做落河先生，这并不准确。两者的身份不一定重叠，应视具体情况而定。

② 葛银水：《清代民国时期海水产品购销》，载政协舟山市普陀区委员会教文卫体与文史委员会编《普陀文史资料》第1辑《中国渔港沈家门》，中国文史出版社2005年版，第186—187、198页。

表 2-1　　　　　　　　鱼行栈行话暗语变数表

变数＼原数	1	2	3	4	5	6	7	8	9	10
第一套	控	兄	杭	肖	办	蛇	星	眉	弯	吉
第二套	吉	如	甘	利	古	足	星	发	友	德
第三套	挖	出	春	罗	元	照	花	分	旭	地
第四套	田	衣	春	水	丁	木	手	过	令	盆

资料来源：葛银水：《清代民国时期海水产品购销》，载政协舟山市普陀区委员会教文卫体与文史委员会编《普陀文史资料》第 1 辑《中国渔港沈家门》，中国文史出版社 2005 年版，第 199 页。

说明：表内所列以 5 个字为 1 句，每套 10 个字分为 2 句，如"控兄杭肖办""蛇星眉弯吉"。

根据上表可知，一种价格可以变换成多种叫法。如每担要价 16 元，使用第一套暗语可以说"控蛇"，使用第三套则说"挖照"，混合使用还可以说"挖足""吉木"等。

(3) 另据一些世居沈家门的业内人士回忆，还有 3 种表达数字 1 至 10 的暗语。第一种为：挖（乙）、竺（二）、春（三）、罗（四）、吾（五）、交（六）、化（七）、分（八）、旭（九）、田（十）。第二种为：月（一个月亮）、兄（两兄弟）、川（三直）、方（四角方）、瓣（花有五瓣）、蛇（生肖第六位）、星（一星期七天）、眉（八字眉毛）、秤（秤钩像九）、大数（十称"大数"）。第三种为：天、下、平、心、书、王、门、不、见、开。[①]

《椒江市水产志》记载了当地鱼行的一套暗语：1 说作"一艮"，2 说作"东门"，3 说作"小水"，4 说作"水门"，5 说作"北门"，6 说作"道桧"，7 说作"度细"，8 说作"街头"，9 说作"飞天"，10 说作"九老"。如果遇到二位数，则用一暗语连接另一暗语的第

[①] 葛银水：《清代民国时期海水产品购销》，载政协舟山市普陀区委员会教文卫体与文史委员会编《普陀文史资料》第 1 辑《中国渔港沈家门》，中国文史出版社 2005 年版，第 198—200 页。

一个字，如12说作"一艮东"。① 不同于舟山地区偏好用单字代替个位数，注重汉字与数字的关联性，这套暗语则用双字代替个位数，一些名词具有较强的地方色彩。

基于以上描述，可以大致推测，不同地区鱼行栈的行话暗语各成体系，同一地区不同鱼行栈的行话暗语也不尽相同，当然不排除多个鱼行栈或同一地区共用一套行话暗语的可能。

行话暗语又称隐语、黑话，在中国历史悠久，主要流行于帮会、盗匪等底层社会。王笛在关于四川袍哥的研究中，注意到隐语对其组织发展、身份认同的作用。② 如果把隐语视为袍哥群体内部联络与相互识别的重要手段，那么行话暗语则是鱼行栈与特定对象（冰鲜船）沟通的产物，显示其在鱼货交易中的特殊地位。

在渔民与冰鲜船的鱼货交易中，鱼行栈原本只是扮演中介角色，起到撮合交易的作用。按照常理，鱼行栈在议定价格时至少应保持公正的立场，尽量调和卖家与买家，使定价符合双方的预期。行话暗语现象表明鱼行栈在议价过程中有意将渔民排除，以渔民代表自居，单独与冰鲜船讨价还价，并从中牟利。渔民即便知晓其中的伎俩，但又无法摆脱对鱼行栈的依赖，只能予以默认。渔民在鱼货交易中的弱势地位可见一斑。

此外，行话暗语现象的出现和发展，其意义不仅仅在于方便鱼行栈获取利润，实际上也反映了鱼行栈特定经营网络的形成及强化。因为行话暗语总是双向的，所以鱼行栈一般都有与其固定合作的冰鲜船。双方的合作非一朝一夕，而是有着长久深厚的基础。如果某一冰鲜船要更换合作对象，那么它首先得熟悉其他鱼行栈的行话暗语，频繁变更显然很不现实。对冰鲜船来说，行话暗语无异于一种制约机制；对鱼行栈来说，一套特有的行话暗语某种程度上是垄断

---

① 椒江市水产志编纂委员会编：《椒江市水产志》，1993年印，第128页。
② 王笛：《袍哥：1940年代川西乡村的暴力与秩序》，北京大学出版社2018年版，第103—115页。

地位的象征。

二 经营方式与佣金

除了规模不同，鱼行栈也分本帮与客帮。本地人组织的鱼行栈即为本帮，外地人组织的鱼行栈为客帮。本、客差别主要集中在鱼市兴盛、人员流动频繁的舟山地区。沈家门的鱼行栈分为本帮与八闽帮两种：本帮即定海帮，放款对象主要为大对船渔民，其次为小对船和大捕船渔民，与渔民的关系最密切；八闽帮指福建帮，是随着渔汛季节渔民的需要而来沈家门设立的，具有临时性，放款对象为小钓船渔民。[①] 细究的话，客帮又可分为临时、定点两类。在岱山，临时的有上海、乍浦、宁波、台州等地鱼行，每年渔汛前三四个月，派人携款并运来烟、米、麻、栲等物资，贷放给渔民，渔汛结束后返回；定点长期设立的有奉化、东门、螺门、桃花等帮，其中奉化帮最多，1933年设于岱山东沙的就有14家。[②]

根据所经营鱼货的差别，鱼行栈又可分为鲜货行、咸货行等。在宁波，鲜货行也称外行，多设在临江的半边街；咸货行也称里行，多设在江厦街。外行营业的旺淡季按渔汛而定。在渔汛旺季，半边街灯火通宵达旦，一般鱼行都在半夜开秤做买卖，鱼贩向鱼行购得鱼货后快速肩挑到各地售卖。与外行没有存货的情况不同，里行有庞大的仓库，经营咸鱼与鱼干两大类，可长年洽购。宁波还有一种水货行，经营的是活货，有奉化的蚶子、宁海的青蟹等。[③] 当然，某些鱼行栈也不会严格限定经营品种，它们兼售鲜货、咸货。

---

① 中央水产实验所舟山组、浙江省农林厅水产局舟山组：《舟山群岛水产资源调查：沈家门区工作总结报告》，1951年，浙江省档案馆藏，J122—003—004。

② 黄均铭、张明权：《岱山鱼行栈浅说》，载中国人民政治协商会议浙江省岱山县委员会文史工作委员会编《岱山文史资料》第4辑，1992年印，第43页。

③ 范延铭：《宁波水产》，载浙江省政协文史资料委员会编《浙江文史集粹（经济卷）》上册，浙江人民出版社1996年版，第79—82页。

上述两大分类，侧面反映出鱼行栈经营方式与业务内容的复杂。鱼行栈的经营方式主要有五种：代客买卖，收取佣金；自置冰鲜船收购运销；开设鱼厂腌制加工和销售；向渔民供应生产生活用品；放行头（亦作"放桁头"）借旗号控制鱼货专买权。[1] 不同规模的鱼行栈，其业务丰富程度不一。一般来说，能够自置冰鲜船、开设鱼厂的鱼行栈，资本往往较为雄厚，且有一定的政治背景，多集中在舟山。根据20世纪50年代初渔改时在沈家门调查的97家鱼行情况，可分为四种类型：（1）有一定政治背景，拥有大量资金和运输工具、加工设备，放行头的大对船在50对以上，是鱼行栈中的"当权派"，共有15家；（2）有一定政治背景，占有较多资金和工具设备，放行头的大对船在10—20对的有17家；（3）拥有少量资金，放行头的大对船在5—10对的有36家；（4）以开鱼店和自己做长元为主要生活来源，放行头的大对船在1—5对，单纯以代客买卖为主的有29家。[2] 所谓政治背景，指的是官商合一、亦商亦官。如沈家门李乾泰鱼行主李寄耕，本人就是沈家门镇镇长；1939年定海被日本侵略者占领后，在沈家门开设鱼行的陈仁兴当上了日伪维持会会长。[3]

如果不考虑自置冰鲜船或开设鱼厂的情况，那么鱼行栈与鱼厂、冰鲜船以及渔民间存在着盘根错节的关系。最能体现这种关系的，就是上文所说的放行头与借旗号。所谓放行头，也称贷渔本、放山头、放水头金（米）。鱼行栈通过借贷关系与渔民订立契约，取得鱼货的专买权。所谓借旗号，也称投行权。鱼行栈向冰鲜船出借旗号，

---

[1] 葛银水：《清代民国时期海水产品购销》，载政协舟山市普陀区委员会教文卫体与文史委员会编《普陀文史资料》第1辑《中国渔港沈家门》，中国文史出版社2005年版，第193—195页。

[2] 赵以忠：《舟山的冰鲜商和鱼行栈简析》，载政协浙江省定海县委员会文史资料研究委员会编《定海文史资料》第2辑，1985年印，第73—74页。

[3] 浙江省水产志编纂委员会编：《浙江省水产志》，中华书局1999年版，第411页。

冰鲜船打着旗号到海上向那些借过该鱼行栈行头的渔船收购鱼货，而收来的鱼货必须投售给出借旗号的鱼行栈，鱼行栈同时向冰鲜船收取一定佣金。①

一些缺少周转资金的鱼行，需要仰赖鱼厂来放行头，鱼厂通过鱼行获得鱼货的专买权。在岱山，一般上一年度的九十月份，"由厂家放款于鱼行，再由鱼行过付渔民，每船四艘为一驳（即渔船一艘，驳船四艘），每驳放款四百五十元……大的厂家，有放二驳或三驳者"；到来年渔汛生产时，"该船之鱼，即归该厂收买，无论多少或腐败，厂家不能推辞，放出之款，不取利息，至收鱼时还本，亦归鱼行居间过付"；鱼行则要从中收取一定佣金，"鱼行秤出之鱼，均收佣钱，放桁头者，每一元收五分"②。岱山东沙角的情况是，大多数鱼行"有先向各鱼厂兜揽者，俗谓'揽驳'，如厂方应允，则先付以三四百元之定洋"，如果鱼厂资本薄弱，鱼行本身资金宽裕，"则可略减"，有的"不付定洋而只表示应允者亦可，惟于年终，须给与鱼行数十元之津贴"③。此类情况，鱼行居于渔民与鱼厂之间，既保证了渔民出海资金的来源以及鱼货的出售，又免去了鱼厂直接同渔民打交道的麻烦，为鱼厂提供加工鱼货的稳定来源，鱼行自身也能赚到佣金，可以说是三方互利共赢。

至于打着鱼行栈旗号的冰鲜船，其出海收购需要一定成本，如生活资料的购买、雇工薪水的支付等。冰鲜商根据个人经济情况，有的向鱼行栈借钱，也有的不借。如宁波鲜货行，"有放资本与冰鲜商者（俗曰放山本），有无资本放出者"，绝大多数冰鲜船"与鱼行有债务关系"，信用较好的冰鲜商"每船年可得鱼行三四千元

---

① 葛银水：《清代民国时期海水产品购销》，载政协舟山市普陀区委员会教文卫体与文史委员会编《普陀文史资料》第 1 辑《中国渔港沈家门》，中国文史出版社 2005 年版，第 194 页。

② 姚咏平：《岱山水产之调查》，《浙江省建设月刊》1933 年 1 月第 6 卷第 7 期。

③ 金之玉：《定海县渔业之调查》，《浙江省建设月刊》1935 年 10 月第 9 卷第 4 期。

之借款"①。冰鲜船在海上向渔民收购鲜鱼时，一般不直接付给现金。冰鲜商出具定期兑现的票据，上面写明收购数量、金额等，交由渔民到岸上向鱼行栈兑现。因为写这种票据的字体别具一格，酷似鸟形，所以被称为"鸟头票"。也有在双方所执的凭折上写明数量、金额等，上岸结算支取（后来"鸟头票"改用联单，称为"水票"）。② 冰鲜船出售鱼货后，用所得款项支付鱼行栈的借款。

放行头、借旗号的鱼行栈，实际控制了重要的渔业捕捞以及水产品收购与加工。以沈家门规模很大的陈顺兴鱼栈为例，民国后期它放行头的大对船达108对，拥有水产加工桶口容量3000担，此外还建有一座天然冰厂，容量为定海之最。③ 在整个水产品交易过程中，如图2-1所示，不管是产地还是销地，鱼行栈都处于重要环节。鱼行栈在垄断水产经营的同时，还起到了类似金融机构的作用。

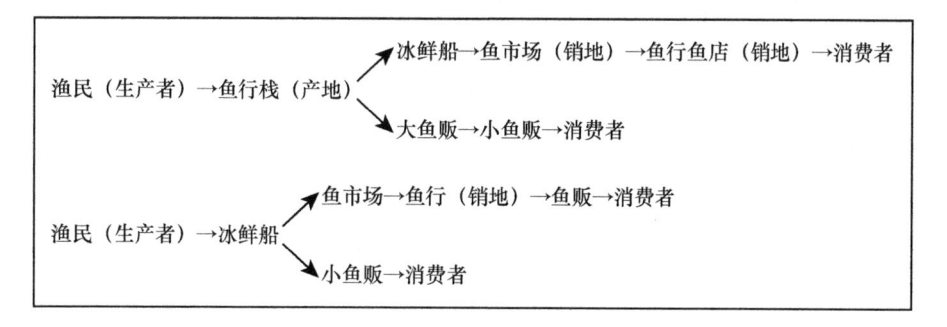

```
渔民（生产者）→鱼行栈（产地） ┬→冰鲜船→鱼市场（销地）→鱼行鱼店（销地）→消费者
                              └→大鱼贩→小鱼贩→消费者

渔民（生产者）→冰鲜船 ┬→鱼市场→鱼行（销地）→鱼贩→消费者
                      └→小鱼贩→消费者
```

图2-1 民国后期沈家门水产品交易过程图

资料来源：中央水产实验所舟山组、浙江省农林厅水产局舟山组：《舟山群岛水产资源调查：沈家门区工作总结报告》，1951年，浙江省档案馆藏，J122—003—004。

说明：图中的"鱼市场"系官商合营，鱼行栈在其中发挥着重要作用，而且当时不经过鱼市场的水产品交易仍较普遍。

---

① 林茂春、吴玉麒：《鄞县渔业之调查》，《浙江省建设月刊》1936年10月第10卷第4期。

② 赵以忠：《舟山的冰鲜商和鱼行栈简析》，载政协浙江省定海县委员会文史资料研究委员会编《定海文史资料》第2辑，1985年印，第66页。

③ 沈家门镇志编纂领导小组编：《沈家门镇志》，浙江人民出版社1996年版，第156、160—161页。

在鱼行栈的各项收入中，佣金（也称行佣）是最重要的收入。佣金分为内佣与外佣，内佣向生产者（渔民）收取，外佣向客户（如鱼厂、鱼贩等）收取。冰鲜船如果通过鱼行栈收购鱼货，也会被收取佣金。不同地区、不同鱼行栈的佣金率都不相同，没有统一标准。大体而言，鱼行栈向一方收取5%—10%的佣金是常态情形，少的会低于5%，有的甚至不向渔民收取佣金，多的则高于10%。例如温州状元桥、寺前街一带，鱼行收取内佣11%，外佣10%—15%。① 那么，佣金收入在鱼行栈总收入中究竟占何比重？

根据表2-2反映的1948年沈家门主要鱼行栈经营情况，总收入在100吨米以上的王万泰、长新（按总收入由多到少排列，下同），行佣收入占总收入的比重分别为74.1%、76.3%；总收入在50—100吨米之间的林隆兴、沈合顺，行佣收入占的比重分别为56.1%、47.6%；总收入在50吨米以下的大新、公大、王正兴、周永兴、王合兴、乾大，行佣收入占的比重分别为47.4%、87.9%、95.4%、88.5%、83.3%、88.2%。可见，林隆兴、沈合顺、大新三者的行佣收入占比不是特别高，前两者是因为自营冰鲜收入较多，后者是因为经营加工业务。按照总收入多少排列这些鱼行栈，行佣占比呈现出"两头高、中间低"，而且总收入少的鱼行栈对行佣收入依赖程度更高。如果按照鱼行栈资金总额多少排列（顺序为长新、王万泰、林隆兴、大新、公大、王合兴、沈合顺、周永兴、王正兴、乾大），行佣收入占比情况分别是76.3%、74.1%、56.1%、47.4%、87.9%、83.3%、47.6%、88.5%、95.4%、88.2%。虽然没有显著规律，但大体来说资金总额少的鱼行栈行佣收入占比整体较高（个别除外）。其中原因，主要在于这些鱼行栈没有充足资金来扩充冰鲜、加工等业务，一般选择风险小且有保障的行佣为主要收入来源。综上，至少就1948年沈家门鱼行栈的经营来看，即便有

---

① 张秉海：《浙江水产经济制度的改革》，《浙江日报》1951年7月28日第2版。

表2-2　1948年沈家门主要鱼行栈经营情况表

计量：米　单位：吨

鱼行栈名称	资金总额	放渔船数(对)	业务收入 行佣	鱼羹	利息	代销渔需品	自营冰鲜	加工	代客运销	其他	合计	业务支出 工资	伙食	房船租金	利息	税收	其他	合计	盈余
长新	121	35	103	8	17	7					135	12.6	3	3	4	0.4	4	27	108
王万泰	80	40	229	4		4	57	7	8		309	13	4	0.6			3	20.6	288.4
大新	50	10	18	1	4	2		13			38	3	1	0.4	0.2	0.1	1	5.7	32.3
沈合顺	36	12	39	3		3	34			3	82	5	1	0.8			1.5	9.1	72.9
公大	50	11	29	2		2					33	4.8	1	0.3		0.8	0.8	6.9	26.1
王正兴	10	2	23	0.7		0.4					24.1	4.1	1	0.4			0.5	6	18.1
乾大	5	1	6	0.4		0.4					6.8						0.4	0.8	6
周永兴	30	6	17	1.2		1					19.2	5	1	0.4		0.4	0.6	7.4	11.8
林隆兴	60	14	49	4.3		4	30				87.3	11	3	3		1	8	26	61.3
王合兴	45	7	12	0.9		0.7		0.8			14.4	2	1	0.4			0.6	4	10.4

资料来源：《舟山渔志》编写组编著：《舟山渔志》，海洋出版社1989年版，第253页。

说明：原表部分数据计算不精确或有误，本表进行了修正。

少数鱼行栈的业务涵盖了自营冰鲜与加工,并在收入中占有相当比重,但赚取行佣仍是绝大多数鱼行栈维持运营的基础,所以佣金率高低关系到鱼行栈的生存。

第二节 水产经营权的转移

对于鱼行垄断水产经营的状况,民国时期不乏批评或不满的声音。有人指出:"鱼行制之不适于今日,尽人能知。我国大宗鱼类之销售,向概由鱼行经手,故鱼介之市况,鱼行得任意把持操纵……一般渔民均因受行头钱之束缚,无可如何。"[①] 还有人认为,鱼行"一面为渔业的仲卖人,管理渔获物的集散的工作,一面又常以资金通融于渔民,而取得渔获物之专买权,以便攫取高度的利益"[②]。为推动海洋渔业的发展,扩充财源,政府尝试设立鱼市场以实现水产经营的变革。经过多年计划与筹备,到1936年5月,国民政府实业部发起的上海鱼市场正式成立。上海鱼市场采用官商合营形式,试图打破鱼行对水产品交易市场的垄断,但因1937年全面抗战爆发而解散。[③] 抗战结束后,各地继续举办鱼市场,如浙江先后成立宁波、温州、沈家门三处鱼市场。1949年以后,各类关乎经济命脉与国民生计的事业逐渐被纳入国家的管理之中。在水产经营领域,政府积极筹建国营鱼市场并推动鱼行的改造。设立鱼市场与改造鱼行,实质上是一个问题的两个方面,归根结底就是要实现水产经营权的转移。

---

① 金心衡:《论渔品销路推广方法》,《浙江省立水产科职业学校校刊》1930年4月第1期。

② 李士豪:《中国海洋渔业现状及其建设》,商务印书馆1936年版,第177页。

③ 白斌:《明清以来浙江海洋渔业发展与政策变迁研究》,海洋出版社2015年版,第190—195页。

一 设立鱼市场

1949年5月上海解放后,原有的上海鱼市场随即被接管,并在1950年进行了清理、整顿和改造,如裁撤员工,改官商合办为国营,减少经纪人佣金,实行现款交易、统一收付等。① 上海鱼市场的运作与管理经验被移植到浙江。1950年11月,浙江省农林厅水产局派冯维周、董大成等12人去上海鱼市场实习,回来后在宁波市人民政府的协助下,筹建国营宁波鱼市场。1951年2月9日,国营宁波鱼市场正式开业,隶属于浙江省农林厅水产局。浙江省农林厅水产局又从宁波鱼市场抽调20多名干部去舟山沈家门建立国营舟山鱼市场(3月19日开业),专门抽调12名干部去温州筹建国营温州鱼市场(4月25日开业)。② 这三个鱼市场是浙江沿海地区最主要的国营鱼市场,有的还在各地设立办事处或工作站(组)。另外同期建立的还有岱山、余姚、象山、海门四个国营鱼市场。

鱼市场的主要任务是"掌握鱼价,调剂产销,通过行政管理,对鱼行封建剥削作斗争,以保障生产者与消费者的利益"③。鱼市场被赋予集中管理水产品交易的权力,即"海河鲜鱼首次交易必须在鱼市场行之"④。在建立舟山鱼市场的计划中,规定鱼市场业务的第一项是市场管理,其内容是"为杜绝大入小出,货主无权决定自己货品价格等不合理的交易行为,到港鱼货第一次交易必须在鱼市场进行"⑤。在建立温州鱼市场的计划中,鱼市场业务范围第一项是

---

① 《上海渔业志》编纂委员会编:《上海渔业志》,上海社会科学院出版社1998年版,第227页。

② 浙江省水产志编纂委员会编:《浙江省水产志》,中华书局1999年版,第476—479页。

③ 《第二次全国水产会议总结》,1951年1月30日,载农牧渔业部水产局编《水产工作文件选编(1949—1977年)》上册,1983年印,第12页。

④ 方原:《华东水产工作报告》,《华东水产》1951年2月第1期。

⑤ 《建立舟山鱼市场计划草案》,1951年3月20日,浙江省档案馆藏,J122—003—018。

"集中管理到达温州水产品的第一次交易,建立合理负责的交易制度,取缔中间商贩的操纵垄断行为,以保护生产者和消费者的利益"①。宁波鱼市场在开业之初掌握的市场管理基本原则,首要就是"鱼货集中交易统一管理"②。

鱼市场集中管理鱼货交易,尤其是到港鱼货必须先进入鱼市场,是为了打破鱼行对水产经营的垄断。如果该规定被严格执行,而鱼市场又系完全国营(不同于民国时期的官商合营),鱼行在其中缺少发言权,无法参与各种政策的制定,那么实际上也就与鱼店、鱼贩差不多。鱼行只能先通过鱼市场拿到鱼货,向鱼市场支付一定的服务费,再进行转销。在这一过程中,鱼行与鱼店、鱼贩等属于竞争关系。鱼市场则偏向保护鱼贩的利益,如在宁波鱼市场,"为了防止鱼行(现改业为竞买人)操纵,对鱼货的销售,鱼摊贩得优先承购,其次为竞买人"③。

除了市场管理的行政职能外,鱼市场还具有企业经营的职能。华东军政委员会水产管理局在 1951 年年初曾强调"鱼市场是具有市场管理和企业经营的两种性质。惟前者为主导,后者为从属,但二者不能分离而孤立起来",并指出"鱼行业方面硬要把鱼市场的性质限定于行政管理或企业经营,或把他们分成两个独立的东西,是不对的"④。从部门设置来看,如宁波鱼市场下设秘书、管理、财务、运销四个课室,运销课又分推销、收购、加工、渔需品供应四部分。⑤ 从开展的业务来看,宁波鱼市场在开业后向渔民大量供应麻、

---

① 《恢复温州鱼市场的业务计划草案》,1950 年 10 月,浙江省档案馆藏,J122—002—012。

② 浙江省农林厅水产局:《恢复与建立宁波、温州、舟山鱼市场的情况与经验》,《华东水产》1951 年 10 月第 5 期。

③ 浙江省农林厅水产局:《浙江省运销情况总结报告》,1951 年 2 月,浙江省档案馆藏,J122—003—001。

④ 华东军政委员会水产管理局:《对于国营上海鱼市场几项问题的说明》,《华东水产》1951 年 2 月第 1 期。

⑤ 周科勤、杨和福主编:《宁波水产志》,海洋出版社 2006 年版,第 324 页。

网、栲、桐油、食米等必需品；舟山鱼市场对渔民进行小额贷款，帮助渔民出海。① 这些或多或少与鱼行原有的经营业务发生重叠，再加上当时政府积极对渔民发放贷款以及一些供销合作社向渔民提供出海物资，致使鱼行的营业空间被挤压。

二 改造鱼行

民国时期，地方政府尝试颁布法规来调控鱼行的经营利润，减轻买卖双方的经济负担。1940年9月，浙江省政府通过《浙江省建设厅管理鱼行暂行办法》，限制鱼行的佣金率，规定鱼行向卖方收取佣金不得超过成交额的3%，向买方收取佣金不得超过成交额的2%。②

新中国成立后，政府认为在水产品交易中鱼行收取高额佣金是重要的剥削行为，必须严格限制。1951年4月13日，农业部在渔业生产指示中强调："要说服鱼行鱼栈减低行佣，严禁骗秤压价，适当减轻中间剥削，以期维护生产便利运销。"③ 稍早之前，政务院财政经济委员会和华东军政委员会财政经济委员会专门电示各地，规定鱼行佣金一律不高于3%。④ 此处有一疑问，即限制鱼行佣金率不超过3%，是针对交易过程中买卖的一方而言，还是两方总和？虽然电文中没有直接说明，但可以判断是两方总和，即总佣金率不高于3%。

鱼行在收取佣金时，往往是一方高而另一方低，其中一方低于3%的情况也有。如有的材料提到，江浙一带鱼行向货主抽取佣金7%，向买客抽取外佣1.5%，⑤ 两者之和为8.5%。又如温州市鱼行

---

① 张秉海：《浙江水产经济制度的改革》，《浙江日报》1951年7月28日第2版。
② 《浙江省建设厅管理鱼行暂行办法》，《浙江经济月刊》1947年10月第3卷第4期。
③ 中央人民政府农业部：《关于渔业生产的指示》，《华东水产》1951年4月第2期。
④ 华东军政委员会水产管理局：《为奉电各地鱼行佣金一律不得高于百分之三函请查照由》，1951年4月2日，浙江省档案馆藏，J122—003—010。
⑤ 冯立民：《"水产运销"在土展中是怎样展出的》，《华东水产》1951年8月第4期。

向货主收取佣金11%，部分鱼行向鱼贩收1%的外佣。① 据宁波鱼市场向上级汇报，解放后咸干货鱼行向渔民收取佣金8%，向鱼贩收5.7%，计13.7%；鲜货鱼行向渔民收取佣金6%，向鱼贩收5.7%，计11.7%。② 还有的材料提到，浙江鱼行收取佣金大部分在11%—15%，③ 此处指的是内外佣之和。如果政府限制的是向其中一方收取不超过3%的佣金，那么鱼行获得的总佣金仍可能达到6%，相较于上述提及的佣金率（8.5%、12%、13.7%、11.7%、11%—15%），整体来看差不多是原先的一半。考虑到前述1948年沈家门鱼行栈收入支出比普遍在3以上，鱼行仍有较大盈利空间。④ 如果总佣金不超过3%，大致是原先的四分之一，那么鱼行亏损的风险很高。这就可以理解台州专区水产工作总结中提到"根据上级指示，鱼行行佣一律不得超过3%，开始时，个别鱼行（三门海游鱼行）反映强调开支大，收入不够开支"的情况。⑤ 进一步来说，如果各地都严格执行"鱼行佣金一律不高于3%"的规定，那么意味着大多数鱼行难以避免亏损，将无法继续营业。换言之，鱼行从业人员不得不另谋出路，或者接受政府给予的安排。

转业，是政府改造鱼行的主要方法。鱼行老板和职工转业的方向主要有成为鱼商（如冰鲜商、加工商、运销商、鱼店、鱼贩等），回乡生产，从事其他工商业，当鱼市场经售员。⑥ 一般来说，能成为

---

① 《温州市鱼行情况》，1951年7月，浙江省档案馆藏，J122—003—011。
② 国营宁波鱼市场：《为呈复鱼市场成立前本市封建鱼行索取佣金剥削情况由》，1952年11月28日，浙江省档案馆藏，J122—004—003。
③ 《浙江省农林厅水产局关于一九五一年上半年工作总结及下半年工作意见》，1951年8月，载浙江省水产局《浙江渔业史》编辑办公室编《水产工作文件选编（1950—1985年）》上册，1987年印，第19页。
④ 以保守情形论，如果收入是300的话，支出则有100。假使鱼行收入全部来自佣金，佣金率减少一半的话，收入仍有150，多于支出，不会亏损。
⑤ 《台州区一九五一年水产工作总结》，1951年12月25日，台州市档案馆藏，J036—003—018—011。
⑥ 张秉海：《浙江水产经济制度的改革》，《浙江日报》1951年7月28日第2版。

鱼市场经售员是较好的出路,但有条件限制。鱼市场规定吸收为经售员有五项标准,分别是:(1)转业困难;(2)年龄18岁至45岁,身体健康无不良嗜好;(3)具有业务经验与熟练技术;(4)品行端正为一般人公认;(5)具有殷实铺保。根据这些标准,在鱼行职工中每12人普选评议1人,组织评议小组,以自报公议、民主评定、市场批准的方式进行人员筛选。宁波54家鱼行803名职工,有245人被鱼市场吸收为经售员,136人去渔区生产,182人转为鱼商、鱼贩,97人转为加工商或组织咸货店,120人回乡生产,剩下的在鱼市场帮助下组织联运小组等,就业问题基本解决。①

各地鱼行的改造情况有所差异。据1951年7月宁波、舟山、温州三地统计,鱼市场成立后,275家鱼行中有190家转业,另有85家仍等待观望或准备转业。② 其中宁波54家鱼行全部转业;舟山161家鱼行转向加工42家,转向冰鲜商70家,剩下49家仍在观望;温州60家鱼行转业24家,另有36家坐等不动。③ 在余姚,城区15家鱼行全部被改造,鱼行职工经教育后被吸收为干部26人,失业23人,转业约30人,鱼行老板转业2人,失业7人。④ 在象山,鱼市场开业后石浦镇鱼行照常存在,但主要业务变为加工运销,"延昌乡、丹门乡、东门岛等鱼行栈及虾皮行除加工厂外,均已取消半数以上"⑤。从中可见,各地鱼市场成立后,大部分鱼行从业人员只能接受转业的命运。暂时留存的少数鱼行,其业务基本上发生了变化。到资本主义工商业社会主义改造时,剩下的鱼行或关闭,或被改造

---

① 浙江省农林厅水产局:《恢复与建立宁波、温州、舟山鱼市场的情况与经验》,《华东水产》1951年10月第5期。
② 徐的、秉海:《浙江渔业生产的恢复》,《浙江日报》1951年7月26日第2版。
③ 浙江省农林厅水产局:《恢复与建立宁波、温州、舟山鱼市场的情况与经验》,《华东水产》1951年10月第5期。
④ 余姚鱼市场:《为报告本场在开业前当地鱼行向渔民索取佣金剥削情况由》,1952年11月9日,浙江省档案馆藏,J122—004—003。
⑤ 象山鱼市场:《为嘱我场了解封建鱼行剥削情况今汇总上报由》,1952年11月8日,浙江省档案馆藏,J122—004—003。

为水产合作商店、合作小组等，鱼行彻底退出了历史舞台。

三　新格局的形成

设立鱼市场与改造鱼行，使水产品的流通发生了明显变化。以沈家门的鱼货交易过程为例，不管是市场交易还是洋面交易，鱼市场都掌握了主导权。

在市场交易中，渔船到达沈家门后，渔民凭航政局发给的航行证和水产局发给的证明文件向鱼市场管理课登记鱼货，委托鱼市场卖出。管理课发给渔民一张鱼货委托证，待鱼货售出后，渔民凭此证向市场财务课领取货款。管理课接受鱼货委托后，立即将鱼货调配到市场交易棚内，指定经售组，鱼价由市场统一规定。如果渔民认为市场议定的价格过高或过低，事先可向管理课说明自己所愿出售的价格。经售组参考议定价格，由货主与买主在双方自愿的原则下进行交易。买主购得鱼货后，将货款交给经售组，再由经售组交至市场财务课。买主凭经售组填发的货票，即可取货出市场。加工商或冰鲜商收购大量鱼货时，必须事先向市场管理课登记收购数量，以便统一调配。

在洋面交易中，渔汛期间货主和冰鲜商向市场管理课登记鱼货数量与收购数量，渔获物不必运到岸上，由鱼市场指定洋面交易地点，并派经售员二人执行司秤、司账工作。交易完毕后，经售员将交易数量、交易金额报至市场管理课。国营或公营公司经营的冰鲜船向市场登记后，发给三角旗一面，可直接在洋面向渔民收购交易，再在一定时间内向市场报告收购数量，缴纳管理费用。①

图 2-2 反映了鱼货内销、外销的流通情况。从中可见，鱼市场建立后，其在水产品流通中起到的作用与原来的鱼行相差无几。不同的是，鱼市场主要充当中介角色，并且渔民能获得一定的议价自

---

① 中央水产实验所舟山组、浙江省农林厅水产局舟山组：《舟山群岛水产资源调查：沈家门区工作总结报告》，1951 年，浙江省档案馆藏，J122—003—004。

主权；而鱼行通过放行头、借旗号，迫使渔民和冰鲜商对其形成较强的依附。另外，从费用征收情况来看，鱼市场对场内的鱼货交易征收管理费与服务费，征收对象是买主，其中服务费充作鱼市场所雇经售员的薪水。① 鱼市场将运营成本完全转嫁到买主一方，充分维护了生产者（渔民）的利益。这与鱼行普遍向买卖双方收取佣金，且卖主（渔民）的佣金一般高于买主的情况形成了鲜明反差。

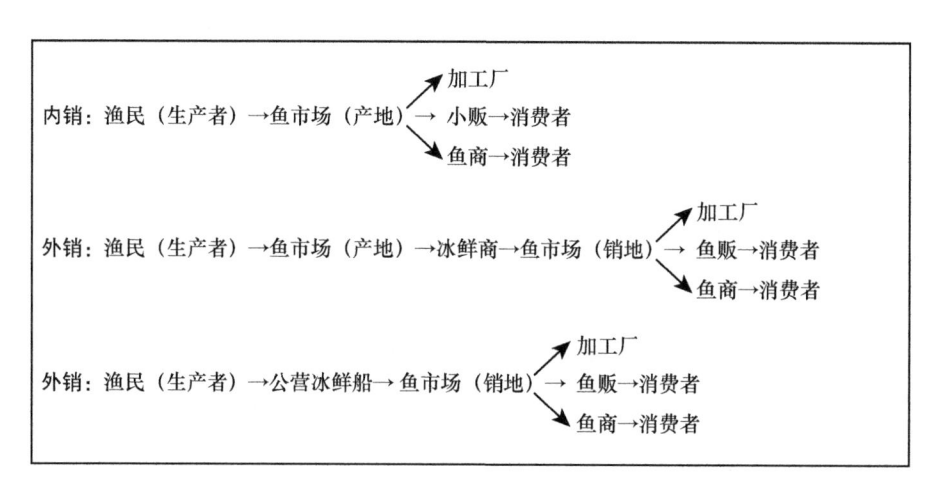

```
内销：渔民（生产者）→鱼市场（产地）→ 加工厂
                                   ↘小贩→消费者
                                   ↘鱼商→消费者

外销：渔民（生产者）→鱼市场（产地）→冰鲜商→鱼市场（销地）→ 加工厂
                                                        ↘鱼贩→消费者
                                                        ↘鱼商→消费者

外销：渔民（生产者）→公营冰鲜船→鱼市场（销地）→ 加工厂
                                              ↘鱼贩→消费者
                                              ↘鱼商→消费者
```

图 2-2　1951 年鱼市场建立后沈家门水产品交易过程图

资料来源：中央水产实验所舟山组、浙江省农林厅水产局舟山组：《舟山群岛水产资源调查：沈家门区工作总结报告》，1951 年，浙江省档案馆藏，J122—003—004。

鱼市场建立后，在水产经营中逐渐占据主导地位。据估算，1951 年浙江省海洋鱼类、贝藻类生产量为 88310.56 吨，通过宁波、舟山、温州三个鱼市场交易的鱼货达 40518.06 吨，约占生产量的 45.9%。② 不过，当时进入水产经营领域的不止鱼市场。在舟山，除

---

① 中央水产实验所舟山组、浙江省农林厅水产局舟山组：《舟山群岛水产资源调查：沈家门区工作总结报告》，1951 年，浙江省档案馆藏，J122—003—004。
② 《一九五一年浙江省水产工作初步总结》，1951 年，载浙江省水产局《浙江渔业史》编辑办公室编《水产工作文件选编（1950—1985 年）》上册，1987 年印，第 27 页。

了国营舟山鱼市场外，涉及水产经营的还有国营浙江水产运销公司、公营衡昌水产运销公司，此外舟山土产公司、宁波元昌贸易公司以及部分供销社也兼营水产品购销。① 多方介入现象的出现，是因为"国营浙江水产运销公司等五单位盲目认为经营鱼货利润很大，拼命扩充业务，当时鱼行、鱼商正顾虑渔民算剥削账，即乘机外迁、转业"，结果"鱼货市场就此由国营经济包下来了"。② 总之，虽然内中情形较为复杂，但国家经营水产品的基本格局由此确定下来。之后政府工作的重心不在于公私之争，而是转移到了如何限制、整合不同的国营组织。

第三节　水产经营组织的整合

从1952年开始，浙江水产经营组织的整合呈现出集中化的趋势。鱼市场变成"为交易服务的部门"，下放给地方政府管理；浙江水产运销公司在鱼货收购中遭遇挫败，长期被亏本问题所困扰。两者的结局是被整合进供销社系统。而在全国体制调整的背景下，水产经营权最终集中到水产供销公司。

一　鱼市场性质的变化

如前所述，1951年年初华东军政委员会水产管理局强调鱼市场具有市场管理和企业经营两种职能，二者不能分离孤立。但到了1952年，随着绝大部分鱼行完成改造，鱼市场的性质开始发生变化。1952年2月，农业部下发指示："确定鱼市场为行政管理机

---

① 公营衡昌水产运销公司成立于1951年5月，简称衡昌公司，后改名华东新建水产运销公司（简称"新建公司"）。宁波元昌贸易公司隶属于宁波专员公署生产科领导，下设水产部等4个部，并在绍兴、象山、慈溪设分支机构。

② 中共浙江省委农村工作部：《沿海渔区的基本情况》，1953年4月23日，浙江省档案馆藏，J007—005—017。

构,不兼营运销,取消经纪人制度,尽量减低管理费用。"① 华东军政委员会水产管理局在 1952 年的水产工作计划中指出:"鱼市场,依照中央决议,一律确定为行政管理机构,不兼营企业,废除封建性中间剥削的经纪人制度,实行直接交易的制度。"② 由此可见,鱼市场被定性为行政管理机构,不再具有企业性质,经营业务要缩小。

为贯彻中央和华东方面的指示,1952 年 8 月 2 日,浙江省农林厅水产局专门召开全省各地鱼市场经理会议研究相关问题。会议形成《有关鱼市场的几个重要问题的初步意见》,同意将鱼市场的性质确定为"行政管理机构",建议在名称上将"国营××鱼市场"改为"××水产市场",取消"国营"两字,经理制改为主任制;建议鱼市场行政上属当地财委领导,业务和财务仍属水产局领导,为双重领导关系。③ 如果按照这一文件结果,鱼市场将被确定为"行政管理机构",并接受双重领导,可实际情况又有变化。

1952 年 12 月,浙江省农林厅召集省商业厅、劳动局、水产局、杭州市工商局等部门开会。会议讨论了鱼市场性质和领导关系问题,提出两种解决方案:其一,根据中央农业部和华东军政委员会的指示,鱼市场性质一律确定为行政管理机构,不兼营业务,各鱼市场拟即划归所在当地政府工商科、局直接领导,为其直属机构之一,在业务上由水产局给予指导和协助;其二,根据华东军政委员会贸易部的指示,交易所的性质应明确不是行政管理机构,而是为交易服务的部门,鱼市场既然是交易市场的一种,就不能同时又是一个行政管理部门,市场行政管理权应集中于工商行政部门。浙江省农

---

① 《关于一九五二年水产工作的指示》,《华东水产》1952 年 2 月第 7 期。
② 华东军政委员会水产管理局:《一九五二年水产工作计划》,《华东水产》1952 年 2 月第 7 期。
③ 浙江省农林厅水产局:《为鱼市场方针、性质、任务和组织机构改变等情报请核示由》,1952 年 8 月 12 日,浙江省档案馆藏,J122—004—026。

林厅将两种方案提请浙江省财政经济委员会研究核定。① 在回复意见中，浙江省财政经济委员会指出："鱼市场系属交易所性质，不能兼为行政管理工作，希按华东宣传部指示办理。"②

1953年1月16日，浙江省农林厅会同浙江省商业厅召开各鱼市场经理及有关工商行政部门联席会议。会议确定鱼市场的性质按照华东军政委员会贸易部指示的"市场与交易所不是行政管理机构，而是为交易服务的部门"来定义，提出鱼市场今后应成为为渔业生产和物资交流服务的机构，不再经营企业，将"国营××鱼市场"更名为"××水产交易市场"，交由商业厅领导，经理制改为主任制。③ 浙江省财政经济委员会基本同意上述意见。④ 3月，浙江省农林厅水产局发文通知将国营鱼市场改名为水产市场。10月，浙江省人民政府发文指示各地水产市场交由当地市县人民政府工商行政部门领导与管理。水产市场的主要任务由集中统一交易管理转变为管理渔民自销鱼货，调节市场供应，组织推销鱼货，活跃水产品流通；同时业务范围缩小，交易量和经营额减少，机构人员精简，经售员多数转业，只留少数人为市场正式业务员。⑤

---

① 浙江省农林厅：《为将召开减低各鱼市场管理费及动员经售员转业问题会议情况，呈请鉴核示遵由》，1952年12月17日，浙江省档案馆藏，J158—006—179。

② 浙江省财政经济委员会：《为提出对鱼市场今后领导关系的意见由》，1953年1月5日，浙江省档案馆藏，J158—006—179。此处有一个问题，即浙江省农林厅提出的是根据华东军政委员会贸易部指示，而浙江省财政经济委员会回复的却是按华东军政委员会宣传部指示。根据下文叙述，此指示应当来自华东军政委员会贸易部。

③ 浙江省农林厅水产局：《为鱼市场之方针、性质、任务和经售员转业及移交商业厅领导由》，1953年1月22日，浙江省档案馆藏，J158—006—179；浙江省农林厅：《为减低鱼市场管理费用，取消经售员制度，改变今后鱼市场的管理等问题，报请核示由》，1953年1月29日，浙江省档案馆藏，J158—006—179。

④ 浙江省财政经济委员会：《关于减低鱼市场管理费用，取消经售员制度及今后管理等问题》，1953年2月5日，浙江省档案馆藏，J158—006—179。

⑤ 浙江省水产志编纂委员会编：《浙江省水产志》，中华书局1999年版，第477页；浙江省人民政府：《决定各地水产市场交由当地市县人民政府领导并附发交接方案希遵照执行》，1953年，浙江省档案馆藏，J101—004—094。

从最初具有市场管理和企业经营两种职能,为省级部门直属机构,到1952年被定性为"行政管理机构",1953年确定为"为交易服务的部门",改称"水产市场"并交由地方政府管理,短短两年时间鱼市场的性质、职能和地位发生了重大变化。这一变化,与鱼市场设立之初面临的国营与私营并存局面消失密切相关。为打破鱼行的垄断,鱼市场一开始被赋予较多的职权,业务范围涵盖广泛,开展了企业经营活动。即便规划的各类业务短期内不能实现,至少也要呈现出与鱼行相抗衡并有所超越的态势,这是一种斗争策略。随着鱼行的改造与退出,鱼市场本身所规划的庞杂业务被压缩,在政府的制度设计中一度变成"行政管理机构"。此外,1951年浙江水产运销公司成立后,负责水产品跨地区运销,又与鱼市场的运销业务发生了重叠,促使鱼市场的职能进一步调整。概括来说,鱼市场的变化反映了在不同国营力量进入水产经营领域后,政府对其进行整合的历史进程。

二 浙江水产运销公司的亏损

在鱼市场职能收缩调整的同时,浙江水产运销公司的地位则逐渐上升。1951年3月中旬,华东军政委员会水产管理局在上海召开关于组织收购、开展运销的会议,会议最后确定在华东渔产重要地区浙江、苏南等建立水产运销公司,进行收购和运销。[1] 5月19日,国营浙江水产运销公司正式成立,浙江省农林厅水产局副局长邓林华兼经理,张立修任副经理。[2] 浙江水产运销公司在杭州设立营业部,经营销售业务,并在舟山设立分公司,负责组织收购、调剂供求、掌握鱼价、加工运销。[3] 5月29日,正式成立国营浙江水产运

---

[1] 《国营浙江水产运销公司成立》,《浙江日报》1951年5月24日第2版。
[2] 国营浙江水产运销公司:《为国营浙江水产运销公司成立启用印件由》,1951年5月19日,浙江省档案馆藏,J116—005—040。
[3] 《国营浙江水产运销公司成立》,《浙江日报》1951年5月24日第2版。

销公司舟山分公司，由张立修兼分公司经理。① 浙江水产运销公司还在绍兴、嘉兴、温州、台州等地设办事处或收购站。宁波水产运销处②改为浙江水产运销公司宁波办事处，舟山土产公司和新建公司的水产业务也并入浙江水产运销公司舟山分公司。浙江水产运销公司成为全省海产品运销的主导力量。③

如前所述，通过鱼市场交易的鱼货，其价格可以由产销双方协商议定，这是一种较为自由的议价体系。国营公司介入水产品购销后，水产品价格开始有国营牌价。国营公司根据市场价格、供求情况、企业利润等，拟定收购价格，报经主管部门审批同意后执行。④但在1952年春汛，浙江水产运销公司等在收购鱼货时定价过低，严重损害了渔民的利益，使政府陷入非常被动的局面。

1952年春汛未开始前，浙江省农林厅水产局估计今春鱼货的收购、加工、运销问题将会很严重。因为当时鱼货经营部门都卷入到"三反"运动中，各公司均不愿扩大业务，另外"五反"运动刚开始，私商顾虑很大，无意再经营鱼货，并且市场上鱼价下跌严重，所以浙江省农林厅水产局担心春汛鱼货滞销。在鱼价问题上，华东方面规定产地大黄鱼最低价格为每斤600元，但浙江省农林厅水产局和各公司都认为定价太高，"不烂鱼是主要的，价格不应规定太死"。在收购时，鲜鱼运销收购价格平均每斤584元，鲜鱼加工收购价格平均每斤530元。三个公司（浙江水产运销公司、新建公司、宁波水产运销公司）冰鲜运销1283万斤鱼货，纯收益24.4亿元，平均每斤获利190元。所以，"不是鱼价太高，而是鱼价太低；不是

---

① 国营浙江水产运销公司舟山分公司：《为国营浙江水产运销公司舟山分公司成立及启用印件由》，1951年6月13日，浙江省档案馆藏，J116—005—040。

② 1952年3月，专门划出宁波元昌贸易公司的水产业务和人员，成立宁波水产运销处，归属宁波专署水产局。

③ 浙江省水产志编纂委员会编：《浙江省水产志》，中华书局1999年版，第485页。

④ 张立修、毕定邦主编：《浙江当代渔业史》，浙江科学技术出版社1990年版，第450—451页。

没有销路（开始销路不畅，小黄鱼赔钱，也是事实），而是销路很广，不是亏本而是有利，而且利润太大太厚"①。

收购价格偏低、渔民利益受损造成了一系列问题。首先，从政治上看，渔民对国营公司很不满，"骂我们的国营公司不如过去国民党时代的封建鱼行，骂我们干部作风与态度和旧鱼行没有两样，骂我们国营公司不是国营公司而是赚钱公司"。其次，从经济上看，虽然国营公司盈利，但渔民收入减少，不能按期归还政府贷款，如宁波专区贷款55亿元，银行实际只收回44亿元。另外，渔民交不起船租，渔船修理受到影响，增加了下半年出海的困难。再次，打击了渔民的生产积极性。如有的渔民认为"多生产还不如少生产，少生产还能多卖钱"，生产情绪低落，致使渔船单位产量比1951年减少。②

1952年7月15日，浙江水产运销公司召开水产运销工作检查会议。8月25日，中共浙江省委召开渔区工作会议。这两次会议批判了资本主义经营方式和单纯营利观点。③ 受此影响，浙江水产运销公司在1952年冬汛收购鱼货时更多出于政治考量，忽略了实际状况和成本计算。冬汛刚开始时，鱼价偏高，每担达到22万元，其他收购单位尚在观望，而浙江水产运销公司全都收购下来，导致第一批亏本7000多万元，第二批亏本4亿多元。同时因为规定只准船等鱼，该公司20多只船提早半个月出海，冰块融化40%以上，损失资金2000多万元。④

1952年春汛和冬汛的反差，折射出浙江水产运销公司在经营上

---

① 浙江省农林厅水产局：《关于今春执行与掌握鱼价政策的检讨报告》，1952年9月4日，浙江省档案馆藏，J116—006—108。
② 浙江省农林厅水产局：《关于今春执行与掌握鱼价政策的检讨报告》，1952年9月4日，浙江省档案馆藏，J116—006—108。
③ 《国营浙江水产运销公司一九五二年度工作总结》，1953年2月2日，浙江省档案馆藏，J122—004—014。
④ 国营浙江水产运销公司：《为报送一九五二年冬季带鱼汛运销亏损情况报告祈核示由》，1953年4月4日，浙江省档案馆藏，J116—006—108。

的矛盾状态。作为市场主体，浙江水产运销公司在承担收购运销任务时，按照市场规律从中获取一定利润，本无可厚非。但按照当时的经营要求，国营公司与渔民打交道，从渔民手中收购鱼货，还需要兼顾政治影响，不能只看重利润，更不能损害渔民利益。浙江省农林厅水产局在检讨春汛工作时便指出："在思想上还存有资产阶级思想的影响，总认为做生意为赚钱。因有这种思想上的支持，对下面公司的资本主义的经营方式，盲目地追求利润，就缺乏明确的及时的纠正和制止。没有认识到我们的公司，不仅是做生意而已，而是代表政府的一个部门执行政策，公司执行政策的好坏，直接关系到政府威信问题。公司不但是保本赚取合法利润，而其主要目的是团结群众，扶助生产，在某些情况之下，为了群众利益，就是赔本也是有价值的。"① 春汛收购中之所以如此重视盈利，其实也与当时公司的处境密切相关。张立修提到："四月间我去舟山时，曾向分公司及其他同志谈，今年完不成任务，可以作检讨，如再亏本，我们不能作两次检讨，尤其在'三反'后不好交待，如果谁搞赔了谁负责。这样给下边一个很大的压力和限制，天天计算成本，怕亏本，使得做具体工作的同志们没有机动的余地。"② 从中可知，受"三反"运动的影响，浙江水产运销公司的领导担心收购鱼货时再度亏本，所以自上而下形成了很大的政治压力。

1952 年春汛过度盈利被严厉批评，以致冬汛时矫枉过正，到 1953 年春汛浙江水产运销公司又陷入亏本的境地。1953 年春汛，上至中央，下至各县都派出干部，特别是浙江省农林厅副厅长邓林华和舟山专署副专员王裕民都下到渔场。浙江水产运销公司失去了收购的定价权。在第三次产销委员会议上，舟山专署专员陈侠传达上级指示时说："省委吴部长批示我，今后鱼价由地委掌握，不准你们

---

① 浙江省农林厅水产局：《关于今春执行与掌握鱼价政策的检讨报告》，1952 年 9 月 4 日，浙江省档案馆藏，J116—006—108。

② 张立修：《对运销公司今年春汛执行鱼价政策上的检讨报告》，1952 年 9 月 4 日，浙江省档案馆藏，J116—006—108。

下边乱摆摆……国营公司不准有暴利思想，只准有合法利润。"因此，浙江水产运销公司不敢对鱼价问题再提意见。由于渔民优先满足合作社收购需求，导致公司收购被动，再加上鱼价偏高，仅以产区计算，浙江水产运销公司舟山分公司共计损失5.66亿元。收购任务没完成而且经营亏本，公司干部出现畏难的情绪。有的干部说："运销公司的工作不好干，不左就右……今年上级都来亲自领导与掌握，而下边还出这样问题，今后再搞下去失去了信心。"还有的干部说："做水产运销公司的企业工作，比水产生产及行政工作者低，他们是革命的，为渔民服务的，光荣的，而搞企业工作者提出意见不管对不对，均不给予考虑，在会议上一提意见，就说是'本位主义，营利观点，群众观念不强'。如再解释，就是'暴利思想，资本主义经营'，再不然就是'不服从党委领导'等。"[1] 由此可见，各级行政部门不再全力支持浙江水产运销公司的工作，不仅不重视公司的意见，反而简单地认为从公司利益出发就是"本位主义""暴利思想""资本主义经营"。浙江水产运销公司陷入四面楚歌之中，一场新的变革在酝酿。

三　水产供销体制的确立

1953年8月10日，浙江省农林厅水产局提出改变浙江水产运销公司领导关系的报告。报告指出，浙江水产运销公司成立之初暂由水产局领导，是由当时客观情况决定，但根据三年来的经验，水产局本身是水产行政管理机构，不懂企业经营和管理，既无专人负责，又无经验经营企业，所以需要改变浙江水产运销公司的领导关系。报告中提出了两种解决方案：一是按照公司性质、方针与经营的业务，借鉴东北、上海的经验，浙江水产运销公司交给省商业厅领导；二是根据渔业生产特点与发展前途，考虑到目前渔民正在由个体生

---

[1] 国营浙江水产运销公司舟山分公司：《春季渔汛加工、运销工作报告》，1953年6月30日，浙江省档案馆藏，J122—005—038。

产走向集体互助合作，解决渔业的加工运销问题有利于加强互助合作，并参照山东的经验，浙江水产运销公司交给省合作社统一领导。① 从实际情况看，浙江采用了第二种方案，将运销业务整合进供销社系统，其结果是撤销了公司，而不是改变领导关系。

从 1953 年开始，浙江加快了水产经营组织的整合，例如浙江水产运销公司宁波办事处并入宁波水产市场，浙江水产运销公司舟山分公司并入省供销社舟山办事处，舟山水产市场也并入到当地供销社。1954 年 2 月，中共浙江省委决定撤销国营浙江水产运销公司，所属机构的人员、财产移交给浙江省供销合作社，在省供销社下设水产经营管理处，负责全省水产供销业务。② 以浙江水产运销公司的撤销为标志，各地水产经营组织继续被并入供销社系统，如温州水产市场、余姚水产市场、宁波水产市场、象山水产市场等都被直接并入当地供销社或省供销社在当地的水产站，只保留了土产公司和少数私商经营一部分水产品业务。

1953—1955 年，适值浙江渔业互助合作运动逐步发展，各地渔民的组织化程度不断提高。到 1955 年夏汛，浙江组织起来的海洋渔民有 78835 户，占总户数的 70.74%；组织起来的劳动力有 83012 个，占总劳力数的 74%；组织起来的海洋渔船有 16069 只，占渔船总数的 51.6%。建立渔业生产合作社 246 个，互助组 2467 个，其中被纳入渔业生产合作社的渔民有 39243 户，占总户数的 35.21%。③ 面对加入集体经济组织的渔民，各级政府既要帮助他们解决出海物资问题，供应各类渔需品，又要负责鱼货的运输与销售。如果不同水产经营组织再各行其是的话，势必影响到全局的物资调配与鱼货

---

① 浙江省农林厅水产局：《为改变浙江水产运销公司今后领导问题的请示报告》，1953 年 8 月 10 日，浙江省档案馆藏，J122—005—007。
② 浙江省水产志编纂委员会编：《浙江省水产志》，中华书局 1999 年版，第 479、485 页。
③ 浙江省农林厅水产局：《浙江省水产生产规划（草案）》，1955 年 10 月 30 日，浙江省档案馆藏，J122—007—001。

运销，不利于集体经济组织的巩固。这是浙江将水产经营组织集中整合到供销社系统的一个重要考量。

1955年10月，国务院将水产生产、加工、运销企业划归商业部统一领导，并要求各地与水产相关的行政管理单位和水产企业都移交给商业部门领导。[①] 12月，商业部部长曾山在全国水产座谈会上讲话指出："水产生产与运销比较起来，当前存在问题最多的是在运销方面。既无中央渔业运销机构，各地机构也不十分健全，全国没有统一经营，计划和产销全面安排，各地地方国营、合作社多头经营，即使在一个地方也没有统一运销计划。"[②] 这是就全国一般情形而论，而从浙江的情况看，水产经营已差不多归于统一。中央的计划是成立水产供销公司，浙江原本确立的供销社经营水产的体制也不得不作出调整。

1955年12月，商业部成立中国水产供销公司，管理全国水产品的收购、运销以及对渔民生产、生活资料的供应等。同月，浙江省决定将中国土产公司浙江省公司（经营水产品）、省供销社水产经营管理处合并建立中国水产供销公司浙江省公司，各地也相应合并成立水产供销公司。1956年1月24日，中国水产供销公司浙江省公司正式成立，属浙江省商业厅领导。[③] 按照规划，省公司直属分市公司（6个）、萧山县公司、上海工作组，包括县（市）公司30个，县级经营组15个，营业部13个以及乍浦转运站，形成全省水产供销商业网络。[④] 相较于原来的供销社系统，省水产供销公司还合并了土产公司的水产业务，对水产经营组织的整合可谓十分彻底。此外，各

---

① 宫明山、涂逢俊主编：《当代中国的水产业》，当代中国出版社1991年版，第20页。
② 《商业部部长曾山在全国水产座谈会上的讲话》，1955年12月，载农牧渔业部水产局编《水产工作文件选编（1949—1977年）》上册，1983年印，第78页。
③ 1956年5月，中国水产供销公司浙江省公司划归浙江省水产局领导。
④ 浙江省水产志编纂委员会编：《浙江省水产志》，中华书局1999年版，第485—486页。

地的水产合作商店、合作小组、冰鲜船和鱼货加工厂等，一律归当地水产供销公司领导和管理，不能直接收购、运销、批发水产品，只能向水产供销公司批发进货。水产供销公司按计划对水产品"统一收购、统一调拨、统一运销、统一价格"，对渔需物资"统一采购、统一供应"，形成"统购包销、保障供给"的经营模式。①

与供销公司体制确立、水产供销网络形成相伴随的是1956年上半年浙江海洋渔业合作化的迅速发展。到1956年年底，浙江总共组织了431个渔业生产合作社，入社渔民93194户，占全省海洋渔业总户数的98.08%。② 水产经营领域集中统一体制的形成，为渔业生产合作社的广泛建立提供了重要保障，是海洋渔业集体化推进中不可或缺的一环。

---

① 葛银水：《新中国成立后海水产品购销》，载政协舟山市普陀区委员会教文卫体与文史委员会编《普陀文史资料》第1辑《中国渔港沈家门》，中国文史出版社2005年版，第216页。需要注意的是，只有被列入计划的水产品才由水产供销公司统购包销，1956年有大黄鱼、小黄鱼、带鱼、墨鱼、虾皮、虾米6种，后来进一步增加。没有被列入计划收购的水产品，政府原则上仍允许渔民或合作社自行处理。

② 张立修、毕定邦主编：《浙江当代渔业史》，浙江科学技术出版社1990年版，第21页。

第 三 章

渔业生产组织：渔民身份重构与组织变革

浙江传统的海洋渔业组织有渔帮和渔业公所。渔帮是渔民们为应对海上生产风险，依据地缘关系结合起来的组织，内部有较为固定的生产方式。渔业公所则是渔帮的升级，主要协调不同渔帮之间以及渔民与政府的关系，保护与救济渔民。渔帮和渔业公所都是民间组织。[①] 20 世纪 30 至 40 年代，在政府的推动下，浙江沿海各地建立了渔会、渔业合作社。这些组织试图消融原有民间组织，整合渔民群体，但最终成效有限。新中国成立后，不管是对渔民协会的规划还是对渔业合作的理解，与民国时期相比既有沿袭又有变化。通过土地改革运动、渔区民主改革运动，政府重构了渔民的身份。通过渔业互助合作运动，政府在沿海渔区社会建立了集体经济组织，对海洋渔业生产的管理空前强化。

第一节 组织形式的沿袭

民国时期，地方政府在原有民间组织之外，通过举办渔会和渔

---

① 关于浙江渔帮、渔业公所的研究，参见白斌《明清以来浙江海洋渔业发展与政策变迁研究》，海洋出版社 2015 年版，第 204—218 页。

业合作社来整合渔民群体，介入到海洋渔业生产中。本节不用个案来探讨渔会与渔业合作社问题，而是简要论述民国时期两者在浙江的建立与发展，以及新中国成立后组织形式的沿袭，进而比较前后之间的异同。这有助于深入理解20世纪50年代渔业生产组织的变革。

一 渔会与渔民协会

从名称上来看，渔会的历史可追溯到清末。1904年江浙渔业公司①建立后，其下附设渔会。该渔会主要由冰鲜渔船组织，协助公司开展相关业务，直到20世纪20年代中期才解散。

1922年，北京政府农商部颁布《渔会暂行章程》，通令沿海各省筹设渔会，但当时成立渔会的仅有直隶临瑜、山东牟平、江苏上海、浙江临海等县。1929年11月，国民政府公布《渔会法》。1930年6月，农矿部公布《渔会法施行细则》。至全面抗战爆发前，沿海各省陆续有成立渔会，但未全面推广开来。② 1937年，浙江全省共设有县渔会14个，县渔会分会7个。抗战结束后，浙江各地纷纷成立渔会。到1947年，全省共有渔会80个，其中县级渔会30个，县渔会分会43个，咸鲜（鲞）货同业公会7个。③

各地渔会在组织渔民、扶助生产方面的成效有较大差异。时人指出，由于渔民知识浅陋，政府在渔民中信用较差，以及渔会任务与渔业经济关系不密切，所以导致"渔会之组织，渔民们是很少能热心参加"，并且"各地有许多已经组织的渔会，一切会务，从未进行，只是一个空壳，甚至于渔会几乎变成了渔棍敛钱的工具"④。南

---

① 关于江浙渔业公司的创办与运转，参见白斌《明清以来浙江海洋渔业发展与政策变迁研究》，海洋出版社2015年版，第150—155页。
② 李士豪、屈若搴：《中国渔业史》，商务印书馆1937年版，第96—97页。
③ 浙江省水产志编纂委员会编：《浙江省水产志》，中华书局1999年版，第876页。
④ 李士豪：《中国海洋渔业现状及其建设》，商务印书馆1936年版，第228—229页。

田县虽然名义上设立了渔会,但"实际上殊鲜效果",原因在于"本县渔民既属散漫,渔会会员亦属有限"①。不过,也有少数渔会在当地渔业生产中发挥了重要作用,如玉环县渔会积极增制渔船、协理渔盐配拨、组织护渔队、赈济灾荒、调解纠纷等。②

清末以来,浙江沿海地区的渔业事务主要由渔业公所处理。各县在筹设渔会时,有的为了便利起见,只是简单地将渔业公所改成渔会。有人便指出:"近来各公所亦有改称渔会者,如临海渔会、螺门渔会等;但名为渔会,而内容则异常简单,与渔会之定章,相差甚远。"③ 另外,渔业公所的存在又阻碍了渔会的建立。就像时人所强调的,"渔会虽称合法而有名无实,公所则根深蒂固,威权自在","惟公所不取缔,渔会万难成立,苟公所日减,则渔会自起"④。渔业公所与渔会之间的复杂关系,反映了当时政府在重新整合渔民时遇到的困境。由于渔民对渔会非常陌生,缺乏信任与亲近感,导致渔会往往很难融入地方社会。有人注意到,"大多数的生产者还是彷徨于渔会的大门以外,主持渔会的事务人员,很多不是由渔民队里产生出来的","渔民对渔会的心理,是纳费,是骇怕,是轻视,是怕玩花头"⑤。即便渔民参加了渔会,但渔会有可能是原有民间组织改换而来,其内部主导权仍旧没有发生实质性变化。所以,不管是利用抑或是摆脱渔业公所,政府发起设立的渔会在短期内都难以有效发挥应有的作用。

---

① 《南田县二十一年度渔业行政计划》,《浙江省建设月刊》1933 年 6 月第 6 卷第 12 期。

② 黄晓岩:《民国时期浙江沿海渔会组织研究——以玉环渔会为例》,硕士学位论文,浙江大学,2009 年,第 41—58 页。

③ 姚咏平:《改进浙江省大黄鱼渔业及制造业之意见》,《浙江省建设月刊》1934 年 3 月第 7 卷第 9 期。

④ 银丕振:《浙江省渔业现况及调整途径》,《浙江省建设月刊》1936 年 5 月第 9 卷第 11 期。

⑤ 王贻观:《抗战以后之浙江渔业问题》,《浙江建设(战时特刊)》1939 年 10 月第 1 期。

随着国民党政权在大陆的溃败，各地渔会相继解散。新中国成立后，在政府的推动下，渔民协会普遍成立。① 1950年9月，华东军政委员会颁布《华东区渔业暂行条例（草案）》，内中规定"为使渔民团结，免除剥削，组织渔民协会及合作社"，渔民协会的任务包括渔民互助救恤、渔民间纠纷调处、协助合作社发放并收回渔贷等。② 华东军政委员会水产管理局在1951年水产工作计划中强调要建立渔民协会，并限定入会资格："凡海洋、淡水渔捞或养殖的渔工（无生产工具只出卖劳力者），贫苦的租船租荡户，独立劳动者（有渔具自己劳动或渔具不全合伙劳动生产者），均可加入渔民协会为会员。"③ 到1951年上半年，浙江全省建立了170个渔民协会，入会渔民22646人。④

1951年12月20日，华东军政委员会公布《华东渔民协会试行组织通则》。⑤ 这一通则经中央人民政府政务院批准，是华东各地建立渔民协会的指导性文件。根据该通则以及1932年修正公布的《渔会法》⑥，下文将从文本方面比较民国时期的渔会与新中国初期的渔民协会。

从职能上来看，民国时期成立渔会是为了"增进渔业人之智识技能，改善其生活，并发达渔业生产"。政府赋予渔会相当庞杂的职能，试图通过渔会来解决渔业发展中的各种问题。《渔会法》规定渔

---

① 虽然有的材料将渔民协会简称为渔会，但在重要文件中，1949年以后政府一般不使用"渔会"一词来代替"渔民协会"。
② 华东军政委员会：《检发华东区渔业暂行条例草案等八种希遵照试行由》，1950年9月27日，浙江省档案馆藏，J116—004—053。
③ 华东军政委员会水产管理局：《关于华东第二次水产工作会议的报告——一九五一年水产工作计划》，《华东水产》1951年2月第1期。
④ 《浙江省农林厅水产局关于一九五一年上半年工作总结及下半年工作意见》，1951年8月，载浙江省水产局《浙江渔业史》编辑办公室编《水产工作文件选编（1950—1985年）》上册，1987年印，第15页。
⑤ 华东军政委员会：《华东渔民协会试行组织通则》，《华东水产》1952年2月第7期。
⑥ 《渔会法》，《浙江省建设月刊》1934年3月第7卷第9期。

会的任务有：改良渔业，整理渔村渔市，筹借渔业资金及租赁渔船渔具，筹办渔业共同贩卖制造运输，举办渔业教育，筹办水产陈列所及赛会，组织生产消费购买信用住宅等合作社，举办储蓄保险医疗所托儿所，关于渔业之保护及救恤，关于渔业之调查及建议，关于官署之咨询及委托，关于调处渔业间之争议，筹设水上标识，其他关于会员共同利益。新中国初期的渔民协会，是"渔业劳动者自愿结合的群众组织"。《华东渔民协会试行组织通则》规定渔民协会的任务是：组织渔民生产，举办渔业合作社，改善渔民生活；推行劳资两利政策，促进渔业生产的恢复与发展，保护渔民经济利益；提高渔民的政治与文化水平，参加人民民主政权的建设工作；团结广大渔民，遵照人民政府的政策法令，有步骤地消灭渔业产销中的封建剥削。从中可见，渔民协会除了推动渔业生产发展与保护渔民相关利益以外，主要是协助基层政权的建设和渔业政策的推行，政治功能色彩较为明显。

从准入条件看，"凡住居同一区域内，年满十六岁以上之渔业人或营水产之制造运输保管各业者"，都有资格成为渔会会员，但褫夺公权尚未复权者、受破产之宣告者、禁治产者和吸用鸦片或其代用品者不得加入渔会。渔民协会的会员包括受雇从事渔捞和养殖的渔工，租船（网）捕鱼与租荡养殖的劳动者，独立劳动的渔捞和养殖者，以及取得渔民大会或渔民代表大会同意的渔村与渔业工作人员。两相比较，渔会会员的门槛很低，渔民协会吸收的则是参加劳动生产的渔民。

从组织结构看，渔会的设置以县或市为单位，"在渔业繁盛之县市设置之"，并且"同一区域内，不得设置两个渔会；但重要港埠相距在四十里以外者，得设分会"。县（市）渔会及其分会没有严格的隶属关系，所以各渔会之间呈现出一种平行结构。渔民协会分为县（市）、区、乡三级，最基层的是乡（或相当于乡的行政村）渔民协会，下级要服从上级。换言之，渔会的网络主要在县（市）一级，以及部分渔乡（分会）；渔民协会则直接进入乡或行政村，在组织渔民方面更具优势。

以上三个方面的比较，折射出国民党与共产党在基层治理上的差异。南京国民政府时期，各种法规主要是参照西方国家（包括日本）的文本制定。1929 年公布、1932 年修正的《渔会法》即是从日本抄袭而来。① 学者指出，国民党虽然建立了一个比较具有现代色彩的上层机构，但上层制定的法规政策往往与基层社会情形格格不入。② 渔会被赋予的各种职能、宽松的会员条件以及平行的组织结构，显得庞杂而松散，难以有效组织动员渔民。相反，共产党在基层治理中采取了更为务实的策略。渔民协会的职能突出了政治性，吸收的会员是新政权在渔区所要依靠的基本力量，自上而下的三级组织在结构上显得更为严密。

虽然渔民协会在设计上较之民国时期的渔会有很大改进，但运转中也存在不少问题。如舟山沈家门镇成立的 4 个渔民协会，主要是为了方便获得政府贷款，渔民协会的干部没有经过充分的民主评选，一些干部成分不纯，并有贪污行为，导致"渔民对渔协会普遍反应不满"，渔民协会威信受损，部分渔民没有加入。③ 台州黄岩县黄琅乡渔民协会成立于 1951 年 6 月，只在 1952 年春汛改组过一次，虽然之后参加的渔民很多，"但过了春汛后就一直散下去了"，"目前的渔会只有其名，故不能详细了解其组织情况，现在行政组织上的事情一切由合作社办理"④。在温州专区，"渔民虽基本上已组织起来，但组织很不健全，大多流于形式，并且在组织形式上也极不一致，有的渔工与网主或船主（指直接参加生产的）分开组织，渔

---

① 许幡云：《新渔会法要义》，《东方渔业》1949 年 3 月第 2 卷第 3 期。
② 王奇生：《革命与反革命：社会文化视野下的民国政治》，社会科学文献出版社 2010 年版，第 389、392 页。
③ 浙江省农林厅水产局水产资源调查队：《沈家门水产资源调查综合报告》，1952 年，浙江省档案馆藏，J122—004—009。
④ 浙江省农林厅水产局水产资源调查队：《台州专区黄岩县水产资源调查综合报告》，1953 年，台州市档案馆藏，J036—005—075—023。

会领导干部有的叫主任,有的叫委员长",部分渔民协会内部情况很复杂,"玉环县坎门区应东村渔霸王升汉也潜在渔会内,瑞安县城区渔民协会领导成分大部是渔业资本家"①。

新中国成立之初,政府在农村以普遍建立农民协会的方式进行初步的资源整合与民众动员,巩固基层政权并保障相关政策的推行。但农民协会的兴起是一种策略性和暂时性的设计,随着农业集体化的推进,农民协会悄然隐退。②从各种材料来看,浙江沿海各地渔民协会的命运基本上与农民协会相同。渔民协会是国家权力初步进入沿海社会,渔区基层政权未能有效巩固前的产物。作为群众组织,渔民协会确实广泛组织了渔民,密切了新政权与渔民的联系,但动员的深度十分有限,更无法推动海洋渔业生产组织方式的变革。

二 渔业合作

南京国民政府成立后,积极在农村开展合作事业,合作社的数量有很大增长。据统计,1928—1935年全国合作社数量增加28倍,社员人数增加37倍;到1935年有合作社29224个,社员1004402人。合作社的种类有信用、运销、购买、利用、生产、兼营等,其中以信用合作社的数量最多。③当时水产界人士也注意到合作事业对渔业发展潜在的促进作用。有的建议"于一定区域内组织渔业合作社,合多数人之力量,从事渔业上之共同经营或设施",这样既增进社员的利益,又能增加全体渔民的生产,从而"为渔业复兴运动树立一相当基础"④。有的将合作社视为渔会的替代组织,认为"渔村中渔会组织虽有,然内容毫无,甚鲜实惠,更成为少数人把持,不

---

① 温州专署:《温州区渔业生产工作报告》,1952年6月21日,温州市档案馆藏,104—35—9。
② 张举:《新中国初期农民协会兴起与隐退原因探析》,《湖南农业大学学报》(社会科学版)2002年第3期。
③ 薛暮桥:《旧中国的农村经济》,农业出版社1980年版,第103、106页。
④ 王刚编著:《渔业经济与合作》,正中书局1937年版,第51页。

惟无益，抑且害之"，所以"今后应该推行渔业合作，每一渔村组成一'渔村合作社'"①。还有的更是主张，"不但要提倡渔业合作，且要以渔业合作做一切组织的中心"，"渔业合作社是依其性质而分为各种个别的组织，与渔民的经济，立时便发生密接的关系，为解放渔民经济压迫的有效办法"②。

浙江省从1928年开始推进合作事业，1932年以前主要发展信用合作社，之后兼营、生产、运销合作社数量逐步增加。1929年浙江共有合作社143个，社员4524人；到1935年6月，合作社增加到1715个（内中信用合作社1146个，生产合作社365个，运销合作社89个），社员56418人。③ 在渔业合作方面，率先推行的是宁波地区。1931年，鄞县县政府选定东钱湖为渔村合作实施区，但因"东钱湖一带渔民，终年大部分时日，概在海洋从事捞捕，一时未易实行，暂从缓办"。1932年春，鄞县又拟筹办第八区螟蜅鲞运销合作社，后也"无形停顿"。1933年11月，东钱湖一带渔民曹世豪、史锦纯等发起外海渔业合作组织，鄞县县政府随即派合作事业指导员前往策划。1934年7月，正式成立东钱湖无限责任外海渔业捞捕兼营合作社，当时社员有25人，共认52股，计520元。④

实际上，在渔村中推行合作事业要远比农村困难。由于海洋渔业生产的季节性，渔民长期在外，居家时间短。如果不避开渔民出海时间，就很难集合多数渔民建立合作社。如鄞县咸祥、东钱湖的渔民，"每年入海捕鱼时期，计自十月起至翌年六七月止，中间约九

---

① 李若飞：《中国沿海渔业之检讨》，《浙江省建设月刊》1936年7月第10卷第1期。

② 李士豪：《中国海洋渔业现状及其建设》，商务印书馆1936年版，第231—232页。

③ 陈仲明、黄石：《八年来浙江合作事业的演进》，《浙江省建设月刊》1935年9月第9卷第3期。

④ 鄞县政府建设科：《20年代末30年代初鄞县建设概况》，载宁波市鄞州区档案馆编《近代鄞县史料辑录》上，天津古籍出版社2013年版，第302—303、305、324页。

个月，其余三个月，因非渔汛时期，乃在乡憩息……待至渔汛届临，乃复相率入海"，因此"指导此种渔民组织合作社，事实上至感困难"①。加之渔民受教育程度低，对合作社的性质与功能认识不清，无法发挥合作社的效用。东钱湖外海渔业捞捕合作社成立后，由于"渔民之认识尚浅，且限于能力，无显著之成绩"，所以"难取得外界之信用，故以前每向银行借款，多无结果"，最后只能靠县政府居中向银行接洽，通过抵押合作社理事的船只、房屋才借到钱。②

1937年以前，浙江各地的渔业合作事业推进缓慢，渔业合作社数量非常少。直到全面抗战爆发后，渔业合作才渐有起色，主要集中在浙南沿海。据不完全统计，1941年温州沿海成立渔业合作社32个，参加社员1869人，其中玉环县11个、社员745人，乐清县11个、社员606人，永嘉县1个、社员63人，平阳县9个、社员455人。但当时温州直接从事海洋渔业的有6万人左右，以渔业为副业的也达6万人，入社人数占渔民总数的比重很低。③这一时期，政府也颁布了与渔业合作相关的重要法令。1942年，国民政府社会部公布《渔业合作推进办法》，对各地合作主管机关推进渔业合作提供原则性指导。④同年，浙江省合作事业管理处发出《浙江省渔业合作社指导方针》和《浙江省沿海各县推进渔业合作社注意要项》。⑤

抗战时期，中共党员毛贤友（1917—1950）活跃于台州海门一带，积极筹建渔业合作社。毛贤友是湖南平江人，曾就读于衡山师范，1939年加入中国共产党。毕业后，毛贤友由人介绍到浙江金

---

① 《鄞县筹设第八区蟛蜅鲞运销合作社计划》，《浙江省建设月刊》1932年8月第6卷第2期。

② 林茂春、吴玉麒：《鄞县渔业之调查》，《浙江省建设月刊》1936年10月第10卷第4期。

③ 《本处三十一年度事业计划书》，《浙温渔业》1941年9月第6期。

④ 《渔业合作推进办法》，1942年6月3日，载山东省供销合作社联合社史志办公室编《山东省供销合作社史料选编（1924—1949）》，1991年印，第801—803页。

⑤ 浙江省水产志编纂委员会编：《浙江省水产志》，中华书局1999年版，第413页。

华，在中国工业合作协会①浙皖区办事处工作，后又从金华到丽水工合事务所工作，1941年被派到海门，任职于工合台州渔业指导站。1942年，毛贤友在海门、葭沚组织了两个工合保证责任渔业合作社，其中第一渔业合作社由张志清任经理，第二渔业合作社由李大富任经理。工合发放无息贷款给合作社的渔民搞生产，渔民则把鱼卖给合作社，再由合作社卖出。当年秋，毛贤友在海门红庙摆了十桌酒菜，邀请社员聚餐，并将扣除贷款后的余钱分给社员。次年，两个渔业合作社合并，组成保证责任海门渔业合作联社，社址在海门新横街，有社员86人，股金17800元。合作社主要发放无息贷款，供应渔盐等渔需物资，为渔民代销鱼货。1945年，因战事影响，该社业务停顿。②

抗战结束后，浙江的渔业合作社发展迅速。据1947年6月统计，全省14个沿海县共计各类渔业合作社103个，社员13186人，占14个县海洋渔民总数的12.11%。③ 绝大多数的渔业合作社成立于1946年和1947年。如表3-1所示，当时渔业合作社数量较多的县是平阳、玉环、乐清、定海；温州地区数量最多，沿海5个县（玉环、乐清、平阳、瑞安、永嘉）共有渔业合作社56个，约占总

---

① 1937年11月，上海工部局工业科长、新西兰人艾黎（Rewi Alley，1897—1987）建议，以合作社方式在大后方进行工业生产，以供战时军需民用。1938年8月，中国工业合作协会（简称"工合"）在汉口成立，孔祥熙任理事长，艾黎任技术顾问。工合在各地设办事处，每个办事处下再设多个事务所，负责具体组建和技术指导。各地建立了大批小型的工业合作社，生产出大量军工民用产品，积极支援抗战。参见夏征农、陈至立主编，熊月之等编著《大辞海·中国近现代史卷》，上海辞书出版社2013年版，第281页；朱伯康、施正康《中国经济史》下卷，复旦大学出版社2005年版，第633—636页。

② 毛建予口述，胡毅博记录整理：《回忆哥哥毛贤友》，载政协椒江市委员会文史资料研究委员会编《椒江文史资料》第3辑，1986年印，第8—10页；金礼正等：《"工合"中党的好干部毛贤友同志》，载政协椒江市委员会文史资料研究委员会编《椒江文史资料》第3辑，1986年印，第11—14页；椒江市水产志编纂委员会编：《椒江市水产志》，1993年印，第90页。

③ 浙江省水产志编纂委员会编：《浙江省水产志》，中华书局1999年版，第413页。

数的54.37%。在各类渔业合作社中，以生产合作社的数量最多，有66个，约占总数的64.08%；其次是产销合作社，有26个，约占总数的25.24%。各地渔业合作社人数规模不等。全省渔业合作社的平均人数是128人，其中最少的是定海，社均60余人，最多的是三门，社均350余人。

表3-1　　　　1947年6月浙江省渔业合作社分类统计表

县别	渔业合作社类别					合作社数量	入社人数
	生产合作社	产销合作社	产制销合作社	产制信合作社	综合性合作社		
定海	8	1				9	560
镇海				1		1	79
鄞县	2	1		2		5	467
象山	5				1	6	1722
奉化	3				1	4	280
宁海	5	1				6	1034
三门		4				4	1423
临海	5	1			2	8	698
玉环	14	1				15	1242
温岭	1	2		1		4	1175
乐清	3	10	1			14	1191
平阳	16	1				17	1915
瑞安		2				2	241
永嘉	4	4				8	1159
总计	66	26	3	4	4	103	13186

资料来源：浙江省水产志编纂委员编：《浙江省水产志》，中华书局1999年版，第413—414页。

1946—1947年浙江渔业合作社数量的增长，与联合国善后救济总署对华渔业救济密切相关。当时中央政府、浙江省政府将推进渔业合作事业作为救济物资利用的一种有效方式,渔业合作社成为救济物资发放的对象。① 这一情况间接表明,成立渔业合作社主要是为了方便获得援助或贷款。有人指出,舟山地区成立渔业合作社的主要目的,"一方面是想获得政府的低利贷款,一方面是想配到行总的救济物资"②。因战争的长期破坏,渔村经济凋敝,而渔业生产需要大量资金,合作社很难从渔民中筹集资金促进生产的发展。对政府来说,若想在战后振兴渔业,必须投入充足资金,支持渔民修理、增添生产工具,购买渔需物资。政府不可能与人数众多、缺乏信用保证的个体渔民直接打交道,需要以渔业合作社作为中介渠道。即便有人批评渔业合作社大量成立就是为了向政府借款,大部分资金没有流入普通渔民之手,"有以合作社为合借社之称,故贷款为团体主持人侵用者多,实际入于渔民手者尠"③,但对渔民们来说加入渔业合作社并没有直接的利益损失。

  新中国成立以后,原来的渔业合作社大多数已自行解体。各级政府在重建渔业合作体系时,一度延续了此前的理路。1950年2月,中央人民政府副主席朱德在全国首届渔业会议上讲话指出:"国家把机器资材投到国营机构和合作社,大家在食品部集中领导下,分散经营,成立各种有关渔业的合作社,由国家贷款给渔民,为渔民解决困难,扶助其生产。"④ 食品工业部副部长宋裕和在会议总结时强调:"旧式的个体渔民生产在目前占生产的第一位,为着争取迅速恢复和发展渔业生产,必须以极大的努力去扶持它,同时组织起来成

---

① 关于联合国善后救济总署对华渔业救济及其对浙江渔业合作社发展的促进,研究者已有详细论述,参见孙善根、白斌、丁龙华《宁波海洋渔业史》,浙江大学出版社2015年版,第184—201、227—230页。

② 陈瑛:《舟山群岛渔业现貌》,《东方渔业》1948年11月第1卷第8期。

③ 饶用泌:《复员以来之浙江渔业》,《浙江经济月刊》1947年12月第3卷第6期。

④ 《朱德副主席在全国首届渔业会议上的讲话》,1950年2月13日,载农牧渔业部水产局编《水产工作文件选编(1949—1977年)》上册,1983年印,第4页。

为合作经济，合作社应享受国家银行贷款的优先权。"① 1950 年 9 月颁布的《华东区渔业暂行条例（草案）》中规定，渔民合作社的任务是共同购进渔需品，共同运销渔获物，发放与收回渔业贷款及实物，共同经营捕捞、养殖及加工。② 从中可见，渔业合作体系的重建主要是为了方便政府给渔民发放贷款，进而恢复和发展渔业生产。

此外，地方上也有主张要适当保留一些原来的渔业合作社。浙江省农林厅水产局认为对旧有的渔业合作社不能一概废除，"在群众中间影响不太坏的可以保留，其领导成分上加以改造，业务上加以整理，使其真正为群众服务，其领导成分掌握在渔民手里，不要掌握在船主、网主、地主之手里"③。从某些地区的情况来看，政权更替后渔业合作社的恢复，使渔民感到困惑甚至害怕。在台州，"组织合作社的口号提出后，一般渔民均漠不关心或害怕，认为和国民党的合作社同样是来剥削渔民的，上层人物较为积极，想藉合作社的名义从中取利，获得政府的贷款"，所以政府只好运用各种方式进行宣传，"强调组织合作社为自己生产，反复说明此次合作社和国民党的合作社有本质的区别"④。

上述渔业合作社，一般指的是供销合作社。到 1950 年 10 月，宁波专区建立的渔业合作社有 4 个，台州专区有 2 个，温州专区有 5 个，共计参加渔民 15441 人。⑤ 这类渔业合作社主要为渔民供应各种

---

① 《食品工业部宋裕和副部长在全国首届渔业会议上的总结报告》，1950 年 2 月 13 日，载农牧渔业部水产局编《水产工作文件选编（1949—1977 年）》上册，1983 年印，第 5 页。
② 华东军政委员会：《检发华东区渔业暂行条例草案等八种希遵照试行由》，1950 年 9 月 27 日，浙江省档案馆藏，J116—004—053。
③ 浙江省水产局：《浙江省首届水产会议总结》，1950 年，载浙江省水产局《浙江渔业史》编辑办公室编《水产工作文件选编（1950—1985 年）》上册，1987 年印，第 7 页。
④ 台州地农委编印：《渔民工作手册》，1951 年 9 月，台州市档案馆藏，J013—015—001—112。
⑤ 浙江省农林厅水产局：《浙江省一九五〇年一月至十月水产工作总结》，《华东水产》1951 年 2 月第 1 期。

生产生活物资，提供贷款服务，帮忙销售或加工鱼货。如台州海门渔业供销合作社有社员 292 人，其业务主要是解决社员生活生产上的困难，举办无息贷款，收购社员的鱼货，并进行加工腌制。①

另外从文本中看，1952 年以前"渔业合作"与"互助合作"的内涵有所不同。《第二次全国水产会议总结》中提到："各地水产机构协助渔民建立了合作社 450 余处，组织生产，采购渔需器材及供应渔民生活资料……目前渔业生产主要依靠 90% 以上的个体渔民生产，因此必须大量组织渔业互助组，合作社，引导个体渔民走向互助合作集体生产的道路。"② 1951 年年初，华东军政委员会水产管理局副局长方原在报告中指出："目前渔业生产依靠百分之九十以上的个体渔民生产，必须组织渔民合作社、生产互助组，逐步引导渔民走向互助合作生产的道路。"③ 大体而言，"渔业合作"更多表明的是供销问题，"互助合作"则指向生产问题。

1951 年 12 月，中共中央下发《关于农业生产互助合作的决议（草案）》，强调按照自愿互利的原则，将农民"组织起来"，发展农民劳动互助的积极性，走向农业集体化或社会主义化。④ 此后，农业互助合作运动逐渐兴起，政府对"渔业合作"的认识也发生了明显变化。中华全国合作社联合总社在总结 1951 年渔业合作社工作时，指出渔业合作社未能引导和帮助渔民向生产工具公有化的方向发展，只是满足于供销业务，强调渔业合作社的目的是要把分散的、个体的渔民组织起来，逐渐走上集体化生产，"从开展供销业务积累公共资金，置办公有工具，逐渐地将落后工具变为半机械化、机械化，

---

① 浙江省农林厅水产局：《浙江省运销情况总结报告》，1951 年 2 月，浙江省档案馆藏，J122—003—001。
② 《第二次全国水产会议总结》，1951 年 1 月 30 日，载农牧渔业部水产局编《水产工作文件选编（1949—1977 年）》上册，1983 年印，第 11 页。
③ 方原：《华东水产工作报告》，《华东水产》1951 年 2 月第 1 期。
④ 《中共中央印发关于农业生产互助合作的决议（草案）的通知》，1951 年 12 月 15 日，载中央档案馆、中共中央文献研究室编《中共中央文件选集（1949 年 10 月—1966 年 5 月）》第 7 册，人民出版社 2013 年版，第 412 页。

走向集体生产"①。在农业互助合作运动的影响下，原来的"渔业合作"已经不能适应形势变化的需要。以供销为主的渔业合作社虽然在渔业生产恢复与发展中起到了作用，但社中的渔民仍是各自安排生产，而非集体生产与分配，不符合政府的预期。1952年以后，政府文件中提及"渔业合作"时，越来越淡化供销层面的渔业合作社，更为强调生产意义上的渔业互助组与渔业合作社。

综上所述，渔业合作社是政府为扶助渔业生产发展而建立的一种经济组织，一定程度上使个体渔民有了经济上的保障，在政府与渔民之间起到联系沟通的作用。渔业合作社试图解决一些不利于渔民生产的问题，如贷款资金的获取、渔需物资的供应、鱼货产品的销售等。但这类渔业合作社集中于供销领域，没有真正介入到个体渔民的生产中，与之后的渔业生产组织变革有所差别。

第二节 渔民身份的重构

考察渔业生产组织的变革，先要关注渔民身份的重新建构，即阶级成分问题。新中国成立以前，渔民间的区分主要依据其在海洋渔业生产中的地位，民间常用的称呼有"长元""渔东""渔伙""船主"等，并没有涉及阶级概念。李士豪按劳资关系将渔民分为渔东、渔伙、渔夫三类，其中渔东是"管有渔船渔具之渔民"，渔伙指"合伙租得渔船渔具而从事捕鱼之渔民"，渔夫则是"以劳力服役之渔民"②。还有人否认渔民中存在阶级差异，认为渔民的状况实际上相差无多，即"渔民均系无资产阶级，本无渔东渔伙之分别，船员统称为弟兄，所谓渔东，即长元或撑船……如今年我做撑船，你做

---

① 中华全国合作社联合总社：《一九五一年渔业合作社工作总结与今后发展方向》，《华东水产》1952年6月第9期。

② 李士豪：《中国海洋渔业现状及其建设》，商务印书馆1936年版，第157页。

渔伙，到了明年，你做撑船，我就做你的渔伙"①。新中国成立以后，政府运用划分阶级的策略手段，通过土改、渔改重构了渔民的身份，形成了一套全新的渔民区分体系。

一 土改时期的渔民问题

在探讨土改时期的渔民问题前，需辨明两次渔改的观点。《当代中国的水产业》一书指出，新中国成立后在渔区进行了两次民主改革运动。第一次开始于1950年，与土改运动、镇反运动一同推进，但由于政府主要精力集中在土改，渔民发动不充分；第二次开始于1952年，各地抽调干部组成工作队，深入渔区进行民主改革，方针和任务都十分明确。② 所谓第一次渔改，实则是土改的附属产物，部分渔民被发动起来是因为受土改的影响。此时各地的渔民政策十分模糊，工作重心不在渔区，与后来的渔改集中解决渔民问题有很大的不同。所以，两次渔改的观点仍有待商榷，本书所提到的"渔改"指1952年开始专门在渔区进行的民主改革。

土改时期，地方政府着重解决的与渔民相关的问题主要有两个。

一是私人占有的海域。海洋一般被认为是公共资源，但是围绕海洋渔业资源，不同渔帮划定了各自准入的区域，即某处渔场在特定时期由特定渔民从事捕捞，这与直接占有某片海域仍有所不同。从掌握的材料来看，海域的占有虽然不一定普遍，但存在于某些地区或特定的渔业生产中。福建宁德县土改时的调查显示，海面为私人所占有，渔民需要交租才能捕鱼，"公海渔场多为地主阶级或村族霸占一定范围的海面权，如七都、八都渔民向三屿、七都四乡公众或当权派就出租'水面埕'，每年交租14680斤；如城关地主黄××就霸占宁德广大海面，收租百分之五，渔民要向其交'水面租'才

---

① 《改善渔伙待遇及渔船之调查》，《浙江省建设月刊》1930年9月第4卷第3期。
② 宫明山、涂逢俊主编：《当代中国的水产业》，当代中国出版社1991年版，第28—29页。

得捕渔船泊"①。浙江温州、台州沿海也有类似情况。温州专署曾指出："解放以前定置渔场和海涂被海主（地主阶级）所占有。"② 台州黄岩、临海和海门近海的定置渔业渔场为私人所有，方言叫"行基"，分"大霖行基"和"小行行基"两种。行基租给渔民生产，其中大霖行基每年租税 1080—3240 斤大米，小行行基每年租税 360—1080 斤大米，并且"以山形为界，如捕鱼偶越行基就会被迫割断渔网"③。在海门葭沚，沪艚、虾篅等作业生产时，需要在特定海域中打下竹桩，把网系在竹桩上捕鱼，打桩的地方叫作"航地"。航地为大户黄（楚卿）家、陶（寿农）家、翁（子俊）家等占有，渔民要用到哪块航地，要提早一年向其承租。④ 由此可以大致判断，私人占有的海域主要是一些近海渔场，占有者一般是当地富户。⑤

二是沿海渔民占有的土地。渔区土地包括两大类：一类是渔业土地，如用来养殖和从事渔业经营的海地、海田、海滩、海石板、紫菜礁等；另一类是农业土地，大多比较贫瘠，一般用于种植蔬菜或粗粮。⑥ 关于渔业土地的占有，福建宁德县的情况是"多为封建占有剥削地租"，如二都乡"全乡有十四条海埕可养殖海产，而地主即占有九条，并且都是好的"⑦，类似于农村土地占有的不均。与农民相比，渔民占有的农业土地数量少，不过这些农业土地对很多渔

---

① 中国社会科学院、中央档案馆编：《1949—1952 中华人民共和国经济档案资料选编（农村经济体制卷）》，社会科学文献出版社 1992 年版，第 347 页。

② 温州专署：《温州专区五一年水产工作主要收获与经验的总结》，1951 年，温州市档案馆藏，104—35—9。

③ 浙江省农林厅水产局：《为报告本省渔民受封建剥削情况及在土改时与渔民有关诸问题》，1950 年 9 月 12 日，浙江省档案馆藏，J122—002—002；项德润、许葆源：《台州专区渔业初步恢复》，《浙江日报》1950 年 6 月 5 日第 2 版。

④ 陶福胜：《葭沚的渔业》，载政协椒江市委员会文史资料工作委员会编《椒江文史资料》第 7 辑，1989 年印，第 75 页。

⑤ 海域的私人占有现象值得深入研究，但由于材料有限，本书无法进一步展开。

⑥ 杜润生主编：《中国的土地改革》，当代中国出版社 1996 年版，第 480 页。

⑦ 中国社会科学院、中央档案馆编：《1949—1952 中华人民共和国经济档案资料选编（农村经济体制卷）》，社会科学文献出版社 1992 年版，第 347 页。

民来说又十分重要。特别是在渔业收入不足以维持家庭全年开支的情况下，渔民需要靠土地产出来补贴家用。在台州，"渔民因为渔业收入对生活的不足维持，大部分都利用非渔汛季节的空隙，兼营农业生产。他们占有少量土地或租种一部分土地"。如临海县川南乡渔民占有土地541亩，占全乡土地总数的13%。① 渔民兼营农业生产，反映了沿海地区不同人群混居以及土地占有的复杂状况，即"沿海是农民、渔民，或农民、盐民，或农民、渔民、盐民混合居住的地区……沿海农民不仅种田，部分也兼营捕鱼、晒盐；而渔、盐民大部租种或自有少量土地"②。

1950年6月，《中华人民共和国土地改革法》公布并施行。其中第18条规定："大森林、大水利工程、大荒地、大荒山、大盐田和矿山及湖、沼、河、港等，均归国家所有，由人民政府管理经营之。其原由私人投资经营者，仍由原经营者按照人民政府颁布之法令继续经营之。"③ 虽然没有明确提到"海"，但私人占有的海域一般位于或靠近港湾、河口，所以应当收归国家所有。浙江省农林厅水产局建议，土改时台州地区的大霖行基与小行行基"应一律取消，收归国有"④。在海门，自从"斗倒了海上恶霸黄梗卿后，'大霖行基'即废除了"⑤。海域占有者通常拥有大量土地，在土改中一般被划为地主或恶霸。基于没收地主土地的政策，其占有的海域自然会

---

① 台州地农委编印：《渔民工作手册》，1951年9月，台州市档案馆藏，J013—015—001—112。

② 《台州渔、盐区土地改革情况》，1951年，台州市档案馆藏，J013—003—028—008。另需指出的是，土改时期渔民与农民的界限主要根据生产收入确定。渔业生产收入在总收入中超过一半的，即被归为渔民；农业生产收入超过一半的，则是农民。

③ 中共中央文献研究室编：《建国以来重要文献选编》第1册，中央文献出版社1992年版，第341页。

④ 浙江省农林厅水产局：《为报告本省渔民受封建剥削情况及在土改时与渔民有关诸问题》，1950年9月12日，浙江省档案馆藏，J122—002—002。

⑤ 项德润、许葆源：《台州专区渔业初步恢复》，《浙江日报》1950年6月5日第2版。

被收归国有。

在渔业土地处理方面，政府既认可私人合理占有部分渔业土地，又将重要的渔业土地收归国有。1950年12月，华东军政委员会公布《土地改革中关于华东区江河湖海沿岸土地处理办法》，其中涉及的沿海土地主要是沙洲滩地和大芦苇地。该办法规定，"沙洲滩地不得任意围垦，已围垦者应确定其界限，不准继续向外扩规"；"沿江、海、湖荡的大芦苇地，一律收归国有；原由私人投资经营者，得由其依法经营"①。这些土地不一定跟渔业直接相关，还得视各地的具体情况而定。福建省在土改时将与渔业生产经营相关的土地称为渔用地，渔用地的没收、征收和分配基本参照农村土改政策，如规定"没收渔业封建剥削者的渔用地"，"征收渔业资本家渔用地"，"保存富渔民所有自己经营与雇工经营的渔用地"，"保护中渔民、贫渔民的渔用地"，"所有没收和征收得来的渔用地，一律归国家所有。由县以上人民政府管理，交由乡渔民协会（或有渔民参加之农民协会）统一地公平合理地分配给缺乏此项渔用地的渔民使用。渔业封建剥削者亦分给同样的一份使用"。与农村中分配的土地归私人所有不同，没收征收来的渔用地的所有权属于国家，渔民只有使用权，"使用者不得以国有土地出租、出卖、典押或荒废，如不需用该项土地时，必须交还国家"②。海涂是一种常见的沿海土地资源，不仅可用于养殖水产，还能发展种植业。浙江省农林厅水产局指出，"由于伪政府对于海涂业权的处理没有明确合理解决，致使海涂业权模糊，往往造成纠纷"，所以建议收归国有。③

---

① 《土地改革中关于华东区江河湖海沿岸土地处理办法》，1950年12月19日，载《中国的土地改革》编辑部等编《中国土地改革史料选编》，国防大学出版社1988年版，第702页。

② 《福建省渔区土地改革实施办法》，1951年11月8日，载《中国的土地改革》编辑部等编《中国土地改革史料选编》，国防大学出版社1988年版，第767页。

③ 浙江省农林厅水产局：《为报告本省渔民受封建剥削情况及在土改时与渔民有关诸问题》，1950年9月12日，浙江省档案馆藏，J122—002—002。

至于农业土地，因大部分渔民占有的数量较少，所以不是土改时的重点。当时引发争论的，是渔民是否有资格参与分配田地。1950年10月，定海县人民政府向上级提出渔民分地所面临的难题，如"渔工（引者注：指无船无网的渔民）是否可以分得一部分土地，如不可以的话，则失业渔工因生活困难可否分地，在得到职业后，其所分得的土地应如何办理"，"对于贫苦的渔民可否分得一部分土地，假使渔民现在有一部分土地作为副业，则这一部分土地是如何处理"①。在台州，由于渔农杂居情形普遍，渔民分地问题更加突出。1951年4月10日，中共台州地委沿海工作队向上级请示："渔民分田问题甚不统一，有的本身完全参加分田，有的本身半个参加分田，有的本身不参加分田。有的渔业生产者干脆不分给他……由于各地不统一起来，以致还有个别渔民不想报渔民，分不到田的渔民反映很大……请上级迅速指示统一。"得到的回复是："渔民分田问题，渔业生产者一般不分田……因土地人口等情况不一致，具体统一规定恐有困难，还是要领导上掌握情况，由渔、农民协商解决。"② 4月13日，中共台州地委专门下发《关于渔民阶级划分及土改中渔民土地问题处理办法的通知》，其中规定："渔工生活确实困难，经农会同意，得酌量分给部分土地。"③ 整体而言，土改中台州"除个别地区与个别渔户分给土地外，大部均未参与分田（各县情况也不一致）"。在渔民参加分田的地区，农民有所不满："渔民同我们一样分田，他们（渔民）太便宜了。"对渔民以半个人参加分田或家属参加分田的办法，农民则予以一定支持。④ 台州的例子不一定

---

① 定海县人民政府：《为收集关于渔民受封建剥削情况及土改时与渔民有关诸问题汇报由》，1950年10月6日，宁波市档案馆藏，地31—2—28。
② 中共台州地委沿海工作队：《关于渔民工作的报告及几个问题的请示》，1951年4月10日，台州市档案馆藏，J013—003—054—024。
③ 中共台州地委：《关于渔民阶级划分及土改中渔民土地问题处理办法的通知》，1951年4月13日，台州市档案馆藏，J013—003—028—010。
④ 《台州渔、盐区土地改革情况》，1951年，台州市档案馆藏，J013—003—028—008。

能代表全省沿海特别是海岛的情况，但反映了渔农杂居地区土改分田时渔民的境遇。从另外的角度来看，所谓渔民并不是只去海上捕鱼而不务农耕的一个群体。渔民及其家庭，实则与农业、土地密切相关。因此研究渔民问题，不仅要从海洋出发，还可尝试从土地入手。

以上所论述的，主要是土改时私有海域和渔民土地的处理。这些有限的案例表明渔民问题的复杂以及渔民身份的某种不确定性。换言之，渔业是一种谋生手段，土改前渔民与农民之间可能不存在十分严格的界限。在土改中，各地还对渔民进行了初步的阶级划分。阶级成分是一种新的身份标签，将人在社会经济活动中的复杂性简单化，不仅凸显了渔民群体内部的差异，还意味着渔民作为一种职业类型被固化。

二 渔民阶级成分的形成

划分阶级是中共革命过程中形成的策略手段。1949年以后，阶级成分随着土改的全面开展进入到广大乡村地区，与个人命运紧密联系，并扩散到社会其他领域。阶级的划分及其造成的深远影响，成为研究者关注的重要问题。[1] 阶级成分的最初逻辑出发点是土地占有，以土地占有多少、有无将农村人群分成地主、富农、中农、贫农、雇农等，经验来源于种植业。与种植业以土地为基本生产资料不同，海洋渔业生产主要依靠生产工具（渔船、渔网等）和生产技术，并且在大中型渔业中普遍存在雇佣关系。这也意味着渔民的阶级成分问题有其特殊性。

---

[1] 相关研究参见黄宗智《中国革命中的农村阶级斗争——从土改到文革时期的表达性现实与客观性现实》，载黄宗智主编《中国乡村研究》第2辑，商务印书馆2003年版，第66—95页；张小军《阳村土改中的阶级划分和象征资本》，载黄宗智主编《中国乡村研究》第2辑，商务印书馆2003年版，第96—132页；梁敬明《走近郑宅：乡村社会变迁与农民生存状态（1949—1999）》，中国社会科学出版社2005年版，第87—97页；等等。

土改时期，中央没有专门出台与划分渔民阶级相关的文件。沿海各省主要参照农村阶级成分的标准进行渔民阶级成分的判定，其中比较有代表性的是福建。

根据1951年11月颁布的《福建省渔区土地改革实施办法》，渔区阶级成分共有渔业封建剥削者、渔业资本家、富渔民、中渔民、贫渔民、渔业工人六种。渔业封建剥削者占有海地、海田、海滩、海石板、紫菜礁、海面等，自己不劳动或只有附带劳动，靠剥削为生。渔业资本家占有大量的捕鱼工具和较大的资本，以剥削渔工取得利润为其生活的主要或全部来源。富渔民一般占有比较优良的捕鱼工具及活动资本，自己参加主要渔业劳动，但经常依靠剥削雇佣劳动为其生活来源之一部或大部。中渔民一般都占有一些捕鱼工具或渔用地，有的也租入一部分渔用地；生活来源全靠或主要靠自己劳动，一般不剥削人，不出卖劳动力。贫渔民一般占有少量渔用地或少量捕鱼工具，一般须租入渔用地或者以自己的少量捕鱼工具与别人合作捕鱼，受地租、债利与小部分雇佣劳动的剥削。渔业工人一般全无捕鱼工具和渔用地，有的只有极少的渔具，完全以出卖劳动力为生。①

将上述阶级成分与农村阶级成分对照，明显能找到对应关系。渔业封建剥削者、富渔民、中渔民、贫渔民、渔业工人，分别对应农村中的地主、富农、中农、贫农、雇农。渔业资本家被专门列为一类，主要体现了渔业生产中大量存在的雇佣关系。在这些渔区阶级成分的定义中，普遍强调捕鱼工具的占有问题，表明工具对渔业生产的重要性。另外，渔用地的占有也被反复提到。这一方面是受土改的影响，另一方面可能是因为福建渔区存在大量私人占有的渔用地。

与福建相比，土改期间浙江在划分渔民阶级问题上并没有全省

---

① 《福建省渔区土地改革实施办法》，1951年11月8日，载《中国的土地改革》编辑部等编《中国土地改革史料选编》，国防大学出版社1988年版，第766—767页。

统一的规定，所以各地标准不一。

1950年10月，定海县人民政府在报告中将渔民分为渔工、渔民、长元三种成分，其中渔工指无船无网的渔民，渔民指有网的渔民，长元指有船及网的渔民。① 这一分类从船、网占有与否出发，十分简单，没有涉及渔业生产中的其他问题，显然不是深入调查的结果。

中共台州地委秘书处印制的《海门区渔业初步调查材料》将渔民分为长年、富渔、中渔、贫渔、雇渔五个阶层。其中，长年"握有全部船网资金，雇工下海，自己兼营土地或工商业，不参加劳动"。富渔"握有全部船网资金，雇工帮助，自己参加劳动，技术较高，多为老大，收入较多"，但是"多数富渔有船无网或有网无船无资金，须向鱼行殷富户借贷半数以上资金雇工或与贫、雇渔合营"。中渔"握有部分渔网，与他人合营，向鱼行或殷富户借贷租船，除捕鱼外兼种田、拉车等副业"。贫渔"握有少数渔网，资金需向鱼行殷富户借贷，与富、中渔合股经营，除捕鱼外，兼种田、拉车、做工、结网、结草帽等副业，入不敷出"。雇渔"大部分均有少数渔网，雇工或半雇佣性质的，与长年或富渔合股捕鱼，在捕鱼期间由于贫困，仍需向鱼行殷户借债，捕鱼收获不足开支，因此在秋冬季之间仍下海捕蟹、吊虾，或帮工、拉车"②。

---

① 定海县人民政府：《为收集关于渔民受封建剥削情况及土改时与渔民有关诸问题汇报由》，1950年10月6日，宁波市档案馆藏，地31—2—28。
② 中共台州地委秘书处：《海门区渔业初步调查材料》，时间不详，台州市档案馆藏，J013—001—006—056。该份档案封面有"台州地委秘书处印"字样，时间是1949年5月6日，但当时海门尚未解放，所以时间有误。《浙江省农村调查》中收录的《海门县渔业情况》，责任者是中共台州地委秘书处，时间是1950年7月，内容上与《海门区渔业初步调查材料》相似（参见华东军政委员会土地改革委员会编《浙江省农村调查》，1952年印，第290—293页）。《海门县渔业情况》一文的标题用的是"海门县"，但当时海门是台州专署直属区，显然错误；细读该文，还会发现一些改动的痕迹。可以肯定的是，《海门县渔业情况》是加工过的一份材料，所以本书采用了具体时间不明，但相对更原始的《海门区渔业初步调查材料》。

长年，即长元，可对应农村中的地主。上述不同阶层的定义或多或少融合了船网、资金、生产关系、技术、副业、生活等要素，有的十分具体。材料中还有对渔民家庭经济的统计，如表3-2所示。其中"成分"一栏中有极贫渔户、贫渔、中渔、水上长年（富渔）、岸上长年（地主或渔户），又与上述不尽相同；"产别"一栏除船、网外，还涉及屋、田的情况，内容显得非常烦琐。总之，这是在农村阶级成分的影响下，结合海门区状况所形成的渔民分类标准，缺乏普遍意义。

表3-2　　　　　　　台州海门区渔民家庭经济统计表

成分		产别	户数	小计	百分比	附注
半无产者	极贫渔户	无产业以渔业为主	17	24	13%	
		无产业以副业糊口	7			
有田仅一二亩或几分田	贫渔	有网无屋无田	45	52	28%	
		有船无网无田无屋	1			
		有田无船无屋无网	2			
		有屋无田无网无船	2			
		有田有网无船无屋	2			
以商贷再生产	中渔	有网有屋无田	53	79	43%	所指有田数量不多
		有网有屋有田	19			
		有船有网无屋无田	7			
富渔（长年或称水上长年）		有田有屋有船	1	10	6%	
		有船有网有屋无田	9			
地主或渔户（岸上长年）		有船有网有屋有田	8	8	4%	
其他		殷户	10	10	6%	
合计			183	183	100%	

资料来源：中共台州地委秘书处：《海门区渔业初步调查材料》，时间不详，台州市档案馆藏，J013—001—006—056。

1951年4月，中共台州地委在《关于渔民阶级划分及土改中渔民土地问题处理（草案）》中将渔民划分成渔业资本家、渔业生产者和渔工三类。其中渔业资本家是指"占有生产工具或较多生产工具，不下海捕鱼，以雇工取得利润，或出租渔具收取租金为其生活来源之全部或大部者。虽下海捕鱼，因占有较多渔具，其渔具租金收入超过当地构成兼地主条件的土地出租收入，即作为渔业资本家"；渔业生产者指"下海参加生产，占有小量渔具（一般不超过三只船），或合伙租船经营"；"无渔具，以出卖劳动力为人雇佣捕鱼，取得工资或分股者"被归为渔工。这一分类标准是根据渔民"是否占有生产工具，占有生产工具多少，是否下海参加渔业生产劳动而确定"[①]。与《海门区渔业初步调查材料》相比，这份草案对渔民阶级成分的分类较为粗糙，似乎只是一种为应对土改而采取的临时策略。这也间接表明当时地方党政部门的工作重心是在农区，没有深入了解渔区的情况。所谓渔民工作，着重的仍是与土改相关的渔民土地问题。

1952年下半年，浙江省农林厅水产局水产资源调查队在宁波、舟山、台州等地进行了调查，并完成了多份水产资源调查报告。[②] 这次大规模调查对渔民阶级成分的判定与分类，如分成渔工、贫苦渔民、独立劳动者、渔业资本家等，与后来的划分情况十分接近，反映出省级部门对渔民阶级成分的表述有了较为统一的提法。以《沈家门水产资源调查综合报告》为例，这份报告对当地渔村阶级关系的描述较为详细，并列举了一些个案。报告将舟山沈家门渔村中的阶级成分分为船主、渔业资本家、独立劳动者、贫苦渔民、渔工、鱼行主、渔霸七种，其定义如下：

1. 船主：占有渔船及生产工具资金，自己不参加劳动，依

[①] 中共台州地委：《关于渔民阶级划分及土改中渔民土地问题处理办法的通知》，1951年4月13日，台州市档案馆藏，J013—003—028—010。

[②] 这些调查报告散见于浙江省档案馆、宁波市档案馆、台州市档案馆。

靠剥削为生，剥削的主要方式是收取船租来剥削渔民，其剥削所得除消费外，一部分仍投入生产，如修补与添置工具，但与农村中的地主有所区别。

2. 渔业资本家：一般占有渔船及工具，或利用资金租入渔船雇工经营，一般都有比较完全的工具和活动资金，自己不下海或下海监督生产，经常依靠剥削为生活来源大部或一部，主要是剥削雇佣劳动力。

3. 独立劳动者：一般占有部分工具或向人租来部分工具，从事简单的渔业生产，如张网或沿海独立生产的手推网等，这种生产不需要在技术上的分工合作，也不需一定的生产组织，可以独立经营的劳动生产者。

4. 贫苦渔民：缺乏生产工具或自有很少工具，大部需向别人租借一年，出雇一部或大部劳动力而受人剥削，生活比较贫苦的。

5. 渔工：自己没有生产工具，全靠出卖劳动力为生活的主要来源，常年受船主资本家剥削最严重者。

6. 鱼行主：占有大量活动资金，以借贷方式贷给渔民或渔业资本家转借渔民，开行栈操纵鱼货，从中取佣，统治和剥削渔民，是一种垄断性的剥削，采取佣金、回扣、抑价、压秤等剥削行为过活。

7. 渔霸：恶霸一般是依仗反动势力直接统治与剥削渔民，除严重剥削渔民外并政治上有重大罪恶行为，为广大人民所痛恨的。①

整体来看，上述定义清晰具体，主要以生产工具的占有情况来区分渔民，并兼顾劳动与剥削，对渔区生产关系的复杂状况有较好

---

① 浙江省农林厅水产局水产资源调查队：《沈家门水产资源调查综合报告》，1952年，浙江省档案馆藏，J122—004—009。

把握。当然，其他地区渔民的情况不一定与沈家门相似。沈家门的特点是渔民分布集中，与土地的联系较弱，渔民间分化明显。但在温州瑞安县，"一般渔民散居于农村"，"一般经济情况相差不多"，所以"土改中只单纯列为渔民，个别以农民或其他成分待遇"。该县"城区没有土改，渔民皆无土地，未划分成分，唯东山乡渔民较多"，有419户1860人，后来通过自报公议的方式划分成富渔民、中渔民、贫渔民。其中富渔民"土地较多（相当中农土地），自己耕种，渔具较多雇人捕鱼"，中渔民"土地少自己耕种，渔具有一部分，但不多，除自己直接参加捕捉外，有时也雇人"，贫渔民"土地极少，甚至没有土地，渔具完全没有，单靠出卖劳动力来维持生活，这类占极大部分"[1]。从中可见，土改期间瑞安县东山乡在划分渔民阶级时，根据当地实际将土地占有情况作为一个重要标准，三种阶级成分不过是对农村阶级成分的简单模仿。

总而言之，土改时浙江在渔民阶级划分问题上的处理，虽然各地差异较大，但有的至少兼顾了实际情况，对当地而言仍不失为一种较为妥当或理想的解决办法。等到土改行将结束，省级部门发现渔民问题仍未有效解决，那么具有地方特色的渔民阶级成分，或一些地区从未进行渔民阶级的划分，就会给接下来的渔民工作造成极大的困扰。换言之，各地必须采用一套统一的阶级成分体系来区分渔民，从而方便各种渔业政策的执行。1952年下半年大规模的水产资源调查是在全省土改基本完成的情况下进行的，表明渔民问题真正引起了省级部门的重视，调查结果也为之后渔区工作的展开奠定了重要基础。

三　渔民阶级成分的统一

1952年2月，农业部在水产工作指示中指出："在还有封建剥

---

[1] 中共瑞安县委：《关于渔业生产情况报告》，1952年8月16日，温州市档案馆藏，94—1—20。

削势力的渔区，采取适当措施发动渔民进行民主改革，以解放生产力。"① 10月19日，中共中央在关于民船民主改革工作的指示中还特别提到渔改问题："沿海渔民中亦应进行民主改革，并逐渐地把他们组织起来，目的在于不给敌人在水上以一切活动的机会，并解决渔民中的问题。"② 两者说明中央已经意识到渔改的迫切性。

1952年11月19日，中共中央发出《关于渔民工作的指示》，要求各地在划分渔区，成立渔民专管机构与渔民协会后，"应着手进行民主改革与镇压反革命，方针是依靠雇工及贫苦的独立劳动者，团结一般渔民（包括渔业资本家在内），打击匪首特务、封建把头、帮会首领及逃亡恶霸，以肃清反革命分子，打倒封建把持制度"③。这份指示明确了渔改的依靠对象、团结对象以及打击对象，是各省进行渔改的主要政策依据。

从1952年开始，为贯彻中央指示，浙江沿海各地相继组建工作队深入渔区，发动渔民进行民主改革。1952年3月，中共台州地委组建渔区民主改革工作队，进驻温岭县石塘、箬山两个乡镇开展渔改工作，后在全区沿海推开，于1953年结束。1952年9月，中共温州地委组织工作队，进驻瑞安县城关镇、东山乡进行渔改，后在全区铺开，1953年基本结束。1952年10月，中共宁海县委组织渔改工作队到峡山、西垫两个乡进行渔改，象山、鄞县也进行了渔改。1953年4月，中共舟山地委组织干部到普陀县蚂蚁岛进行渔改试点，7月在全区展开。④

在渔改中，中共舟山地委根据当地渔业情况对中央的方针进行

---

① 《关于一九五二年水产工作的指示》，《华东水产》1952年2月第7期。

② 《中共中央关于民船民主改革工作的再次指示》，1952年10月19日，载中央档案馆、中共中央文献研究室编《中共中央文件选集（1949年10月—1966年5月）》第10册，人民出版社2013年版，第111页。

③ 《中共中央关于渔民工作的指示》，1952年11月19日，载农牧渔业部水产局编《水产工作文件选编（1949—1977年）》上册，1983年印，第16—17页。

④ 浙江省水产志编纂委员会编：《浙江省水产志》，中华书局1999年版，第420—421页。

了修正。1953年6月25日，中共舟山地委向中共浙江省委报告当地渔改问题，提出渔改的政策方针是"依靠渔工及贫苦渔民，团结一般渔民（包括渔业资本家在内）和渔区全体人民（主要是农民），消灭封建鱼行把持制度和反革命分子，发展渔业生产，巩固国防"，并对照中央的方针加以解释。在依靠对象方面，中共舟山地委认为中央提出的"雇工和独立劳动者易与农业雇工和手工业独立劳动者在名词上相混淆，而渔工与贫苦渔民两个名词三年来已为当地渔民所习称，较为明确而又易于为渔民所领会"，所以改为"依靠渔工及贫苦渔民"。至于增加"团结渔区全体人民（主要是农民）"，是考虑到舟山渔区"除渔民外，其他人民尚占有相当数量"，以便能更充分发动其他群众。在目标方面，之所以将消灭"封建鱼行把持制度"放到"反革命分子"前面，是因为舟山"当地封建鱼行把持制度乃是一切黑暗的集中表现与罪恶根源，打倒这种把持制度不仅便于发动渔民群众，而且也便于寻找与打击各类反革命分子，这是因为作为鱼行封建把持制度的中心人物是渔区里的当权派，他们本身多是各类反革命分子，为了消灭各类反革命分子，必须首先消灭封建鱼行把持制度"。另外加上"发展渔业生产，巩固国防"，符合中央指示精神，体现了发展生产与巩固国防的有机结合。① 中共浙江省委在批复中同意了中共舟山地委的渔改方针。②

中共舟山地委的报告折射出一个重要问题。既然中共舟山地委修正的是中央的方针，那就说明到1953年6月为止，中共浙江省委或其他省级党政部门并没有针对渔改问题出台全省性的指导文件。③换言之，从政策掌握与执行的角度来看，浙江渔改与之前的土改有

---

① 中共舟山地委：《有关渔民改革政策问题的报告》，1953年6月25日，舟山市档案馆藏，5—1—7。

② 中共浙江省委：《关于渔区民主改革部署及有关政策问题的批复》，1953年9月1日，舟山市档案馆藏，5—1—7。

③ 在搜集的各地档案中，确实也没发现相关文件。

很大不同，渔改既没有省级的试点，也没有组建省级工作队，实际上交由各地自主规划与推动。

值得注意的是，中共舟山地委在报告中特别提出渔业资本家的划分问题：

> 1. 本人占有大量渔具（起码有一对船，系指大对船），自己不参加主要劳动，靠雇工剥削为生，雇佣长工达十人以上，生活水平相当于当地地主生活者叫做渔业资本家；在张网地区是本人占有大量渔具，自己不参加主要劳动，雇佣长工三人以上或五人以上，生活水平达到当地地主生活者也是渔业资本家。
>
> 2. 本人占有大量渔具（即大对船一对以上），但本人参加主要劳动（俗称水上长元），靠剥削雇工取得主要生活来源，雇佣工人达十五人以上，生活水平达到当地地主生活者叫做渔业资本家；在张网地区是本人占有大量渔具，本人参加主要劳动，雇佣长工达十人以上，生活水平达到当地地主生活者也是渔业资本家。
>
> 3. 本人占有少量渔具和资金，另租入一大部分渔具、贷入大部分资金或自己全无渔具和资金，全部渔具是租入的、资金是贷来的，但自己不参加主要劳动，全靠雇工剥削，雇佣长工达十五人以上，生活达到当地地主生活者叫做渔业资本家。①

由上可见，渔业资本家的特点是一般占有大量渔具（特殊除外），收入大部分来自雇工剥削，其生活水平不低于当地地主。雇工生产是构成渔业资本家成分的一个必要条件，但雇工人数因渔业生产方式、本人是否参加劳动而异。例如在同样不参加劳动的情况下，经营大对船渔业的渔民雇佣长工达十人以上才可能是渔业资本家，

---

① 中共舟山地委：《有关渔民改革政策问题的报告》，1953年6月25日，舟山市档案馆藏，5—1—7。

而经营张网渔业的渔民雇佣长工三人以上或五人以上就可能成为渔业资本家。在同种渔业生产方式中，如经营大对船渔业的渔民本人不参加劳动，其成为渔业资本家的一个条件是雇佣长工达十人以上；本人参加劳动，则条件变为雇佣工人达十五人以上。相较其他地区而言，舟山海洋渔业发达，当地有不少大中型渔船，雇佣现象十分普遍。因此，中共舟山地委对渔业资本家的定义十分细致具体，这有利于渔改时相应阶级成分的判定。

个人生产工具占有规模小于渔业资本家的是独立劳动者，但这一群体占有的渔船数量最多。从浙江全省来看，大约有70%的渔船为独立劳动者所占有。[1] 独立劳动者是一个占有较多或部分生产工具的群体，自身参加主要劳动，但内部差别较大。有的是占有小型生产工具，也有的占有大型生产工具，雇工捕捞，有所谓的剥削收入，经营规模堪比渔业资本家。在渔改中，如果各地不根据当地渔业生产特点仔细区分，那么就容易混淆独立劳动者与渔业资本家。比如温岭石塘镇"独立劳动者掌握了绝大部分工具，虽一般对人有剥削，但主要依靠自己劳动"，瑞安城区有"不少独立劳动者也被认为是渔业资本家"；各地出现了"渔业资本家与独立劳动者的界线一般难以区分，有的干脆一律称为渔民，有的把独立劳动者也称作渔业资本家"的现象。[2] 回过头来看，我们就不难理解舟山的做法，即划分渔业资本家时分成三类，并具体规定不同条件下的雇工数量。

另外需要特别说明的是"独立劳动者"与"一般渔民"的关系。从档案材料看，渔改中浙江各地在划分阶级时大多使用"独立劳动者"，也有少数用"一般渔民"，如前文舟山渔改时的方针政策

---

[1]《高部长在渔区工作会议上的总结报告》，1954年，浙江省档案馆藏，J007—006—005。

[2] 中共浙江省委农村工作部：《沿海渔区的基本情况》，1953年4月23日，浙江省档案馆藏，J007—005—017。

采用了"一般渔民"的提法。① 大体而言，阶级成分层面的"一般渔民"在浙江基本等同于"独立劳动者"。1954 年 3 月，中共中央农村工作部部长邓子恢在第四次全国水产工作会议上说："渔村中有哪些阶级，看了这次会上讨论的记录，有两种意见，一种主张分三类：渔工、独立劳动者、渔业资本家；另一种意见分四类：渔工、贫苦渔民、一般渔民或富裕渔民及渔业资本家。"邓子恢主张划分成四个阶级，即渔工、贫苦渔民、一般渔民和渔业资本家，并强调"一般渔民中比较富裕者，但不称为富裕渔民。因为群众不易接受'富'字"②。对比两种分法，三分法中的"独立劳动者"实际包括了四分法中的"贫苦渔民"和"一般渔民"。从浙江各地渔改的情况来看，三分法应当不是浙江提出的主张。邓子恢赞成四分法，这代表了中央主管部门的意见，而四分法中使用的是"一般渔民"，意味着"独立劳动者"的提法不再合适。此后，浙江各地逐渐用"一般渔民"取代了"独立劳动者"（也有个别还用"独立劳动者"），特别在阐述渔业互助合作政策时使用的都是"一般渔民"。③

至于贫苦渔民和渔工（即渔业工人）两种成分，相对容易区别。贫苦渔民占有少量或不完全的生产工具，有时要出卖一部分劳动力。渔工没有生产工具，完全或主要靠出卖劳动力为生。

---

① 《普陀渔业志》记载，土改时用的是"独立劳动者"，中共舟山地委在当地渔改试点时调整为"一般渔民"（参见《普陀渔业志》编纂委员会编《普陀渔业志》，方志出版社 2015 年版，第 395 页）。这或许与舟山的渔改时间较迟有关。如前所述，舟山的渔改是在 1952 年 11 月 19 日中共中央发出《关于渔民工作的指示》之后，其他地区则在之前已经展开。中央的指示中使用了"一般渔民"的提法，很可能影响到了舟山。但值得注意的是，中共浙江省委农村工作部统计各地渔民阶级成分时，仍使用"独立劳动者"（见表 3-3）。

② 《中共中央农村工作部邓子恢部长在第四次全国水产工作会议上的报告》，1954 年 3 月 24 日，载农牧渔业部水产局编《水产工作文件选编（1949—1977 年）》上册，1983 年印，第 41—42 页。

③ 大量当代史志在论述渔改以及渔区中的阶级成分时，使用的都是"一般渔民"，很少提到"独立劳动者"。至少就浙江的情况而言，忽略"独立劳动者"的提法是不符合事实的。

通过渔改，浙江沿海渔民的阶级成分主要被定为鱼行主、渔业资本家、独立劳动者、贫苦渔民、渔工、渔霸六类。如表3-3所示，全省海洋渔民共计90381户，其中被划为渔霸362户（0.40%）、鱼行主735户（0.81%）、渔业资本家869户（0.96%）、独立劳动者16915户（18.72%）、贫苦渔民34161户（37.80%）、渔工35086户（38.82%），[①] 以渔工和贫苦渔民最多。

表3-3　　　浙江各地区海洋渔民阶级成分户数统计表　　　单位：户

地区＼成分	总计	鱼行主	渔业资本家	独立劳动者	贫苦渔民	渔工	渔霸	其他	调查日期
台州专区	15648	64	87	2457	4931	7772	149	188	1952.11
三门县	2134	1	11	356	1538	88	70	70	
临海县	4474		21	588	1428	2436		1	
海门区	729		16	146	268	297		2	
黄岩县	553	6		15	385	135		12	
温岭县	7758	57	39	1352	1312	4816	79	103	
温州专区	29396	402	263	7740	13817	7012	35	127	1953.4—5
玉环县	5490	95	65	1098	1031	3172	7	22	
洞头县	5798	116	39	1194	3357	1076	10	6	
平阳县	12013	103	133	3985	5694	2017	7	75	
乐清县	1936	43	1	451	1249	183		9	
永嘉县	1825	10	8	321	1289	176	6	15	
瑞安县	2231	36	17	655	1194	324	5		
温州市	103			36	3	64			
舟山专区	31012	184	342	4740	9333	16128	58	227	
嵊泗县	7828	75	43	1758	2523	3401	22	6	1953.9—10

---

① 另有统计数据显示，1953年年底浙江渔改结束时，全省海洋渔民共91698户，其中划为渔工的有47782户，贫苦渔民24791户，一般渔民17065户，渔业资本家（包括渔霸和其他成分）2060户（参见浙江省水产志编纂委员会编《浙江省水产志》，中华书局1999年版，第419页）。此外，其他文献资料里的统计数据也不尽相同。本书采用的数据来自档案中的统计表格，相对来说更为可靠。

续表

地区＼成分	总计	鱼行主	渔业资本家	独立劳动者	贫苦渔民	渔工	渔霸	其他	调查日期
岱山县	9017	47		1485	3831	3583	4	67	1953.9
普陀县	11760	61	267	1295	1830	8137	32	138	1953.9
定海县	2407	1	32	202	1149	1007		16	1953.9
宁波专区	14325	85	177	1978*	6080	4174	120	1711*	1952.10
象山县	5470		38	854	2509	2030	20	19	
奉化县	1041	6	51	84	134	718	3	45	
宁海县	3531	32	53	680	1752	907	96	11	
慈溪县	9	9							
上虞县	988	4		195	768	14	1	6	
余姚县	27	6		21					
鄞东特区	697	6	21	117	191	360		2	
庵东特区	18	18							
绍兴县	72	1		2	69				
全省	90381	735	869	16915	34161	35086	362	2253	

资料来源：中共浙江省委农村工作部：《全省第三次沿海渔区工作会议的报告》，1954 年 4 月 8 日，浙江省档案馆藏，J007—006—005。

说明：宁波专区"独立劳动者"和"其他"两项的统计数据与其下各县之和不符，故标上"*"。计算时，仍按照原数据。

表 3-3 呈现出来的信息量巨大，纷繁复杂，笔者既不可能也无资料逐一说明各地的情况，只能就其中两个奇怪的现象作出解释。其一，为何温州专区渔霸的数量是全省最少？其二，为何海洋渔业发达的舟山专区鱼行主的数量偏少？

温州专区渔霸数量少，是因为当地渔改时对渔霸的界定十分严格。中共温州地委规定，凡是政治上霸占一方（即一村、一乡、一业或霸占洋面、渔场、渔港、码头），经济上垄断把持，为广大渔民痛恨者，才划为渔霸；如果只有经济上垄断而无政治上霸占一方，虽有某些压榨恶霸行为而为群众不满者，不按渔霸论处。① 渔霸数量少的现象透露出1952—1953年温州专区的渔改并不彻底，有的渔乡甚至没进行过渔改，② 所以才有了1955年的渔改补课（见本章第三节）。

舟山专区鱼行主数量少，与中共舟山地委的政策有关。中共舟山地委认为，鱼行老板"必须分别对待，因为这些鱼行老板有大有小，罪恶有轻有重，而其原来政治上的罪恶与解放后的表现也有所不同"，划为鱼行主成分者需满足"雇用三人以上剥削为主，并达到当地地主生活水平"的条件；至于自己经营或临时雇用一二人帮忙，虽有垄断把持和某些压榨行为，但在新中国成立后从事正当职业，则不能按照鱼行主的成分来对待。③ 换言之，大部分从事过鱼行经营，但新中国成立后转业的人一般不被定为鱼行主。

根据表3-3计算整理，制成"浙江各地区海洋渔民阶级成分比重表"。分析表3-4，可知不同专区之间各种阶级成分比重的差异较大，专区内部各县之间的差异极大。此处简单比较渔业资本家、独立劳动者、贫苦渔民和渔工四者（一些成分特别不全的县不包括，如余姚、绍兴等）。整体来看，渔业资本家的人数在各地所占比重极低。独立劳动者的比重普遍在10%—20%，其中较高的是温州专区的温州市、平阳和瑞安，均在30%左右；最低的是台州专区的黄岩，只有2.71%，宁波专区的奉化和舟山专区的定海也偏低。贫苦渔民和渔工是各地渔业生产中的主要力量，有的地区两者比重相差不大，

---

① 浙江省水产志编纂委员会编：《浙江省水产志》，中华书局1999年版，第421页。

② 根据1955年的统计，温州专区（当时台州专区已经撤销，部分辖县并入了温州专区）180个渔乡，经过土改、渔改基本解决问题的有141个，经过渔改但不彻底的有16个，未进行渔改的有23个（不包括新解放的6个海岛乡）。参见中共浙江省委农村工作部《浙江省渔业民主改革情况和意见》，1955年，浙江省档案馆藏，J007—007—009。

③ 中共舟山地委：《有关渔民改革政策问题的报告》，1953年6月25日，舟山市档案馆藏，5—1—7。

有的地区非常悬殊。如台州专区的三门、黄岩，温州专区的洞头、乐清、永嘉、瑞安，宁波专区的上虞，贫苦渔民所占比重优势明显。而台州专区的温岭，温州专区的玉环、温州市，舟山专区的普陀，宁波专区的奉化，则是渔工占相当大的比重。渔工数量多，可以推测当地以大中型渔业生产为主，雇佣关系比较发达。①

表3-4　　　　　　浙江各地区海洋渔民阶级成分比重表　　　　　　（%）

成分 地区	鱼行主	渔业资本家	独立劳动者	贫苦渔民	渔工	渔霸	其他
台州专区	0.41	0.56	15.70	31.51	49.67	0.95	1.20
三门县	0.05	0.52	16.68	72.07	4.12	3.28	3.28
临海县		0.47	13.14	31.92	54.45		0.02
海门区		2.19	20.03	36.76	40.74		0.27
黄岩县	1.08		2.71	69.62	24.41		2.17
温岭县	0.73	0.50	17.43	16.91	62.08	1.02	1.32
温州专区	1.37	0.89	26.33	47.00	23.85	0.12	0.43
玉环县	1.73	1.18	20.00	18.78	57.78	0.13	0.40
洞头县	2.00	0.67	20.59	57.90	18.56	0.17	0.10
平阳县	0.86	1.11	33.17	47.40	16.79	0.06	0.62
乐清县	2.22	0.05	23.30	64.51	9.45		0.46
永嘉县	0.55	0.44	17.59	70.63	9.64	0.33	0.82
瑞安县	1.61	0.76	29.36	53.52	14.52	0.22	
温州市			34.95	2.91	62.14		
舟山专区	0.59	1.10	15.28	30.09	52.01	0.19	0.73

---

① 独立劳动者、贫苦渔民、渔工的划分主要是根据生产工具的占有情况。各地三者比重的差异，实际与当地渔业生产方式密切相关。所以，如果要具体分析某地为何贫苦渔民或渔工是渔业生产中的主力，又或者独立劳动者的比重很大，就要了解当地的渔业生产方式，以及不同生产方式对工具、人数、技术等的要求。此外，还要注意社会经济结构、渔业资源状况对生产方式的影响。总之，相关分析十分复杂，既要有史学研究的功底，又要掌握一定的水产知识，同时得结合田野调查。由于资料有限，笔者只是描述现象，不进一步展开。

续表

成分 地区	鱼行主	渔业资本家	独立劳动者	贫苦渔民	渔工	渔霸	其他
嵊泗县	0.96	0.55	22.46	32.23	43.45	0.28	0.08
岱山县	0.52		16.47	42.49	39.74	0.04	0.74
普陀县	0.52	2.27	11.01	15.56	69.19	0.27	1.17
定海县	0.04	1.33	8.39	47.74	41.84		0.66
宁波专区	0.59	1.24	13.81	42.44	29.14	0.84	11.94
象山县		0.69	15.61	45.87	37.11	0.37	0.35
奉化县	0.58	4.90	8.07	12.87	68.97	0.29	4.32
宁海县	0.91	1.50	19.26	49.62	25.69	2.72	0.31
慈溪县	100						
上虞县	0.40		19.74	77.73	1.42	0.10	0.61
余姚县	22.22		77.78				
鄞东特区	0.86	3.01	16.79	27.40	51.65		0.29
庵东特区	100						
绍兴县	1.39		2.78	95.83			
全省	0.81	0.96	18.72	37.80	38.82	0.40	2.49

资料来源：据本书表3-3中数据计算制作。

即便渔改时各地将绝大部分渔民归入到不同的阶级成分中，建立起一套新的身份识别体系，但在渔改过程中，"各地的政策思想是极不一致的"①。之所以出现这样的情况，是因为渔民阶级的划分缺乏统一的明文规定。1953年10月，中共台州地委巡视组在调查温岭石塘镇后指出："目前存在最大问题，就是阶级划分和待遇问题，目前的确定都是没有明文规定的，群众也是不明确的。"② 当时为何不

---

① 中共浙江省委农村工作部：《沿海渔区的基本情况》，1953年4月23日，浙江省档案馆藏，J007—005—017。
② 中共台州地委巡视组：《温岭石塘镇渔业经济情况调查》，1953年10月，台州市档案馆藏，J013—005—029—167。

出台相关文件，大概是由于省级主管部门此前长期忽视渔民工作，对海洋渔业的情况比较陌生，加之各地渔业生产方式差异较大，所以只能让地方干部去自行判断。

最为典型的是渔业资本家的判断问题。中共浙江省委农村工作部在1953年11月的报告中承认："什么是渔业资本家的问题，过去我们在渔业生产上，未掌握住渔业生产因为一两个人是没法进行，因而在渔业上的独立劳动者，他在制一只船之后，光他自己的劳动力是不够，因此他必须采取雇佣的方式或互助的形式找另外几个劳动（力）和他一起在他的船上生产，我们未掌握这种情况，因而见他雇着工人就将他列成了渔业资本家。"报告中还指出："对鱼行不另划作一个阶级，一般可按商业资本家待遇，其封建性剥削应予废除。"① 不难发现，中共浙江省委农村工作部对海洋渔业生产的认识经历了从陌生到逐渐熟悉的过程，而渔改时确定的成分并非最终结果，在此后的基层实践中仍有一些变化。例如报告所提到的鱼行主成分，鉴于鱼行基本完成了改造，鱼行主普遍转向其他行业，与渔业生产的联系割断，因此不再作为一种阶级成分，相关人员被归入到商业资本家中。

地方政府在确定沿海渔民阶级成分的过程中，虽然仿照了农村中各阶级成分的定义，但又结合海洋渔业生产的特点，特别强调生产工具的占有。与农民阶级成分以土地占有情况为主要判断标准不同，生产工具占有情况是区分渔民阶级成分的重要标准。通过土改、渔改，渔民最终获得了新的标签，即阶级成分。这表明政府在沿海渔区成功构建了一套渔民身份体系，并形成了新的政治序列，同时也意味着基层动员组织的效率得以提升，进而为大规模的海洋渔业合作化以及合作化过程中渔民的政治差别化待遇奠定基础。

---

① 《中共浙江省委农村工作部关于全省第二次沿海渔区工作会议向省委的报告》，1953年11月3日，载浙江省水产局《浙江渔业史》编辑办公室编《水产工作文件选编（1950—1985年）》上册，1987年印，第43—44页。

第三节 谁能入社与以何入社

关于浙江海洋渔业合作化的过程，现有史志已有详细描述。① 浙江的海洋渔业合作化从 1951 年开始，渔民的生产组织形式有渔业互助组、初级渔业合作社、高级渔业合作社。最初以发展渔业互助组为主，1952 年下半年开始试办渔业合作社。从 1954 年秋冬起，渔业合作社成为主流，大部分互助组合并升级成初级社。到 1957 年，绝大部分渔民参加了高级社。海洋渔业合作化是一个非常复杂的历史进程，具体到不同地区，合作化的进展、特点、问题等差异较大，合作社的经营管理也各有特色。本节主要从渔民入社与工具入社两个角度进行考察，并探讨技术在其中扮演的角色。

一 渔民的入社资格

渔民的入社资格，即是否能够参加互助合作组织，首先与自身的阶级成分密切相关。其中，较早提出渔民入社资格问题并引起中央注意的是福建。

福建平潭县是海岛地区，人多地少，土改中沿海地区将地主的土地全部没收，只分给捕鱼工具。1952 年春，该县推广渔业互助，但不吸收地主参加互助组，地主即自行与渔业资本家合股经营。虽然当地派民兵随船下海监视生产，但感到很不方便，后经县领导同意，准许这些地主加入渔业生产互助组。1952 年 8 月 23 日，中共福建省委将该情况报告给华东局，认为"原则上不应允许地主参加渔业生产互助组，但可允许未分得土地的地主与渔业生产互助组一起

---

① 张立修、毕定邦主编：《浙江当代渔业史》，浙江科学技术出版社 1990 年版，第 207—222 页；浙江省水产志编纂委员会编：《浙江省水产志》，中华书局 1999 年版，第 422—428 页。

劳动……地主不能成为互助组组员",并指出渔业资本家不得参加渔业生产互助组或合作社,已经参加互助组的富渔民一般不用退出,但不能在组内担任领导。华东局基本同意上述意见,又特别补充强调地主在互助组内劳动"绝不等于允许地主加入渔业生产互助组"。华东局在批复中共福建省委的同时,并上报中共中央。中共中央在回复中同意华东局的意见。① 平潭县这些完全失去土地,靠下海捕鱼为生的地主,实际上也就成了渔民,但他们和渔业资本家一样都没有参加渔业生产互助组的资格。

　　1953年年初召开的第三次全国水产会议专门讨论了渔民参加渔业互助合作组织的资格。会议总结中指出:"渔业生产互助合作组织应以渔业工人(没有生产工具,受人雇佣者)为骨干,独立劳动者(自己有可以维持生产的工具,单干或与其他渔民合作的生产,其中有因劳力不足,雇佣少数辅助劳动从事生产,其收入非依靠剥削为主要来源者)为基本群众。但富裕渔民仍雇有渔工,有剥削关系存在,则不能参加,若自愿不雇人,去掉剥削,自己直接参加劳动,要求加入互助合作并经组员同意,方可准许参加,但不得担任领导权。其外如渔业资本家、大船主、封建的渔霸、鱼行主、地主等均不能参加互助合作组织。"② 由于当时各地渔民阶级成分的类别不尽相同,所以总结报告在将入社资格限定为渔业工人和独立劳动者的同时,又专门注明两者的特点,另外指出富裕渔民可以有条件入社,其他成分则完全被排除。

　　到1954年春,第四次全国水产会议统一了渔民阶级的划分,同时明确合作化的政策以及互助合作组织的准入资格。渔改打倒

---

　　① 《中共中央关于渔业生产互助中对待地主、富渔民和渔业资本家政策问题给华东局的批复》,1952年9月16日,载中央档案馆、中共中央文献研究室编《中共中央文件选集(1949年10月—1966年5月)》第9册,人民出版社2013年版,第416—419页。

　　② 《第三次全国水产会议总结》,1953年2月4日,载农牧渔业部水产局编《水产工作文件选编(1949—1977年)》上册,1983年印,第20页。

渔霸后，渔业生产中有四个阶级，即渔工、贫苦渔民、一般渔民和渔业资本家；在渔业的社会主义改造中，政策是"依靠渔工和贫苦渔民，巩固地团结一般渔民，利用、限制、改造渔业资本家"；互助合作的对象是渔工、贫苦渔民和没有雇工生产的一般渔民，以渔工和贫苦渔民为骨干，渔业资本家不能参加互助合作组织。①

从政策阐释层面来看，浙江在关于渔民入社资格问题上遵循中央的政策，允许独立劳动者或一般渔民参加集体经济组织，排斥渔业资本家。例如1953年9月召开的浙江省第二次沿海渔区工作会议明确独立劳动者可以参加互助组；1954年8月召开的浙江省第四次沿海渔区工作会议指出要团结一般渔民参加互助合作组织，渔业资本家不得加入。②但从具体实践来看，浙江各地渔民的入社情况以及享受到的待遇差异很大。

渔工和贫苦渔民本是合作化所要依靠的力量，但他们一般缺乏资金和生产工具，经济条件差，在一些地区受到歧视、排挤。洞头县北沙乡渔工、贫苦渔民在商讨组内事情时不敢发表意见，说："无钱无船不要讲话。"③玉环县有的渔业合作社公开提出"船新网好，有钱，技术高的人才允许入社"，致使被排斥的渔工和贫苦渔民对合作社干部严重不满。④平阳县方城乡有200多户渔工、贫苦渔民因没

---

① 刘瑞龙：《全国第四届水产会议渔业生产互助合作问题总结——试论渔业生产互助合作问题》，1954年3月，载农牧渔业部水产局编《水产工作文件选编（1949—1977年）》上册，1983年印，第28—29页。

② 《中共浙江省委农村工作部关于全省第二次沿海渔区工作会议向省委的报告》，1953年11月3日，载浙江省水产局《浙江渔业史》编辑办公室《水产工作文件选编（1950—1985年）》上册，1987年印，第43页；《高部长在全省第四次沿海渔区工作会议上的报告》，1954年8月8日，浙江省档案馆藏，J007—006—006。

③ 中共温州地委渔盐部：《关于大渔、北沙两乡渔业互助合作运动中存在问题的通报》，1954年10月25日，温州市档案馆藏，95—1—1。

④ 中共玉环县委渔盐部：《玉环渔区秋前十九个社的整顿工作总结报告》，1955年11月26日，温州市档案馆藏，87—7—76。

有资金和工具，无法入社（组）而失业。① 该县大渔乡第四社对要求入社的互助组提出苛刻条件，有意限制船网旧、劳力差的组入社；石砰乡有 6 个组 45 户渔民因船网破旧而不能入社。②

一般渔民是团结的对象，可以参加互助合作组织，拥有社员的基本权利，在合作化初期甚至掌握了一些互助组的领导权。夸张的如宁海县 1953 年成立的 13 个互助组，其中有 12 个由一般渔民领导，并得到了贷款扶持，但由于内部不团结而最终全部垮台。③ 1954 年以后，各地开始对一般渔民进行限制。温州有不少渔业合作社干部认为一般渔民向来雇佣渔工进行生产，是剥削阶层。合作社在分配生产收入时，一般渔民的工具分红金额非常少，利益严重受损。有的一般渔民提出意见，干部就加以批评。如玉环县长屿乡干部对个别一般渔民说："你有剥削，知道不知道？"温岭县陈夏生合作社干部甚至威胁一般渔民："你们考虑考虑通不通，三分钟。"④ 平阳县大渔乡召开会议时，公开宣布一般渔民不能当组长、社长，还不让其参加会议，引起一般渔民不满，甚至批评指责政府。⑤

渔民入社及待遇问题上所呈现出来的状况，与海洋渔业的特点有密切关系。明清以后，随着生产规模的扩大与分工协作的深化，海洋渔业越来越呈现资本化的特点，劳力的雇佣、出海物资的准备、

---

① 《温州专区一年来渔业互助合作情况汇报（纪录）》，1954 年 7 月 18 日，浙江省档案馆藏，J007—006—035。

② 中共平阳县委渔盐部：《平阳县沿海地区渔业合作化整顿巩固与发展情况及今后大体规划的报告》，1955 年 12 月 3 日，温州市档案馆藏，95—2—9。

③ 中共浙江省委农村工作部：《第四次沿海渔区工作会议的报告》，1954 年 8 月 29 日，浙江省档案馆藏，J007—006—006。

④ 中共温州地委渔盐部：《关于当前渔业合作化存在问题的通报》，1955 年 3 月 29 日，温州市档案馆藏，95—2—3。

⑤ 《一九五四年浙江渔业生产工作初步总结》，1954 年 11 月 1 日，载浙江省水产局《浙江渔业史》编辑办公室编《水产工作文件选编（1950—1985 年）》上册，1987 年印，第 74 页。

渔船的修造等均需投入大量资金。以雇佣劳动为特征的长元制逐渐成为浙江海洋渔业生产中的主流经营模式。长元大多拥有生产工具并积累了一定的资本，雇工下海生产，主要对应阶级话语中的渔业资本家和一般渔民。特别是一般渔民，虽然在数量上"占总渔户的百分之二十左右，但他们却占有工具百分之七十左右"，而且掌握了主要生产技术，① 代表较为先进的生产力，是浙江海洋渔业生产中的重要力量。因此，对政府来说，"一般渔民有工具、有技术，团结到我们这一方面来对我们是有利的"②。至于渔工和贫苦渔民，普遍缺乏生产工具，"让贫苦渔民和渔工合作，是合作不出道理来"，并且国家无法给他们大规模造船，"所以应当组织贫苦渔民、渔工和一般渔民合作"③。新中国初期国家对海洋渔业的财政投入有限，渔业合作社的生产资金和生产工具主要依靠内部解决。前述排挤渔工与贫苦渔民、限制一般渔民收入的现象，实质上都反映了互助合作组织建立与发展过程中对经济效益的追求。

根据政策，渔业资本家不能参加合作社，但各地并不严格执行。舟山专区普陀县蚂蚁乡规定，对放弃剥削、参加劳动且无政治问题的渔业资本家，允许其入社当社员，但不能担任领导。④ 据宁波专区五个渔业合作社的统计，内有渔业资本家、地主、反革命分子27人，其中有10人被吸收为社员。⑤ 温州专区渔业资本家、鱼行主、

---

① 张立修：《努力完成今年的渔业生产任务》，《浙江日报》1955年2月22日第2版。
② 《高部长在全省第四次沿海渔区工作会议上的报告》，1954年8月8日，浙江省档案馆藏，J007—006—006。
③ 《中共中央农村工作部杜润生秘书长在渔业工作座谈会上的总结报告（记录稿）》，1954年12月11日，载农牧渔业部水产局编《水产工作文件选编（1949—1977年）》上册，1983年印，第57页。
④ 浙江第三次沿海渔区会议大会秘书处：《印发"蚂蚁乡的渔业生产合作社"的通知》，1954年2月8日，浙江省档案馆藏，J007—006—005。
⑤ 中共宁波地委渔盐部：《关于召开沿海渔区干部会议的总结》，1955年4月12日，宁波市档案馆藏，地8—2—1。

地主等参加渔业合作社的情况也相当普遍。温岭县石塘镇 7 个渔业合作社（1152 户、1275 人），其中渔业资本家、鱼行主、地主等 20 人。① 玉环县有不少合作社争相吸收渔业资本家参加。坎门一个渔业资本家要求入社，当地民主社与海胜社的干部都想争取他，双方甚至发生了冲突。该县长屿乡的合作社曾把一个在互助组内有过破坏行为的渔业资本家开除，但后来又重新吸收入社。②

渔业资本家在合作化前一般是中型或大型渔业生产的经营者，资本相对雄厚且拥有较多渔具，雇佣渔工生产。少数渔业资本家也下海参加劳动，亲自指挥或监督渔业生产，有着较强的捕捞技术。据浙江省农林厅水产局水产资源调查队在舟山沈家门的调查，当地渔业资本家丁阿德家里有 9 口人，屋 6 间，田 9 亩，蕃茹地 2 亩，雇工耕种；2 只渔船出租，每年租金收入计大米 40—100 石，2 只渔船自己经营，雇工 13—14 人进行生产；该渔户生活富裕，虽然其长子经营冰鲜船并参加带鱼汛生产，但剥削收入远超劳动收入。③

对渔业资本家来说，阶级的划分使其社会地位下降，渔改以后原来的经营方式不易维持，选择加入集体经济组织不失为明智之举。对一些互助组或合作社来说，主动利用渔业资本家的渔具并进行限制，可以减少生产成本的支出，有利于集体经济的发展。舟山渔业资本家的船租就被严格限制，不得超出政府规定的租金，否则要进行经济惩罚；互助组在租用渔业资本家船只的同时，并代为修理以防止偷工减料，修理费用在租金中扣除，渔业资本家未经互助组同

---

① 中共温岭县委渔盐部：《一九五五年上半年渔业生产工作总结》，1955 年 7 月 1 日，温州市档案馆藏，87—7—76。
② 中共玉环县委：《渔区工作情况的讨论报告》，1955 年 6 月 25 日，温州市档案馆藏，87—7—76；中共温州地委渔盐部：《关于当前渔业合作化存在问题的通报》，1955 年 3 月 29 日，温州市档案馆藏，95—2—3。
③ 浙江省农林厅水产局水产资源调查队：《沈家门水产资源调查综合报告》，1952 年，浙江省档案馆藏，J122—004—009。

意不得抽回已租用的船只。① 在温岭县，渔业合作社对于渔业资本家的工具存在不付或少付租金的现象，有的社甚至未确定租金，想"白使白用"，以此减少成本开支。②

从经济角度来看，渔业资本家和一般渔民由于占有大量生产工具并掌握一定资金，在海洋渔业生产中起到主导作用。但从政治角度来看，他们的地位不如渔工和贫苦渔民，不是政策照顾的对象。所以在走向合作化时，各地也出现了渔业资本家、一般渔民逃避集体生产经营的现象。平阳县大渔乡于1953年春组织渔船到福建生产，以编组后的分队为单位进行生产收益的平均分配，结果造成渔业资本家和一般渔民的恐慌，之后不肯将大量资金投入集体生产，并自行合伙经营。③ 海门区有的渔业合作社为了减少开支，不将一般渔民的渔船折价入社，而是采取租用的方法，但支付的租金偏少，影响了一般渔民的生产积极性，有的说："我船藏了不给你们生产，看你们有什么办法！"④

整体而言，温州专区在渔民入社资格问题的处理上与上级政策有较大偏差，所以排斥渔工、贫苦渔民，吸收渔业资本家入社的现象大部分发生在该地。究其原因，主要是1949年以后国民党占据浙南沿海主要岛屿，国共双方长期对抗，致使当地形势错综复杂。普通民众面临战争的威胁和敌方人员的活动，经常接受真假难辨的讯息，基层干部在工作中存在保守畏难的情绪，对某些政策的执行并

---

① 中共舟山地委：《关于三位一体的阶级政策》，1954年1月，载舟山市档案局、舟山市史志办公室编《中共舟山地委文献选编（1953—1958）》，2016年印，第75—76页。

② 中共温岭县委渔盐部：《渔业互助合作发展情况和当前存在问题检查报告》，1955年5月5日，温州市档案馆藏，95—2—9。

③ 《中共温州地委转发平阳县大渔乡渔业生产中存在几个问题的报告》，1953年6月5日，载中共温州市委党史研究室编《中共温州地（市）委文献选编（五）》，中共党史出版社2013年版，第337页。

④ 中共海门区委：《海门区渔业生产工作报告》，1955年6月17日，温州市档案馆藏，87—7—76。

不坚决。中共浙江省委农村工作部曾在 1953 年 4 月指出："温、台地区，因为地近匪区，陆地反革命积极破坏，造谣、放火、剪电线、装鬼叫、张贴反动标语、煽惑儿童呼喊反动口号，甚至投石打我们岗位。群众因发动很差，又恐惧敌人，表现中立。"① 从社会治理角度来看，新政权在浙南沿海的施政受到了明显影响，特别是越到基层，工作推进的难度越大。政府发起的各类运动经常被消解于基层，无法有效展开，其中比较典型的就是 1952—1953 年的渔区民主改革。渔改没有取得政府预想中的效果，因此海洋渔业合作化的群众基础并不稳固。1955 年上半年国民党军队从外围岛屿撤退后，沿海的局势趋于稳定，政府随即在渔区进行了民主改革补课。

1955 年 8 月，中共温州地委渔盐部下发通知，要求各县渔盐部和渔区工作干部必须配合公安、司法部门，发动群众，抓捕反革命分子，揭发地主、渔霸及反革命分子的罪恶，进行控诉斗争，通过镇反、渔改补课"消灭落后的乡村"②。从中可见，当时与渔改补课一同推进、互相配合的还有镇压反革命。以渔改不彻底的玉环县为例，1955 年专门成立了中共玉环县委渔区民改委员会，组织工作组并进行干部的集中培训。通过镇反和渔改补课，玉环县在坎门、前台、后台、花坪四个乡镇逮捕恶霸 2 人，渔霸 9 人，反革命分子 15 人，刑事犯 11 人，先后召开 5 次民主反霸斗争大会，发动群众 2.2 万余人次，培养苦主 60 多名，对渔霸和渔业资本家等 16 人进行面对面的斗争。玉环县又重新划分渔民阶级，全县 5976 户专业渔民划为渔工、贫苦渔民 4435 户，一般渔民 1390 户，渔业资本家 138 户，渔霸 13 户。③ 对比"浙江各地区海洋渔民阶级成分户数统计表"中

---

① 中共浙江省委农村工作部：《沿海渔区的基本情况》，1953 年 4 月 23 日，浙江省档案馆藏，J007—005—017。
② 中共温州地委渔盐部：《关于渔业工作几个问题的通知》，1955 年 8 月 4 日，温州市档案馆藏，95—2—2。
③ 王志统：《渔区民主改革运动》，载玉环县政协文史资料委员会、玉环县水产局编《玉环文史资料》第 16 辑《渔业专辑》，2000 年印，第 111—112 页。

玉环县的数据（渔工3172户、贫苦渔民1031户、独立劳动者1098户、渔业资本家65户、鱼行主95户、渔霸7户，其他22户，总计5490户），可知已经取消了"鱼行主"这一成分，"独立劳动者"改成了"一般渔民"。虽然各类阶级成分的户数都有所增加，但渔业资本家、渔霸增加的比例更为显著。

同时，浙江沿海各地还对渔业合作社进行整顿，严查社员的成分与资格。1955年8月，中共宁波地委渔盐部提出："地主、资本家、富农、反革命分子、剥夺政治权的敌对分子一律不准入社，如要吸收必须经过省委批准，现已混入社内的，必须坚决予以清洗。"① 9月，中共舟山地委主张按照两种情况来处理渔业合作社中的渔业资本家：一种情况是在基础好、领导强的渔业合作社中，对已接受改造的渔业资本家可以让其继续在社内劳动，但是没有选举权、被选举权和发言权，对有破坏行为的渔业资本家则要清洗出去；另一种情况是在基础弱的渔业合作社中，要将渔业资本家及反革命分子都清洗出去。②

在温州专区，中共温州地委渔盐部指出要"毫不犹豫地把资本家、地主、其他剥夺政治权利分子，从社内清洗出去。并对其中有严重破坏行为的不法分子，进行必要的处理"③。通过对洞头县半屏乡渔霸、反革命分子等在渔业合作社内活动情况的调查，中共温州地委渔盐部进一步要求："务必坚决、干脆地将混入社（组）内的渔业资本家、渔霸和反革命分子清除出去，任何犹豫、顾惜都是极端错误的，并必须坚决执行，五八年前或合作社还不巩固的情况下，

---

① 中共宁波地委渔盐部：《关于在渔业生产合作社内继续宣传与贯彻互利政策的初步计划》，1955年8月16日，宁波市档案馆藏，地8—2—1。
② 中共舟山地委：《关于渔业互助合作若干具体政策讨论的意见》，1955年9月1日，载舟山市档案局、舟山市史志办公室编《中共舟山地委文献选编（1953—1958）》，2016年印，第229页。
③ 中共温州地委渔盐部：《对现有渔业社的整顿巩固工作和合作化运动大体计划的初步意见》，1955年9月15日，温州市档案馆藏，95—2—2。

一个也不吸收他们入社。"① 在政策的驱动下，各县开除了不少成分有问题的社员。如温岭县开除渔业合作社中地主8人，鱼行主14人，渔业资本家25人，政治复杂分子31人。② 玉环县仅在四个乡的渔业合作社中就开除地主和渔业资本家19人，政治不纯分子12人。③ 乐清县在渔业合作社的整顿中开除不纯分子14人，其中反革命分子2人，惯匪3人，富农4人，渔业资本家1人，贪污分子1人，伪保长1人，其他不纯分子2人。④

渔业合作社整顿中对入社渔业资本家等的开除，不过是一种权宜之策。很快到1956年，随着渔业合作社的巩固，渔业资本家等的入社问题又再次被提出。

1956年2月召开的浙江省第六次沿海渔区工作会议放宽了渔业资本家、地主的入社条件："劳动生产、安分守法、表现较好的，可以允许他入社，作为社员。表现一般好，允许他们入社，作为候补社员。表现落后反动的，由乡人民委员会交合作社管制生产，如有破坏行为者，还应当受到法律的制裁。"但加入合作社的渔业资本家、地主，一定时期内不得在社内担任职务。⑤ 由于政策的变化，1956年各地又逐步吸收渔业资本家、地主等入社。例如温州专区，不少合作社对地主、渔业资本家等存在"大呼隆的吸收"情形，⑥

---

① 中共温州地委渔盐部：《警惕渔业资本家及反革命分子的破坏活动》，1955年11月18日，温州市档案馆藏，95—2—3。

② 中共温岭县委渔盐部：《关于渔区情况的调查报告》，1955年10月1日，温州市档案馆藏，87—7—76。

③ 中共玉环县委渔盐部：《玉环渔区秋前十九个社的整顿工作总结报告》，1955年11月26日，温州市档案馆藏，87—7—76。

④ 中共乐清县委渔盐部：《乐清县渔业生产合作社第一次整顿巩固工作总结》，1955年12月10日，温州市档案馆藏，95—2—9。

⑤ 浙江省农业厅水产局：《翟作标处长在第六次沿海渔区工作会议上关于合作化问题的发言》，1956年2月20日，浙江省档案馆藏，J122—008—002。

⑥ 中共温州地委渔盐部：《如何在渔区贯彻执行中共中央国务院"关于加强农业生产合作社的生产领导和组织建设的指示"的意见》，1956年11月7日，温州市档案馆藏，95—3—1。

"极大部分地区，对渔业资本家采取了全部吸收到社内来的办法"，像温岭县105户渔业资本家全部参加合作社。①

政府通过阶级成分来区分渔民，并在合作化过程中给予不同的政治地位，使渔民的政治意识增强，但巩固集体经济组织更多地要从成本与效益角度考量。因此，即便渔工和贫苦渔民政治地位高，但由于经济条件差也在一些地区受到排挤；即便政策一度限制渔业资本家入社，但为了扩大集体经济基础也可以适当变通。当然，渔民的入社资格及其待遇只是在表象上反映了渔业合作社所面临的经济压力，而更能深刻揭示渔业合作社经济成本问题的则是生产工具入社。

二 生产工具入社

与农民主要以土地作为财富象征不同，渔民的经济实力反映在生产工具的占有上。从一般情况来看，海洋渔业生产工具的置办需要大量资金，在一些大型渔业生产中，有的渔民可能要通过十多年的辛勤劳作才能负担起打造一艘船的成本。对不少渔民来说，每年生产工具的维修费用也是一笔不菲的开支。所以，工具齐全、有船有网，表明了渔民经济条件的优越。渔民非常珍惜船、网，有的甚至把它们看得比个人生命还重要。

新中国成立初期，浙江有十余种主要的海洋渔业生产方式。这些不同的生产方式，其渔船、网具、技术等各有特点，作业人数从数人到十数人不等，各自的捕捞区域、季节与对象相对固定。② 例如大对船作业以捕捞小黄鱼为主，需要偎船与网船配合生产，船型较大，船上渔民14—16人，主要分布在宁波、舟山。又如小钓作业，采取延绳钓的捕捞方式，小钓船具有坚固耐浪、操作灵巧、稳定性

---

① 中共浙江省委农村工作部：《关于全省第六次沿海渔区工作会议的贯彻执行情况的检查报告》，1956年5月24日，浙江省档案馆藏，J122—001—004。

② 关于这些海洋渔业生产方式的基本情况，参见浙江省水产局编《浙江省水产统计资料汇编》，1955年印，第1—3页。

好、航速较快的特点，主要分布在浙南玉环、温岭、洞头等。①

总的来说，生产工具既是渔民经济地位的反映，又是海洋渔业生产方式的物质体现。在海洋渔业合作化中，生产工具的所有权问题显得至为关键，这有一个变化过程。

浙江的渔业互助组有三种形式。第一种形式是以一个生产单位为基础组织起来；第二种形式是几个生产单位联合进行生产、技术互助，但不统一分配；第三种形式是几个生产单位联合进行生产，并且经济上采取统一分配的方式，是过渡到渔业生产合作社的基本形式。②互助组内的生产工具仍属渔民个人所有，工具折股参与到分配中。如象山县的红头对船互助组以一对船为一个生产单位，每组三四对不等，进行生产互助。每个生产单位共有15股，其中船折作2股，网折作1股，参与生产的8个渔民按技术高低折成12股，生产收益按股数进行分配。③也有部分互助组的船、网是租来的，因此收益并不按股分配。如瑞安县的鳓网船互助组共有3只船27人，船和网由渔民共同租来，生产所得除去租金外，全部统一均分。④总之，互助组不改变生产工具的所有权，渔民带入组内的船、网一般按股分配生产收入，正常年景可以获得不错的收益。

互助组发展为合作社，生产工具需要折价入社。所谓"折价"，指的是根据新旧、好坏等情况，参照市场价格，对工具进行估价。渔业合作社在工具折价时，普遍出现了压价现象。从全省的情况来

---

① 浙江省水产志编纂委员会编：《浙江省水产志》，中华书局1999年版，第135、155—156页。

② 《一九五二年浙江省水产工作综合报告》，1953年1月20日，载浙江省水产局《浙江渔业史》编辑办公室编《水产工作文件选编（1950—1985年）》上册，1987年印，第32页。

③ 浙江省合作社联合社：《报送渔业材料供研究参考由》，1952年11月15日，浙江省档案馆藏，J126—015—039。

④ 浙江省合作社联合社：《报送渔业材料供研究参考由》，1952年11月15日，浙江省档案馆藏，J126—015—039。

看,"一般的压低20%左右,个别的压低50%以上"①。岱山县江南乡合作社一般渔民的一艘渔船,按市价应值4000万元,折价时却压低到2600万元。② 温岭县有的合作社按低于市价15%—20%将工具折价入社,玉环县甚至出现比市价压低50%左右的情况。③ 小钓作业是温岭县的主要海洋渔业生产方式,其钓线由苎麻编织而成,长度一般在百米以上,是一种重要的渔具。据调查,当地15个采用小钓作业方式的渔业合作社在对新钓线进行折价时,一般按每100市斤140—150元,而当地供销社的门售价格是180元。④

生产工具最终确定的价格是渔民与渔业合作社之间协调的结果。由于一般渔民占有的工具数量最多,而渔业合作社的领导权通常掌握在渔工、贫苦渔民手中,所以工具折价的过程更多表现为一般渔民与渔工、贫苦渔民的博弈。温州专区有的渔业合作社由于工具折价偏低,导致社内渔工、贫苦渔民与一般渔民的关系非常紧张,一般渔民投资与造船的积极性不高,发生了卖船、挥霍生产资金等情况。⑤ 舟山专区有较多的大型渔船,如大捕船、大对船、大流网船等。这些渔船及其附属工具价值高,在折价入社过程中成为重点评议的对象。有的县担心一般渔民抬高折价,专门组织三个工具评议小组轮番检查工具好坏,提出内定折价意见,并动员渔民主动降价。这一方法引起未入社的一般渔民不满,个别渔民得知情

---

① 《关于海洋渔业互助合作当前发展的基本情况及大力巩固合作社及在巩固的基础上发展的意见(纪录)》,1955年7月18日,浙江省档案馆藏,J122—007—005。
② 张立修:《努力完成今年的渔业生产任务》,《浙江日报》1955年2月22日第2版。
③ 翟作标:《再接再厉争取大黄鱼汛全面丰收》,《浙江日报》1955年6月2日第2版。
④ 中共温岭县委渔盐部:《渔业互助合作发展情况和当前存在问题检查报告》,1955年5月5日,温州市档案馆藏,95—2—9。需要注意的是,当时已使用新发行的人民币。
⑤ 《温州专区一年来渔业互助合作情况汇报(纪录)》,1954年7月18日,浙江省档案馆藏,J007—006—035。

况后偷偷把船卖掉。① 普陀县蚂蚁乡在建社过程中，一般渔民顾虑生产工具折价吃亏，而渔工主要是想压低折价。该乡原刘岳明互助组在工具折价时采取了 1952 年的市价标准，但 1953 年下半年船、网大幅涨价，结果引发了是按 1952 年还是按 1953 年市价折价的争论。另外又规定社员退社时不退其船只，致使一般渔民不愿将船折价入社。② 普陀县黄石乡渔业合作社在工具折价时，一般渔民蒋世泽有一艘大捕船，自报 3000 万元，但公议时定价 2800 万元，双方争论很久，最后增加了 50 万元。③

工具定价偏低显然是出于减少开支的需要，这反映了渔业合作社在建立初期面临的经济负担问题。而工具折价是要让工具所有者获得一定报酬，这是合作化过程中认可渔民工具所有权的体现。那么，在工具折价入社后，渔业合作社又是如何支付渔民报酬，工具的所有权是否会发生变化？综合浙江的情况来看，工具报酬的支付方式大致有四种：

> 1. 工具折价入社，逐步还本。在本未还清前，按银行利息付息（如海门区第一社）。这种办法，劳力报酬较多，对劳动者有好处，但有毛病，因开始办社，会阻碍社员投资，对增加船、网，改进工具，更快增加生产会受影响……
>
> 2. 工具折价入社，根据工具折价数，相当于每年船租出租的纯收入，规定利息，定期付息。这种办法，工具报酬较高一点……定期付息，如利息过高，会影响信用合作的发展，采用这办法好处避免了水涨船高，同时比较简单易行……

---

① 《舟山专区渔业互助合作发展巩固情况》，1954 年，浙江省档案馆藏，J007—006—035。

② 浙江第三次沿海渔区会议大会秘书处：《印发"蚂蚁乡的渔业生产合作社"的通知》，1954 年 2 月 8 日，浙江省档案馆藏，J007—006—005。

③ 《黄石乡渔业生产合作社总结报告》，1954 年 7 月 21 日，浙江省档案馆藏，J007—006—035。

3. 工具折价入社，按股分红。根据过去工具的纯收入大体规定多少一股，这办法如不采取定产后超产的产量工具股不分红的办法，容易水涨船高，定产后，超产部分不分红，可避免水涨船高。

4. 平均投资。船网入社后，作为基本股金，超出部分按银行利息，基本股金平均占有，不分红。这个办法最大的缺点是影响社的扩大与发展，一般基本股金拿不出不能入社……①

第四种方法主要是温州少数地区办社时所采用，阻碍了缺少工具或资金的渔工、贫苦渔民入社，② 不具有普遍意义，所以探讨前三种方法。简要归纳前三种方法，分别是还本法、付息法和入股法。还本法的优点是收益分配时劳力报酬比重高，体现了劳动这一生产要素在分配中的优先地位，但由于要付清工具的成本，加重了渔业合作社的经济负担，不利于公共积累的增加以及工具的改进。另外，"还本"意味着渔民失去工具的所有权，入社积极性降低。付息法既保障了工具的私人所有，又减少了渔业合作社的公共开支，同时避免了渔业生产丰歉对工具所有者收入的影响，简便易行。入股法一定程度上延续了互助组时期工具折股参与分配的方式，但如果工具参与超产部分的分红，渔业丰收后工具所有者的收入将大为增加，扩大社内的收入差距；如果不参与超产部分的分红，又很容易影响工具所有者的生产积极性。

浙江各地的渔业合作社在支付工具报酬时，大部分采用了付息法。根据1954年26个渔业合作社的统计，折价入社定期付息有16个，折价入股按股分红有6个，折价入社逐年还本有2个，平均投

---

① 《高部长关于沿海渔区互助合作座谈会的综合发言（记录稿）》，1954年8月1日，载浙江省水产局《浙江渔业史》编辑办公室编《水产工作文件选编（1950—1985年）》上册，1987年印，第66—67页。

② 《中共浙江省委农村工作部关于全省海洋渔业生产合作社座谈报告》，1954年11月5日，载浙江省水产局《浙江渔业史》编辑办公室编《水产工作文件选编（1950—1985年）》上册，1987年印，第82页。

股不分红 2 个。① 另据 1955 年 7 月对 211 个渔业合作社的调查，固定付息的社有 172 个，占 81.5%。② 至于利率标准，中共浙江省委农村工作部规定应参照银行存款利率，"一般应以相当于银行长期存款利息月利一分二为宜。个别工具报酬习惯较高或较低的地区，可稍高于或稍低于此标准，但最高不得超过月利一分五，最低不得低于月利一分"③。

付息法的推行减轻了渔业合作社的经济负担，有利于公共积累的增加。从全省来看，私有工具所得报酬在渔业合作社纯收入中所占比重很低，1955 年一般在 3%—6%；大多数渔业合作社的公共积累增长较快，约占全社资产总值的 40%，部分老社则占 70%—80%。④ 付息法还有效限制了工具所有者的收入，使按劳分配的原则能够得到较好贯彻。据舟山 1954 年冬汛对 54 个合作社的调查，劳力分红占分配收入的 94.38%，工具和资金付息占 5.62%；1956 年上半年 132 个渔业合作社的数据显示，劳力分红占分配收入的 97.8%，工具付息只占 2.16%。⑤

除了经济成本的考量以外，付息法被普遍采用也反映了合作化过程中政府与渔民的妥协。工具对渔业生产和渔民家庭的意义不言

---

① 《中共浙江省委农村工作部关于全省海洋渔业生产合作社座谈报告》，1954 年 11 月 5 日，载浙江省水产局《浙江渔业史》编辑办公室编《水产工作文件选编（1950—1985 年）》上册，1987 年印，第 82 页。

② 《中共浙江省委农村工作部关于我省海洋渔业几个问题的调查报告》，1955 年 10 月 26 日，载浙江省水产局《浙江渔业史》编辑办公室编《水产工作文件选编（1950—1985 年）》上册，1987 年印，第 91 页。

③ 《中共浙江省委农村工作部有关渔业生产合作社内部若干经济关系问题的处理意见（草案）》，1955 年 7 月 15 日，载浙江省水产局《浙江渔业史》编辑办公室编《水产工作文件选编（1950—1985 年）》上册，1987 年印，第 86 页。

④ 《中共浙江省委农工部关于全省第六次沿海渔区工作会议情况的报告》，1956 年 3 月 21 日，载浙江省水产局《浙江渔业史》编辑办公室编《水产工作文件选编（1950—1985 年）》上册，1987 年印，第 111 页。

⑤ 《舟山渔志》编写组编著：《舟山渔志》，海洋出版社 1989 年版，第 299—300 页。

而喻，如果贸然改变工具的所有权，将会激起一些渔民的不满，排斥合作社以及工具入社。例如玉环县有的合作社采取工具折价归公、逐步还本的办法，致使一般渔民对合作化顾虑重重，鸡山乡有一渔船上的渔民在海上打架，一般渔民骂渔工："黑良心的，靠共产党的势头抢我的工具。"在玉环县承认一般渔民入社工具的私有权后，当地社员闹退社的情况才基本得到解决。① 但是，渔业合作社承认工具的私有性质，并向渔民支付工具报酬，是政府的一种临时策略，主要是为了扩大集体经济的群众基础。正如1954年年底中共中央农村工作部秘书长杜润生所指出："给工具利润是否合理呢？从私有制讲是合理的，从社会主义制度讲是不合理的。但是，我们不给他利润他就不来了，就不能改变私有制。"② 等渔业合作社的公共积累达到一定水平，仍要变更工具的所有权，将私有工具公有化。

分析渔业合作社中工具的所有权问题，还有另外一种视角。如果合作社允许渔民在退社时带走其原来的工具，那么就表明工具的所有权仍属私人；反之，则变成集体所有。前述普陀县蚂蚁乡在建社时规定渔民退社时不退其船只，如果严格执行的话，意味着渔船的所有权已经转让给了渔业合作社。值得注意的是，蚂蚁乡强调的是渔船不能退，没有提及渔网或其他工具，也就是说渔网等可能仍属私人所有，允许渔民退社时带走。但按照1955年7月中共浙江省委农村工作部的规定，不管是渔船还是渔网，渔民退社时都可以带走，即"社员退社可带走原有工具，但应按退社时工具添修与耗损所发生的价值差额，多退少补"③。

---

① 中共玉环县委渔盐部：《玉环渔区秋前十九个社的整顿工作总结报告》，1955年11月26日，温州市档案馆藏，87—7—76。
② 《中共中央农村工作部杜润生秘书长在渔业工作座谈会上的总结报告（记录稿）》，1954年12月11日，载农牧渔业部水产局编《水产工作文件选编（1949—1977年）》上册，1983年印，第58页。
③ 《中共浙江省委农村工作部有关渔业生产合作社内部若干经济关系问题的处理意见（草案）》，1955年7月15日，载浙江省水产局《浙江渔业史》编辑办公室编《水产工作文件选编（1950—1985年）》上册，1987年印，第87页。

从政策上看，绝大部分入社的工具仍属私人所有是没有疑义的。问题在于，工具的私人所有是海洋渔业合作化过程中的阶段现象，政府最终还是要改变工具的所有权。另外，虽然允许渔民退社时带走工具，但渔民又是否真正可以自由退社，退社的可能性究竟如何，这些都是十分隐晦的。换言之，工具的私人所有即便被明确，但缺乏制度保障，各地是否尊重工具的私人所有也因政策执行情况而异。从深层次来看，由于合作化是一场群众运动，而群众运动往往复杂多变，夹杂着许多临时性的安排设计，这就使得运动过程中的绝大部分政策只是暂时的，主要是为了配合运动的推进，故而会随着形势的发展而变化。

上述工具入社，是就初级渔业合作社而言。1956年开始，各地的初级渔业合作社大部分合并成高级渔业合作社，生产工具所有权问题又凸显出来。一些渔业合作社采取缴纳公有化股份基金①的做法，对私有工具进行收买，以实现公有化。

根据各地的反馈，许多渔工、贫苦渔民并不认可缴纳公有化股份基金。如临海县草坦社渔工说："这样的高级社还是低级社好，高级社的政策对渔工不吃亏那就好了。"玉环县民主社渔工说："有钱人好入高级社，弄来弄去还是有钱人便宜，没钱人吃亏。"温岭县箬山社渔工说："渔工入高级社两手空空，还要出钱给一般渔民拿回家去，真是不合理。"因此在办高级社过程中，发生了渔工、贫苦渔民要求退社的情况，一般渔民则因工具被收买而获得了十分可观的收入。据舟山3个渔业合作社的调查，在社员认购公有化股份基金后，

---

① 合作社需要向社员征集股份基金，股份基金分为生产费股份基金和公有化股份基金两种。在农业生产合作社中，生产费股份基金用作生产开支，公有化股份基金用来收买社员的耕畜、农具等生产资料。而向合作社出卖耕畜、农具等生产资料的社员，可以用合作社所应付给他的价款抵交其所应交的公有化股份基金，抵交以后多余的部分由合作社补给社员，不足的部分由社员补交给合作社。参见《农业生产合作社示范章程草案》，1955年11月9日，载《当代中国农业合作化》编辑室编《建国以来农业合作化史料汇编》，中共党史出版社1992年版，第328页。

一般渔民平均能获得工具款 1010 元，多的如岱山县东沙社一般渔民邵阿毛得到了 4900 元。另据温州 3 个渔业合作社的调查，一般渔民平均能获得 221 元。温岭县石塘镇一般渔民黄妹九说："长元帽子摘掉了，钞票又拿到，真高兴！"一般渔民周良顺说："原来办高级社有顾虑，现在这样办了，还有哪个一般渔民不来呢！"①

渔工、贫苦渔民之所以不满甚至要求退社，是因为在渔业合作社公共积累较少的情况下，私有工具公有化的做法加重了他们的负担。渔业生产中最重要的是渔船，而渔船价格一般很高。与农村经过土改，土地再分配后各阶层占有数量相对均衡不同的是，渔改没有重新分配生产工具，初级社中一般渔民仍占有大量渔船。高级社如果要将这些渔船公有化，需要支付大笔钱款，而其中大部分只能靠社员缴纳。1956 年浙江估计渔工、贫苦渔民需要缴纳的公有化股份基金大约在 1000 万元，② 若以渔改时渔工、贫苦渔民合计约 7 万户的数量计算，则平均每户需缴纳 150 元左右。在海洋渔业最发达的舟山，1955 年集体经济组织中平均每个劳力年收入 400 元，人均只有 109 元。③ 显然，这对于绝大部分渔工、贫苦渔民来说是一笔很大的开支，有的根本无法负担。

针对这种情况，中共浙江省委农村工作部提出："渔业社对劳动渔民社员私有的工具，既不能不根据条件盲目地无代价归公，也不宜采用收买的办法。"考虑到大部分渔业合作社私有工具所得报酬在全社纯收入中所占比重很小，渔业合作社公共积累较快，建议"采取逐步过渡的办法，在增加生产、增加收入和增加公共积累的条件下，取得占有工具社员的自愿，由逐步地降低工具报酬直至取消工

---

① 浙江省农业厅水产局：《翟作标处长在第六次沿海渔区工作会议上关于合作化问题的发言》，1956 年 2 月 20 日，浙江省档案馆藏，J122—008—002。

② 《中共浙江省委农工部关于全省第六次沿海渔区工作会议情况的报告》，1956 年 3 月 21 日，载浙江省水产局《浙江渔业史》编辑办公室编《水产工作文件选编（1950—1985 年）》上册，1987 年印，第 111 页。

③ 《舟山渔志》编写组编著：《舟山渔志》，海洋出版社 1989 年版，第 402 页。

具报酬,实现渔业全社会主义性质的合作化"①。对那些原本拥有工具的渔民来说,此时他们已基本不可能退出合作社,只能接受相关安排,而工具报酬的降低直至取消,也就意味工具所有权的逐步丧失。②

1956年以后,由于海洋渔业生产良好,浙江渔业合作社的公共积累大幅增加。到1957年年底,舟山全区182个渔业合作社积累达1300多万元,温州全区145个渔业合作社积累达400多万元,全省渔业合作社的公共积累有2000万元左右。③公共积累的增加表明集体经济的基础得到巩固,各地高级渔业合作社也在1956年至1957年普遍成立。至此,生产工具折价入社后,其所有权实际上基本完成了从私有到公有的转化。

生产工具折价入社并实现公有化,是一个多方博弈的复杂过程。它既反映了工具所有权的变更,又显示了渔业合作社的发展壮大。渔民同意让渡生产工具由集体经济组织使用,参加集体生产与集体分配,这是海洋渔业合作化得以推进的重要基础。与此同时,渔业合作社逐渐建立起一整套较为完整的经营管理制度,如计划管理制度、劳动管理制度、财务管理制度、物资管理制度、收益分配制度等。④渔业合作社的普遍建立与社内制度的逐步完善,使海洋渔业生产力得以重新整合,集体经济形态也成为新中国初期海洋渔业经济的基本特点。

---

① 《中共浙江省委农工部关于全省第六次沿海渔区工作会议情况的报告》,1956年3月21日,载浙江省水产局《浙江渔业史》编辑办公室编《水产工作文件选编(1950—1985年)》上册,1987年印,第111页。

② 由于材料的限制,渔民对降低或取消工具报酬的态度不得而知,但按常理推断,部分渔民应当是有不满的情绪。而浙江渔民工具报酬的彻底取消,是在1962年。参见浙江省水产志编纂委员会编《浙江省水产志》,中华书局1999年版,第439页。

③ 唐巽泽:《乘风破浪,促进水产生产大跃进!》,1958年,浙江省档案馆藏,J007—010—077。

④ 关于这些制度的概述,参见宫明山、涂逢俊主编《当代中国的水产业》,当代中国出版社1991年版,第35—36页。

三 技术角度的解读

在新中国的国家规划中,合作社首先是基层经济组织,推进合作化是为了促进生产力与国民经济的发展。《农业生产合作社示范章程草案》中强调,"农业生产合作社是劳动农民的集体经济组织","发展农业生产合作社的目的,是要……克服小农经济的落后性,发展社会主义的农业经济,适应社会主义工业化的需要"①。同样地,在海洋渔业合作化中,前文所述的团结一般渔民、推动生产工具入社,实际上都具有发展海洋渔业集体经济的目的。除此以外,改进生产技术也是一种重要的手段。近些年研究者在讨论农业合作化时,注意到了其间乡村所发生的各类技术变革。② 至于海洋渔业领域,杨培娜的研究揭示出合作社体制下技术交流、信息共享在广东潮汕地区深海渔业增产中起到的作用。③ 本部分不仅考察浙江海洋渔业生产的技术交流、技术改革现象,还特别关注渔业生产收入分配中的技术要素,以此丰富合作化中"技术"的意义。

一般而言,在海洋渔业生产中,即便工具再好,如果没有较强的技术,那么也可能劳而无获。所以,技术强的渔民非常受欢迎,其收入自然也高于技术一般的渔民,而有着丰富经验的船老大可能会增加全船渔民的收入。渔业生产技术与收益直接挂钩,造成了技术的封闭性,很多渔民不会轻易将技术传授给外人,有的甚至只是父子代代相传。如舟山沈家门的渔民,"保守思想比较严重,自己有

---

① 《农业生产合作社示范章程草案》,1955年11月9日,载《当代中国农业合作化》编辑室编《建国以来农业合作化史料汇编》,中共党史出版社1992年版,第324页。

② 常明明:《农业合作化运动中农业技术改造考察》,《中国农史》2015年第4期;苏泽龙:《晋祠稻米——农业技术与乡村社会变迁研究》,商务印书馆2018年版。

③ 杨培娜:《新中国成立初期渔业合作化政策演进与海洋渔业发展——以广东潮汕地区为例》,《广东社会科学》2022年第1期。

经验技术，不教给别人"①。这不是沈家门的个案，而是一种普遍状况。合作化则试图打破渔业技术的封闭与垄断。

互助合作组织在加强渔民间生产经验与技术交流，促进技术传播方面起到了重要作用。以舟山为例，合作化开展以后，在政府的引导下，渔民不再强烈排斥技术交流与互助。渔汛期间政府召开技术交流大会，组织渔民去渔场勘察暗礁，互教互学，并直接调配技术人员，解决技术上的困难和老大不够的问题。1953年冬汛，各县互相调配技术人员530余人。1954年春，嵊泗、定海、岱山三县专门从普陀县请来100多名技术老大。② 嵊泗县五龙合作社曾派出41名有经验的渔民，帮助小洋山合作社培养了26名老大和技术人员，提升了该社的平均单位产量。③ 对政府来说，渔民的组织化程度越高，技术的交流与传播也就越为便利。

出海生产时，渔民们还会及时交流情况，传递渔情讯息。如1952年春汛期间，临海县项义品互助组的生产一度不好，组员们一起研究潮流、鱼群等情况，作出了正确的捕捞判断，最终获得生产丰收。④ 该县涂桃区有的互助组创造了洋面联系办法——白天以挂颜色旗为号，晚上以吹海螺为号，如果发现鱼群，立即互相通报。⑤ 乐清县有的渔业合作社也建立了捕鱼时的联络制度，芙蓉区红旗、联

---

① 浙江省农林厅水产局水产资源调查队：《沈家门水产资源调查综合报告》，1952年，浙江省档案馆藏，J122—004—009。
② 《舟山专区渔业互助合作发展巩固情况》，1954年，浙江省档案馆藏，J007—006—035。
③ 李秀成：《推广渔业生产的先进经验，发展渔业生产》，1955年12月，载中国共产党浙江省委员会办公厅编《一九五五年浙江农村工作经验汇编》，浙江人民出版社1956年版，第149页。
④ 中共浙江省委农委会工作组：《临海县的海洋渔业生产互助组》，《浙江日报》1952年11月2日第2版。
⑤ 中共浙江省委农村工作部第三处：《临海县涂桃区的渔业生产互助合作运动》，《浙江日报》1953年6月12日第2版。

盟等社采取"分散找鱼群，发现集中打"的办法。① 密切渔汛期间的海上联系，是当时的普遍做法。在技术水平不均的情况下，海上联系不仅能提高整体渔获量，还有利于平衡社内不同生产单位的产量，防止最高产量与最低产量之间相差过大，进而将渔民收入差距控制在合理范围内。

除了平衡产量外，渔业合作社又在同一生产单位内压低技术要素在生产收入分配中的权重。换言之，在渔船分工中，技术要求高、责任重的职务与技术要求低、责任轻的职务间的收入差距要比合作化以前缩小。合作社建立后，在宁波专区，"对技术人员（指老大）的评分比历史上合理的报酬普遍减少在20%以上"②。温岭县同样存在劳力报酬不合理的现象，"技术员劳力报酬比过去降低二厘至五厘，老大劳力报酬比过去降低一厘至三厘"③。平阳县一些渔业合作社的社员甚至认为，"老大坐那里安闲无事，不应多得，对于零碎工的反说他忙"④。对于担任相同职务的不同渔民，有的合作社在评工分时不区分技术水平差异。温岭县石塘镇第一渔业生产合作社规定，劳动力评分同档人马（指相同职务）一般不分技术好坏，"老大一般评作一股零八厘，后手（技术员）评为一股零七厘，头前和二个摇橹各评为一股"⑤。在不少合作社中，普通渔民收入的增长要比老大、副老大等明显。据乐清县黄华社的调查，1953年春汛老大、副老大、其他渔民的平均收入分别为201元、147元、101元，1955年

---

① 中共乐清县委渔盐部：《乐清县一九五五年渔业生产春汛工作全面总结》，1955年7月29日，温州市档案馆藏，95—2—8。

② 中共宁波地委渔盐部：《关于在渔业生产合作社内继续宣传与贯彻互利政策的初步计划》，1955年8月16日，宁波市档案馆藏，地8—2—1。

③ 中共温岭县委渔盐部：《渔业互助合作发展情况和当前存在问题检查报告》，1955年5月5日，温州市档案馆藏，95—2—9。

④ 中共平阳县委渔盐部：《平阳县渔业互助合作情况综合报告》，1955年7月5日，温州市档案馆藏，95—2—9。

⑤ 中共浙江省委农村工作部编：《石塘镇第一渔业生产合作社》，浙江人民出版社1954年版，第17—18页。

春汛则为 227 元、175 元、133 元,① 分别增长 12.9%、19%、31.7%。

表 3-5 反映了合作化以后普陀县木帆大对船渔民的工分情况。以偎船为例,工分最高的是老大,最低的是扳二桨,最高工分（14.5）是最低工分（5.5）的 2.6 倍。而民国时期当地大对船上最高工资是最低工资的 3 倍以上（见第一章第三节），可见收入差距确实缩小。如果从阶级成分角度来分析的话，老大中有不少是一般渔民，他们技术强，收入较高，在合作化前积累了一些生产工具。贫苦渔民、渔工大多技术一般，在渔船上担任次要职务，收入普遍较低。缩小社内工分差距，某种程度上反映了掌握领导权的渔工、贫苦渔民对一般渔民的限制。但应注意到，渔船上不同技术分工所造成的收入差异仍旧得以延续，这也是渔业合作社激励生产的方式之一。

表 3-5　　1955—1958 年普陀木帆大对船渔民职务工分表　　（单位：分）

技术职务（偎船）	工分标准	技术职务（网船）	工分标准
老大	14.0—14.5	老大	11.5—11.9
头多人	11.1—11.5	多人	9.8—10.0
车关多人	9.8—10.0	出网	10.5—11.0
火将	8.6—9.7	出袋	9.7—10.0
扳三桨	8.6—9.0	拖下纲	9.8—10.0
抛头锚	8.6—9.0	拔头片	8.0—9.0
跳头多人	8.6—9.0	跳头多人	8.7—9.0
扳二桨	5.5—5.7	备多人	6.7—7.1

资料来源：《普陀渔业志》编纂委员会编：《普陀渔业志》，方志出版社 2015 年版，第 402 页。

---

① 《中共浙江省委农村工作部关于我省海洋渔业几个问题的调查报告》，1955 年 10 月 26 日，载浙江省水产局《浙江渔业史》编辑办公室编《水产工作文件选编（1950—1985 年）》上册，1987 年印，第 91 页。

1955年下半年，浙江尝试纠正渔业生产中技术人员，特别是老大工分偏低的情况，但其效果似乎不明显。在处理渔业合作社内部经济关系问题时，中共浙江省委农村工作部明确提出要加强技术要素在收入分配中的权重，"渔业生产技术性较高，在计算劳动报酬时，技术条件应占着一定的重要的地位"①。为了发展生产和奖励技术创造，中共温州地委渔盐部要求纠正合作社内老大和技术人员报酬过低的现象，"对老大和技术员应当保持其过去合理股份的报酬，并可在不影响一般劳力收入的条件下适当增分"②。普陀县鲁家峙渔业生产合作社实行"定劳力、定工具、定工分、定成本、定产量"的"五定"生产责任制。在工分的评定中，参照合作化前的报酬情况，适当提高了老大和技术人员的工分，比如"大对作业以往三个二桨工分顶一个老大，现在二桨的工分平均是五分二厘五，就确定老大的工分为十四分五至十六分，比去年十四分到十五分的工分标准高了一分多"③。

技术改革是各地海洋渔业合作化中出现的普遍现象。在海洋渔业生产中，技术改革需要较多资金支持，并且具有较高风险，个体渔民往往无法承担失败所带来的损失。随着合作化的发展，大范围技术改革的条件逐步成熟。渔业合作社积累了一定的公共资金，技术改革的风险从个体转移到集体，同时自上而下的增产计划刺激了技术改革。渔业合作社的技术改革以提高生产效率与增加渔业产量为主要目的。

1954年，温岭县石塘镇第一渔业生产合作社"采用钓网结合，

---

① 《中共浙江省委农村工作部有关渔业生产合作社内部若干经济关系问题的处理意见（草案）》，1955年7月15日，载浙江省水产局《浙江渔业史》编辑办公室编《水产工作文件选编（1950—1985年）》上册，1987年印，第86页。

② 中共温州地委渔盐部：《关于渔业互助合作中几个经济政策确定的初步意见》，1955年9月29日，温州市档案馆藏，95—2—2。

③ 《鲁家峙渔业生产合作社是怎样改善经营管理实行"五方面固定"的?》，《浙江农村工作通讯》1955年10月第75期。

其产量比其他渔船增加一倍"。临海县川南乡第一渔业生产合作社"实行长衣网和裤网结合，潮急用裤网，潮缓用长衣，深海用裤网，浅海用长衣"，增加了产量。平阳县大渔乡渔业生产合作社"抛碇船带夹网兼背对网，南风抛碇，北风双夹，可能时背对网"，春汛产量增加一倍左右。① 在合作化高潮中，温州渔民学习福建大围缯生产经验，发展了150多只打洋船。舟山普陀县也发展了一部分，该县黄石社打洋船年产量2543担，超过其他木帆船产量2—3倍。② 普陀县鲁家峙渔业合作社1956年试验和推广了"改良大对"。这种改良吸取了福建打洋生产技术，在大对船原有工具和操作技术上进行改革，"把软头蓬改为硬头蓬，网身由1280目放大至1420目"，"操作由相并出网改为两来船出网，又将原来双船起网改为单船"，提高了围捕鱼群的效率。③

在国家财政投入有限的情况下，技术改革是渔业合作社发展生产，提高生产力的一种重要方式。正如政府所指出的，"合作社新的操作技术的成长、资金的积累，都只能是逐步的。国家在物资供应方面目前也存在许多的困难"，"除了机帆船的发展和新发展大捕船、打洋船的合作社以外，其他措施都没有涉及什么根本性质的改革，投资不大，易于掌握，而增产效能都是很大的"④。大部分技术改革所需资金不多，而且立足于当地渔业生产特点，方便渔民掌握，并能充分挖掘现有生产工具的潜力，见效很快。据统计，1956—1957

---

① 《一九五四年浙江渔业生产工作初步总结》，1954年11月1日，载浙江省水产局《浙江渔业史》编辑办公室编《水产工作文件选编（1950—1985年）》上册，1987年印，第72页。

② 《浙江省水产局关于海洋渔业技术工作座谈会的总结报告》，1956年11月22日，载浙江省水产局《浙江渔业史》编辑办公室编《水产工作文件选编（1950—1985年）》上册，1987年印，第133页。

③ 林大苟：《我们是怎样提高渔业生产量的?》，1957年，浙江省档案馆藏，J007—009—080。

④ 《1956年海洋渔业工作的基本总结和1957年的海洋渔业工作的意见》，1957年，浙江省档案馆藏，J007—009—079。

年全省渔业合作社技术革新项目有 600 多项，一般增产 20%—50%，成本降低 10%；1954 年至 1957 年 6 月，舟山技术革新项目有 480 项，由此增加渔业产量 20 多万吨，节约成本 200 多万元。①

虽然技术改革的目的是增加效益，但在一些地区也出现了不计成本，盲目追求技术改革的现象，造成了经济损失。定海县螺头社原来采用小对作业，但在 1955 年发展了大捕、围网、独捞三种作业，导致成本增加，渔民收入下降，每个劳力每股只分到 26 元。普陀县长河社新发展四种作业，其中大捕作业的成本比其他社高 22%，大黄鱼汛中新发展的作业只完成 50%—60% 的生产计划。② 玉环县应东社 1956 年增加了 2 只蟹背作业船，但因经验与技术欠缺，产量一般；小迭社拆掉 5 只大网船，新建了 2 只连江船，额外增加开支 8860 元。③

在合作化时期，由于渔民普遍加入集体经济组织之中，收入与集体生产效益密切相关，所以渔业技术的封闭状况被打破，不同渔民、不同合作社之间对技术的交流、传播持开放态度。也正因为如此，加之技术改革的成本由集体来承担，所以技术改革的现象大量增加。在空前高涨的技术热情下，部分技术改革带来的收益确实能增加合作社的公共积累，而合作社积累起来的资金又能为技术的继续发展提供支持，两者可以形成良性循环。当然，技术改革是政府、合作社、渔民等合力的结果，其成效受到各种因素的制约，存在失败的可能。越是根本性的技术改革，它对生产的冲击也就越大，产生的连锁效应自然也就越广泛。考察集体化进程中，影响浙江海洋渔业生产最大的技术，当属敲舴和机帆船。

---

① 浙江省水产志编纂委员会编：《浙江省水产志》，中华书局 1999 年版，第 431 页。

② 中共浙江省委农村工作部：《关于全省海洋渔业生产合作社的生产财务管理问题的总结报告》，1955 年 7 月 20 日，浙江省档案馆藏，J007—007—002。

③ 中共玉环县委渔盐部：《关于渔业合作主要问题的检查报告》，1956 年 12 月 26 日，温州市档案馆藏，95—3—6。

第四章

敲䑩：传统技术的扩散与应对

敲䑩（亦作"敲罟"）是一种大型集体海洋渔业生产方式，作业单位称为"艚"。每艚设䑩公、䑩母船各1艘（称"母船"），同时配备20—30余艘小艇（称"子船"），由200余人协同作业，渔网总长100多米。生产时，2艘母船将长方形网片敷设水中，网片上至水面，下及水底。子船以2艘母船为起端围成一个大圆圈，在母船的指挥下同时用木板或竹筒敲击船体发声，并不断缩小包围圈。鱼类受惊，向没有声音的敷网方向逃去，最后被集中捕获。①

1949年以前，敲䑩渔业主要流传在广东沿海，当地一些渔民采用敲䑩捕捞黄鱼。黄鱼属石首鱼科，头骨里有两颗白色的小石子，称鱼脑石（耳石），起平衡和听觉作用，震动声会使黄鱼的两颗耳石

---

① 敲䑩渔业的生产方式在流传过程中有所演变，各地不尽相同，规模也有大有小，上述只是大概情形。关于敲䑩的描述，可参见民国《潮州志》，《实业志三·渔业》，《中国地方志集成·广东府县志辑》，上海书店出版社2013年影印本，第25册，第700页；饶平县地方志编纂委员会编《饶平县志》，广东人民出版社1994年版，第321页；浙江省水产志编纂委员会编《浙江省水产志》，中华书局1999年版，第221—222页；中共舟山地委渔业工作部秘书科《渔业工作参考资料（第64号）：福建集美水产航海学校叶航民先生发言》，1957年5月30日，浙江省档案馆藏，J122—001—010。

产生共振,进而导致身体失去平衡乃至昏死。① 敲𦩻渔业通过击打船体发声进行围捕,正是利用了黄鱼的生理特点。新中国成立以后,敲𦩻渔业大规模流传到福建以及浙南沿海,并且敲𦩻一度被认为是先进的生产技术。那么,敲𦩻的出现与发展是否会给浙南渔民带来更多的收益,渔业合作社在敲𦩻的扩散中起到了何种作用,这一传统技术究竟有哪些利弊,地方政府的态度又是如何?

第一节 敲𦩻渔业的北传

关于敲𦩻渔业的记载,大多散见于粤、闽、浙三省沿海市县的地方志或相关渔业史中。此外也有一些研究者注意到了粤、闽沿海的敲𦩻渔业,但未能进行深入讨论。② 本节在参考吸收前人成果的基础上,简要地考察敲𦩻渔业在中国南方沿海的扩散过程,并探讨其在浙江温州③的蔓延。

一 敲𦩻渔业的扩散

相关史志记载,敲𦩻渔业起源于广东饶平县大埕乡,由明朝嘉靖年间一周姓佥事官在大埕乡首创之拖沙网(地拉网)演变而来。到万

---

① 文海编著:《流变的民俗:葭沚民俗考》,上海社会科学院出版社 2011 年版,第 85—86 页。
② 陈亮:《国家、技术与市场:闽台沿海海洋鱼类种群结构变迁原因研究(1492—1966)》,博士学位论文,上海交通大学,2013 年,第 83—87 页;王涛:《明清以来南海主要渔场的开发(1368—1949)》,博士学位论文,上海交通大学,2014 年,第 27、31—35、41—42、48—53 页;李玉尚:《明清以来中国沿海大黄鱼资源的分布、开发与变迁》,载夏明方主编《生态史研究》第 1 辑,商务印书馆 2016 年版,第 115—117 页。
③ 1954 年,台州专区撤销,其辖县部分划归温州专区。1956—1957 年,温州沿海县市自南往北有平阳县、瑞安县、温州市、永嘉县、乐清县、洞头县、玉环县、温岭县、黄岩县。1957 年,台州专区恢复,温岭、黄岩 2 县重新划归台州。

历年间，南澳的渔栏主见此种作业方式获利颇丰，便逐步发展起来。①根据李玉尚的研究，明清时期粤东、粤中沿海的渔民均有使用敲𦩍来捕捞大黄鱼。② 其中最为典型的是粤东潮汕地区，当地的敲𦩍一直持续到近代。嘉庆《澄海县志》记载：

> 扣圈：春夏间天晴无风，掌圈者集数十蛋船出港，给以饮食，择老练者为长年。至洋，长年居中，众蛋群而听命焉。以旗挥之，咸相率远布，令幼稚环圈击板以驱鱼。逾时，复以旗招之，使圈渐逼而击板益急。不论何鱼，凡头有沙者，毕集圈内，困不能舒。若其头无沙，即逝矣。长年张网取之，或多至数十担，获利什伯。若所获少，俗谓之扣白圈。③

上述被称作"扣圈"的作业方式其实就是敲𦩍。民国《潮州志》谓之"扣罛""缩罛"，称其是南澳最大渔业，鼎盛时期是在清光绪年间，当时有30多艚，民国初年有10余艚，后受风灾及日本侵略影响，不断减少，抗战胜利后仅存4艚。④ 在饶平县，抗战前东界、柘林有敲𦩍51艚，渔民7650人，1949年仅存4艚。⑤ 至于粤中位于珠江口的番禺、东莞等县，由于海陆变迁，近代以后已经不存在大黄鱼渔场，敲𦩍随之被当地渔民舍弃。另外，敲𦩍渔法也曾流

---

① 杨瑞堂编著：《福建海洋渔业简史》，海洋出版社1996年版，第97页；南澳县地方志编纂委员会编：《南澳县志》，中华书局2000年版，第211页。关于敲𦩍的起源问题，因尚未找到更直接、原始的材料，暂从这一说法。

② 李玉尚：《明清以来中国沿海大黄鱼资源的分布、开发与变迁》，载夏明方主编《生态史研究》第1辑，商务印书馆2016年版，第115—117页。

③ 嘉庆《澄海县志》卷6《风俗·生业》，《中国地方志集成·广东府县志辑》，上海书店出版社2013年影印本，第26册，第61页。

④ 民国《潮州志》，《实业志三·渔业》，《中国地方志集成·广东府县志辑》，上海书店出版社2013年影印本，第25册，第700、704—705页。

⑤ 饶平县地方志编纂委员会编：《饶平县志》，广东人民出版社1994年版，第321页。

传至福建南部，清代漳州沿海即有一定规模的敲𦩽渔船。① 民国时期，福建诏安县宫口、南门、赤石湾、东门、下河等村有敲𦩽3艚，渔民700人，至1949年年初剩下2艚。②

敲𦩽渔业实际上不为大部分渔民所接受，长期被排斥于主流作业方式之外。例如广东南澳的敲𦩽渔业兴起时，曾为云澳桁艚业所反对，只能托庇于𦩽捕业，且不能到云澳附近捕捞。③ 广东渔民称敲𦩽渔业为"麻疯渔业""自杀渔业"，许多渔民立誓不采用敲𦩽，清代湛江地区曾立永禁碑。④ 在浙江石浦，20世纪50年代有老渔民反映："40年前出现过敲𦩽作业，当时三门县渔民组织起来反对，产生械斗，结果人、船全部伤亡。"⑤

由上可以大致判断，明清以来敲𦩽渔业的发展受时局变化、捕捞习惯、自然生态等影响。考虑到历史上大黄鱼主要分布于粤、闽、浙、苏四省沿海，亦即雷州半岛以东至黄海中部以南海域，再对比敲𦩽渔业传播的地区，可知该技术的辐射范围限于粤中、粤东沿海以及福建漳州一带，远不及大黄鱼的分布区域。此外，因战乱波及和大黄鱼渔场的变迁，到新中国成立前，一些地区出现了敲𦩽渔船数量锐减乃至技术中断的情况。

---

① 王涛：《明清以来南海主要渔场的开发（1368—1949）》，博士学位论文，上海交通大学，2014年，第49—50页。

② 福建省诏安县地方志编纂委员会编：《诏安县志》，方志出版社1999年版，第286页。

③ 民国《潮州志》，《实业志三·渔业》，《中国地方志集成·广东府县志辑》，上海书店出版社2013年影印本，第25册，第705页。

④ 《敲𦩽渔业利小害大应即停止》，《浙江日报》1957年6月9日第2版。

⑤ 中共舟山地委渔业工作部秘书科：《渔业工作参考资料（第64号）：省委农村工作部温其彬处长发言》，1957年5月30日，浙江省档案馆藏，J122—001—010。相类似的说法是，"在三门渔民亦有这样一个传说，在几十年以前不知什么地区的敲𦩽船（可能是福建那方面）到猫头洋来了20多只船100多渔民想来生产，结果船被全部打沉，人全部被打死，一个也没有留下"。参见宁波专署渔盐局《关于温州地区敲𦩽作业来猫头洋生产请速予制止的报告》，1957年5月21日，浙江省档案馆藏，J122—009—150。

新中国成立以后，敲𦪇渔业迎来大规模发展，而且其组织方式从民间自发演变成了政府推广，地域范围从广东自南往北地扩展到福建、浙江。

在广东，阳江有 10 多艚敲𦪇，后逐年减少，到 1956 年已基本消失；惠阳专区原先并没有敲𦪇渔业，但 1955 年发展到 10 多艚。① 粤东潮汕地区，1949 年饶平、南澳、潮阳三县共有 13 艚敲𦪇，1952 年惠来县也开始发展，1955 年沿海各县增至 53 艚。② 在饶平县，1954 年敲𦪇渔业产量达 2964 吨，占当年全县海洋捕捞总产量的 35%。③ 敲𦪇渔业的发展虽然促进了当地渔业产量的增加，但很快出现大黄鱼资源减少、单位产量下降的状况。粤东地区敲𦪇渔业的产量在 1953 年、1954 年达到最高峰，1955 年、1956 年敲𦪇渔船增加而总产量没有增长，单位产量下降，同时敲𦪇鱼货中大黄鱼比重由原先的 70%—80% 减少至 30%。广东省水产厅在 1954 年采取措施控制敲𦪇的发展，但实际并无效果。④

如前所述，福建诏安县在民国时期即有敲𦪇渔业，但到 1949 年只剩下 2 艚，此后可能会消失。20 世纪 50 年代福建敲𦪇渔业的兴起是地方政府重新取法于广东并加以推广的结果，其中福建集美水产航海学校教师叶航民发挥了关键作用。1952 年夏，叶航民带领学生到东山岛调查渔业，同时福建省水产局亦派谢明术到东山。叶航民发现当地渔民因受国民党军队扰乱，无法出海，只能在浅海地区生产，生活艰苦，于是写了一个报告给水产局，并在与谢明术交谈时回忆起自己 20 年前曾在广东汕头看到过敲𦪇作业，建议利用当地的

---

① 中共舟山地委渔业工作部秘书科：《渔业工作参考资料（第 64 号）：广东渔业参观团柏雄伟同志发言》，1957 年 5 月 30 日，浙江省档案馆藏，J122—001—010。
② 汕头市水产局编：《汕头水产志》，1991 年印，第 14 页。
③ 饶平县地方志编纂委员会编：《饶平县志》，广东人民出版社 1994 年版，第 321 页。
④ 中共舟山地委渔业工作部秘书科：《渔业工作参考资料（第 64 号）：广东渔业参观团柏雄伟同志发言》，1957 年 5 月 30 日，浙江省档案馆藏，J122—001—010。

大小船只和旧有网具发展敲𦫼。谢明术将情况向省里反映后，1953年福建省派人到汕头学习参观敲𦫼作业，制订计划聘请技术人员，回来进行试验，并在1954年获得生产上的成功。① 福建的敲𦫼最初只在东山城关和诏安宫口各发展1艚，但随即自南往北扩散开来。1955年，诏安、东山、漳浦、惠安等县相继发展12艚敲𦫼，其中惠安1艚敲𦫼在3个月内生产7000余担，最高一网捕到2100余担，每个渔民平均收入300余元，引起巨大轰动，晋江、惠安、莆田等县于是又发展10艚。1956年夏，连江、霞浦、福鼎等县发展9艚敲𦫼。至1956年年底，福建全省共有敲𦫼46艚。②

敲𦫼渔业的产量固然很高，但由于它是一项大型渔业，每艚作业范围广且捕捞强度高，大量发展必定会造成渔场拥挤。为了获得高产量，敲𦫼渔业需要不断拓展新的渔场，这也是其扩散的一个重要原因。1956年6月上旬，福建惠安县崇武大团结渔业合作社社长和县海防指挥部干部到温州平阳县石坪乡联系乡支部书记饶尚友，要求在石坪乡渔港停泊敲𦫼渔船，进行敲𦫼生产。饶尚友随即向平阳县渔业指挥部请示汇报，在得到县指挥部的同意后，大团结渔业合作社的2艚敲𦫼进驻石坪乡的石坪村和石㐂村。之后广东东莞县2艚敲𦫼进驻镇下关，福建惠安县其他敲𦫼渔船也到洞头、北麂等岛进行生产，一天一般能捕捞大黄鱼几百担。而恰逢当地虾䱞张网生产歉收，渔民见敲𦫼作业产量高，便自发组织到海上参观。平阳县渔业指挥部认为虾䱞作业对资源杀伤大，迟早要改造转业，于是决定贷款支持各地发展敲𦫼，其中西湾乡2艚、大渔乡2艚、下关镇1艚。③ 这些是浙南渔民最早发展的一批敲𦫼渔船。

---

① 中共舟山地委渔业工作部秘书科：《渔业工作参考资料（第64号）：福建集美水产航海学校叶航民先生发言》，1957年5月30日，浙江省档案馆藏，J122—001—010。

② 福建省水产局党组：《关于处理敲𦫼渔业的请示报告》，1957年6月10日，浙江省档案馆藏，J122—001—010。

③ 张立修、毕定邦主编：《浙江当代渔业史》，浙江科学技术出版社1990年版，第115—116页。

20 世纪 50 年代前中期，敲𦪇渔业在中国南方沿海呈现明显的扩散趋势，这与之前的状况形成了较大反差。令人困惑的是，为何这种原先不被大部分渔民接受的生产方式，在新中国成立后却一度为各地渔民所追捧？这恐怕与国家权力在沿海渔业社会的延伸有密切关系。随着渔区民主改革的完成以及海洋渔业合作化的推进，新政权在沿海逐步建立起有效的行政体系，国家对渔业生产的干预进一步增强。为了恢复与发展海洋渔业，各级政府普遍强调要增加渔业产量。作为一种高效的生产方式，敲𦪇无疑契合了增产目标，成为政府提倡的一项重要技术。地方政府引导或支持渔民发展，这是敲𦪇扩散的重要前提。此外，为获得高产敲𦪇渔船不断转移渔场，进入外地乃至外省海域，形成的丰收效应又不断吸引当地渔民加入其中，由此推动技术的进一步扩散，出现了敲𦪇渔业大规模发展的现象。

二 温州敲𦪇的蔓延

如前所述，敲𦪇在浙江温州的出现得益于外省敲𦪇渔船的转移和地方政府的支持。外省敲𦪇渔船来温，不自觉地带来了敲𦪇技术；地方政府支持渔民发展敲𦪇，则是对该技术的认可。在平阳县渔业指挥部决定支持敲𦪇生产后，中共平阳县委渔盐部又在 1956 年 9 月 24—26 日专门开办了敲𦪇渔业生产技术训练班，共有 86 名渔业合作社老大参加学习。① 敲𦪇受到高度重视，各地报纸也相继报道敲𦪇渔业丰收的情形：

> 白沙乡下埠渔业生产合作社，在当地党委正确的领导和国家银行的贷款扶持下，积极把舻艚、背对生产改为先进的敲𦪇捕鱼……于九月十日下午，就扬篷破浪驶向马鞍下海洋上去捕鱼。第一潮第一次即捕了四千多斤黄鱼。在第一潮第一次获得

---

① 《县开办了渔业生产技术训练班》，《平阳报》1956 年 10 月 13 日第 2 版。

经验的基础上，第二次出海一网就捕到一万六千斤大黄鱼。①

海鸥、华胜二个渔业生产社，今年合办一艚"敲鼓"捕鱼船，社领导调动了二百多渔民，从九月二十八日出海至北麂渔场。在出海的第一天生产中，仅放三网共捕获黄鱼四万另三百八十二斤。②

现在我县已发展了十六队敲𦩗船渔民……据初步统计：八月份产黄鱼八千多担，九月份就产黄鱼一万二千多担，十月一号、二号二天的时间，已产黄鱼五千多担。如里岙的敲𦩗队，九月廿九日至十月二日四天中，就捕到黄鱼一千二百多担；台山渔业社十月二日一网就捕了六百多担。③

在丰产的刺激下，温州全区掀起了发展敲𦩗的热潮。1956年11月7日，中共温州地委渔盐部发出《如何在渔区贯彻执行中共中央、国务院关于加强农业生产合作社的生产领导和组织建设的指示的意见》，提出"对已经基本试验成功的敲𦩗作业应有领导地，在渔场条件许可下，加以推广"。至1956年年底，全区发展了70艚敲𦩗。1957年春节前后，各县召开会议贯彻地委渔盐部"加以推广"的指示。到1957年春夏汛时，温州敲𦩗发展到130艚，秋汛时发展到149艚，年底又进一步发展到162艚，全区60%以上的渔民投入敲𦩗生产中。④

相较于广东、福建两省，浙江温州敲𦩗渔业的发展速度和规模

---

① 《一网捕到一万六千斤黄鱼》，《平阳报》1956年9月28日第2版。
② 《"敲鼓"捕鱼大丰收》，《瑞安报》1956年10月4日第1版。
③ 《本县黄鱼获得空前丰收》，《玉环报》1956年10月11日第1版。
④ 张立修、毕定邦主编：《浙江当代渔业史》，浙江科学技术出版社1990年版，第116页。另外，关于温州敲𦩗的数量，有说最多时发展到150多艚（参见《浙江省1957年渔业生产工作初步总结》，1958年1月21日，载浙江省水产局《浙江渔业史》编辑办公室编《水产工作文件选编（1950—1985年）》上册，1987年印，第152页），也有说1957年秋全区共发展到172艚（参见中共温州地委农村工作部《关于制止敲𦩗作业的情况报告》，1961年9月25日，浙江省档案馆藏，J122—013—020）。

可谓十分惊人，这与当地海洋渔业合作化的完成密切相关。广东敲䑩渔业早在解放初期便逐渐恢复和发展，福建敲䑩渔业的兴起则是在海洋渔业合作化起步阶段。叶航民鉴于敲䑩的组织性较强，甚至认为"要组织合作社，首先要发展敲䑩作业"①。虽然传统的海洋渔业生产具有集体协作特点，但敲䑩渔业因规模庞大，对组织化的程度要求更高。敲䑩渔业由数十艘渔船共同配合，在合作化以前，其组织难度之大可以想见，需要有一定财力与威望的人从中协调，并且得到当地绝大多数渔民的同意。如1920年前后，广东饶平县大埕乡的7艚敲䑩，"都是由地主渔霸缴办的"②。1956年敲䑩渔业北传至温州时，适值当地海洋渔业合作化迅速推进。中共温州地委指出，敲䑩渔业的迅速发展与合作化密不可分，"自去年秋汛从粤、闽两省的敲䑩渔民来温州生产后，引起本区渔区干部和广大渔民的兴趣，运用渔业合作化的优越条件，迅速地发展起来"，"因为敲䑩渔业是一种大型的生产方式，合作化的优越性更为显著，渔民反映搞这种大型生产也只有合作化后才能办到"③。中共玉环县委同样认为，当地敲䑩趋势的形成"是由于发展在全面合作化的今天，所以群众能够按自己的愿望迅速地去发展这种规模庞大的渔业"④。合作化实现后，海洋渔业从个体生产转变成集体生产，生产工具折价入社并由集体使用。渔业合作社掌握了各种资源，在组织渔民和调配工具方面具有突出的优势，这与敲䑩渔业本身高度组织化的特点相契合。

如果说合作化的发展为敲䑩渔业的蔓延奠定了组织基础，那么合作社的收益分配机制则创造了一种内在动力。渔业合作社普遍实

---

① 中共舟山地委渔业工作部秘书科：《渔业工作参考资料（第64号）：福建集美水产航海学校叶航民先生发言》，1957年5月30日，浙江省档案馆藏，J122—001—010。

② 汕头市水产局编：《汕头水产志》，1991年印，第14页。

③ 中共温州地委：《温州地区敲䑩渔业情况及今后意见的报告》，1957年6月24日，浙江省档案馆藏，J122—001—010。

④ 中共玉环县委：《关于停止发展敲䑩渔业及有关敲䑩渔业生产领导若干问题的通知》，1957年4月21日，浙江省档案馆藏，J122—009—150。

行具有激励性质的收益分配方式，即对实际产量超过计划产量或实际产值超过核定成本的生产单位进行奖励，比较常见的是"三包一奖"（即包产量、包工分、包成本，超产奖励）和"五定奖赔"（定产量产值、定劳力、定工分、定工具、定成本和超产奖励、减产赔偿）生产责任制。所以，渔民收入的增加一般是以增产为前提，发展敲𦩣便成为渔业增产、渔民增收的有效途径。如乐清县黄华社共有渔民236人、敲𦩣1艚，1957年3月半投入生产，到5月20日止，每个劳力平均纯收入有460元，而1956年该社用中擂网生产，全年平均每个劳力仅收入280元。又如温岭县石塘第二社，1956年春夏汛采用网对、小钓等生产，平均单位产量在一般水平以上，每个劳力平均纯收入只有29.89元，1957年同期该社有敲𦩣1艚，每个劳力纯收入达180元。以温州全区估计，1957年春夏汛从事敲𦩣渔业的每个劳力平均收入有300余元，比往年同期从事其他作业收入增加1倍以上。① 此外，敲𦩣操作技术相对简单，又能利用旧有工具，捕捞过程中劳动强度较低，合作社可以组织老人等半劳力或兼业渔民下海，充分发挥了工具和劳动潜力。

公共积累是渔业合作社的公有财产，用于扩大再生产和社员福利事业，从生产收益中按照一定的比例提取。敲𦩣渔业的丰产不仅使渔民收入迅速增加，还促进了渔业合作社的公共积累。据统计，1957年春汛期间在披山渔场生产的14个纯渔业合作社，渔汛开始前尚欠国家贷款222820元，到4月20日已还150087元，另有存款102638元；渔汛开始前有公共积累28600元，到4月底已增至219953元。② 在投入与产出方面，敲𦩣相较于其他作业方式也有明

---

① 中共温州地委：《温州地区敲𦩣渔业情况及今后意见的报告》，1957年6月24日，浙江省档案馆藏，J122—001—010。可以作为参照的是，1957年浙江人均国民收入仅136元。参见浙江省统计局编《浙江统计年鉴（1990）》，中国统计出版社1990年版，第27页。

② 《披山渔场本省敲𦩣渔业情况》，1957年5月27日，浙江省档案馆藏，J007—009—124。

显优势。根据玉环县民主社的调查，1957年春夏汛1艚敲𦩴产鱼7384担，收入81787.66元，生产支出15260.54元，占总收入的18.66%。而同期生产的一对帆船，产鱼1442担，收入20492元，生产支出6338元，占总收入的30.93%。全社有小钓船120个生产单位，共产鱼9114担，收入130053元，生产支出36205元，占总收入的27.84%。①

公共积累的增加，为渔业机械化的发展提供了资金支持，各渔业合作社纷纷建造渔船。据乐清县黄华、虹海、黎勤、胜海等四个社的调查，1956年冬以来，已经建造大小船只108只，其中机帆船6只、打洋船10余只，准备向远海发展。② 在1957年春夏汛期间，温州全区145个渔业合作社共积累公积金300余万元，这些渔业合作社利用公积金建造大小渔船1210只（其中机帆船9只、大型船75只、中型船117只、小型船及舢板1000只），预计下半年还可建造机帆船26只、大型船111只、中型船173只。③

敲𦩴渔业的发展利用了合作化的有利条件，又因产量高、收入多巩固了渔业合作社，同时迅速增加的公共积累又推进了渔业机械化。如果仅从这个角度来看，敲𦩴确实是一项先进技术。但是，时人在对温州的敲𦩴进行调查后指出，敲𦩴渔业"不能成为发展方向，不能成为新渔业的主体部分"④。中共温州市委农村工作部认为："本市的海洋渔业无例外地不能将敲𦩴作业作为发展的方向，唯一的正确的发展方向和途径应当是依靠合作社在现有的生产基础上积极

---

① 中共温州地委：《温州地区敲𦩴渔业情况及今后意见的报告》，1957年6月24日，浙江省档案馆藏，J122—001—010。

② 中共温州地委：《温州地区敲𦩴渔业情况及今后意见的报告》，1957年6月24日，浙江省档案馆藏，J122—001—010。

③ 温州专区渔业生产指挥部：《春夏汛渔业生产工作初步总结》，1957年8月28日，浙江省档案馆藏，J122—009—131。

④ 《披山渔场本省敲𦩴渔业情况》，1957年5月27日，浙江省档案馆藏，J007—009—124。

稳步地通过技术改进,有计划地以加打洋船、机帆船逐步实现机械化。"① 之所以有这样的认识,是因为敲䑩渔业缺乏可持续性,巩固合作社与实现机械化只是一种短暂的表象,它实际引发了一系列问题和矛盾。

第二节 敲䑩渔业的消极影响

关于敲䑩渔业的消极影响,可以从三个方面来考察。其一,敲䑩渔业发展对海洋生态特别是对大黄鱼资源的破坏;其二,敲䑩致富效应引发的社会问题,以及鱼货短期内大量增加后所造成的损失;其三,敲䑩渔民与其他作业渔民的纠纷冲突。

一 大黄鱼资源的破坏

20 世纪 50 年代中期,浙南沿海一度是粤、闽两省敲䑩渔船汇集之地。广东敲䑩渔船北上,主要是因为当地渔场大黄鱼资源锐减。据潮阳县的调查,1952 年大黄鱼占捕捞总量的 66.54%,1953 年占37.53%,1954 年只占 19.6%。② 福建敲䑩渔船北上有其特殊原因。由于福建地处海防最前线,金门、马祖等岛一直被国民党军队占据,渔业生产受到很大干扰和破坏。如 1957 年 1—2 月,仅晋江专区就被国民党军队击沉渔船 4 只,击伤 23 只,打死渔民 10 人,打伤 20 人,致使渔民不敢出海,有的甚至提出要向国民党军队买旗,或者写信给南洋同乡会请其与台湾当局交涉。③ 因此,福建一直将北上浙

---

① 中共温州市委农村工作部:《关于市郊区敲䑩渔业转业的指示》,1957 年 10 月 27 日,浙江省档案馆藏,J122—009—150。
② 福建省水产局党组:《关于处理敲䑩渔业的请示报告》,1957 年 6 月 10 日,浙江省档案馆藏,J122—001—010。
③ 中共福建省委:《关于渔业生产情况和问题的报告》,1957 年 3 月 4 日,浙江省档案馆藏,J122—001—051。

江作为解决渔民生产困境的重要方式，敲𦩼渔船也随之转移。而在浙江，随着1955年浙南沿海岛屿的全部解放，温州渔业生产环境好转，地方政府积极致力于提高渔业产量，敲𦩼的高产符合计划体制下增产的需要。

如表4-1所示，1949年温州大黄鱼产量为8.47万担，1955年为7.86万担，不仅没有增加，反而有所下降。但到了1956年，温州大黄鱼产量跃升至31.91万担，1957年更是猛增至140.32万担。产量的迅速增长，有海洋渔业合作化实现、生产工具增加等因素的影响，更为直接的原因是当时温州沿海普遍发展了敲𦩼渔业。

表4-1　　　　　　1949—1960年温州大黄鱼产量统计表

年份	大黄鱼产量（万担）	年份	大黄鱼产量（万担）
1949	8.47	1955	7.86
1950	7.65	1956	31.91
1951	9.35	1957	140.32
1952	16.33	1958	35.72
1953	6.58	1959	46.93
1954	8.79	1960	13.60

资料来源：周兆昌：《温州"敲𦩼"作业始末》，载温州市政协文史资料委员会编《温州文史资料》第19辑，2005年印，第58页。

在敲𦩼捕捞的黄鱼中，幼鱼占有较大比重，严重威胁了黄鱼资源的再生。1957年，洞头县水产公司北沙收购站自3月24日至5月20日共收购黄鱼49108担，其中十四两以上的32403担，占66%；六两至十四两的6737担，占13.7%；六两以下的9967担，占20.3%。其中5月份收购8317.44担，六两至十四两的1966担，占23.6%；六两以下的3133担，占37.7%。温州市渔业合作社5月10日在洞头渔场捕获黄鱼1000担，其中半斤以上的只有320担，其余均在半斤以下。玉环县水产公司统计，自3月底至5月20日止，共收购黄鱼 108588 担，其中六两至十四两的 31799 担，占 29.3%；六两以下的 13699 担，占 12.6%，特别是在 5 月份，半斤左右的幼鱼估计占 50%。据大陈渔场指挥所 5 月 23 日在温岭县松照渔业合作社调查，捕获的 555 斤黄鱼中，六两至十二两的就有 347 斤，占 62.5%；六两以下的 62 斤，占 11.2%。由于捕获的黄鱼中幼鱼很多，一些渔民心痛地说："鱼子鱼孙都捕起来，这碗饭吃不长。"[①]据玉环县 1957 年 6 月统计，前一阶段捕获的大黄鱼亲鱼均系紧子（即尚未产卵），一个月来该县水产公司光出售净鱼子就有 9300 斤；此外在平阳县河口渔业合作社捕获的 11 万斤鱼货中，三两到八两重的占三分之二。[②]

猫头洋位于浙江沿海中部，是大黄鱼主要产卵场之一。1957 年春汛期间，猫头洋大黄鱼不旺发，导致该渔场渔业产量较之往年锐减。其中虽有天气冷、水温低等自然因素的干扰，但不少渔民将减产与敲𦩒联系起来。宁波、温州的渔民反映，"今年猫头洋的大黄鱼给敲𦩒敲光了"，"敲𦩒对大黄鱼有三害：即敲散、敲光、敲死"。象山县石浦社 68 岁的红旗对[③]老大王士龙是捕鱼能手，四月初水时他在猫头洋捕不到鱼后说："猫头洋的鱼给敲𦩒敲光了。"该县杏港社 64 岁的老大李老六说："大黄鱼群是从大陈经东矶到猫头洋的，温州敲𦩒船一敲，雌鱼头脑就敲昏，它就游不快了，游散了，所以就影响猫头洋的生产。"[④]

敲𦩒对渔业资源的破坏是许多干部与渔民的共识，他们非常清楚这项作业不能长期维持。根据调查，洞头县的洞头、北沙、埭

[①] 中共温州地委：《温州地区敲𦩒渔业情况及今后意见的报告》，1957 年 6 月 24 日，浙江省档案馆藏，J122—001—010。

[②] 《劝渔民停止敲𦩒渔业》，《浙江日报》1957 年 6 月 14 日第 2 版。

[③] 红旗对是一种渔船，经营者多为石浦渔民。另外还有红头对，经营者多为台州人。

[④] 中共舟山地委渔业工作部秘书科：《渔业工作参考资料（第 64 号）：舟山地委办公室王中同志发言》，1957 年 5 月 30 日，浙江省档案馆藏，J122—001—010。

口、半屏四个社的渔民一致认为,"这样搞下去,鱼是会搞光的","敲𦩷敲不长"。北沙第一社干部还去问过广东渔民,广东渔民告诉他,"起初产量也高,也有一二百担的大网头。现在差了,小的多,只一二百担一天",所以他也认为敲𦩷"长期是有问题"。北沙社干部还反映:"北沙5月份有一网,得鱼一百多担,死的十多担,漏网的也有不少是死的。"埭口社反映:"漏网的,十之五不会治。"① 即便如此,由于海洋渔业资源的公共属性,在利益的驱使下,大部分敲𦩷渔民对危害熟视无睹。只要大黄鱼资源未明显衰退,渔民们采用敲𦩷一般即可获得不错的收入。这种情况也间接反映出合作化前后渔民对财富追求的变化。合作化以前,渔民主要是凭借自身的辛勤劳作,通过逐步积累资金来建造渔船,进而实现发家致富。对大部分渔民来说,这是一个漫长而又充满风险的过程。合作化实现了生产资料的公有,渔业合作社的收益分配机制强调普遍性的收入均等,这些都有效抑制了财富积累,使致富的空间被极度压缩。因此一旦出现像敲𦩷这样高效的生产方式,特别是在得到政府的支持或默许后,渔民们受到压抑的致富诉求就会被强烈激发,且往往会忽视传统海洋渔业生产规范以及长期的海洋公共利益。

二 致富与增产的"烦恼"

敲𦩷的致富效应导致温州专区下海渔民数量迅速增加,一些农民、盐民、手工业者、小商贩,甚至个别干部也积极参加敲𦩷作业。在乐清县,1957年春夏汛实际出海人数5616人,比上年同期增加62.7%;纯渔业合作社15个,比上年增加5个,增加779人;专业渔民队渔民比上年同期增加45人;兼业渔民3288人,比上年同期增加66.6%。② 为了去参加敲𦩷生产增加收入,有的农民放弃本业,

---

① 《洞头等社渔民对敲𦩷渔业的看法》,1957年6月6日,浙江省档案馆藏,J007—009—124。

② 乐清县人民委员会:《57年春夏汛海洋渔业生产工作总结》,1957年8月12日,浙江省档案馆藏,J122—009—131。

荒废田地。如洞头县北沙乡荒了 100 多亩地，麦子熟了无人收割，平阳县新城乡到立夏时无人插秧集肥。又如乐清县慎江乡荒田 400 余亩，平阳县金乡区荒土地 200 余亩，洞头县荒土地 712 亩，减少粮食产量 60 万—70 万斤。永嘉县的农民说："要发财第一去新加坡，第二是搞敲䑩。"洞头县供销公司有 19 名职工要求回去参加敲䑩，洞头县委渔盐部的一个干事和机关的交通员也打报告要去参加敲䑩。① 不同群体涌向敲䑩渔业，特别是农民放弃耕种，影响了农业生产任务的完成，这无疑对当时的社会秩序造成了一定冲击。

然而，并非所有从事敲䑩的生产单位都能获得高产。乐清县三山乡豹屿渔业队与盘石乡瓯江渔业队抛弃原来的作业方式，与洞头县渔民合办 1 艚敲䑩，每人投资 120 元。由于无人领导，加上技术不高，工具不好，地区分散，组织不严，虽然出海生产两个多月，但仅产鱼 900 余担，渔汛结束时每人只分到 17 元，最后大闹一场散伙回来，渔民生活无着落，要求政府救济。② 温岭县远景社把社内的公积金、公益金、副业收入、社员的找支款和银行的生产贷款全部移用于发展敲䑩生产，但是投入生产后两个月只捕获 350 担鱼，不仅社员没分红，而且合作社还亏了本。③ 这些亏本的渔业队或渔业合作社，一般缺乏敲䑩生产经验与技术，只是盲目跟风发展。此外，不同地区的敲䑩作业之间也存在产量不平衡的情况。在玉环县，渔区发展的敲䑩产量高，农区发展的敲䑩产量低，主要是因为农区渔船破旧，船型较小，无远洋生产经验，技术差，新渔民多，不敢远出披山外洋捕捞。至 1957 年 5 月，玉环全县 24 艚敲䑩的产量不及乐

---

① 中共浙江省水产厅党组：《关于温州地区敲䑩渔业的调查报告》，1957 年 7 月 2 日，浙江省档案馆藏，J122—001—010；中共温州地委农村工作部：《关于贯彻执行省委批示温州敲䑩渔业问题的情况报告》，1957 年 10 月 31 日，浙江省档案馆藏，J122—001—010。

② 乐清县人民委员会：《57 年春夏汛海洋渔业生产工作总结》，1957 年 8 月 12 日，浙江省档案馆藏，J122—009—131。

③ 中共台州地委合作部：《关于贯彻省、地委停止敲䑩作业指示初步的总结报告》，1957 年 11 月 29 日，浙江省档案馆藏，J122—001—010。

清县8艚的产量，其原因在于玉环渔民熟悉钓业渔场，对黄鱼渔场陌生，而乐清渔民有擂网作业经验，向来在披山洋一带生产，熟悉黄鱼渔场和黄鱼洄游习性。①

即便存在亏本的例子，但从整体来看，1957年春夏汛期间温州专区大部分敲𦪑渔民的收入显著增加。不过，这种短期致富的情况在物资匮乏的年代显得非常突兀。一方面，少数地区确实存在过度或提前消费的现象，进而引发了社会问题；另一方面，渔民一些正常改善生活的举措则被政府视为是铺张浪费的行为。如洞头埭口打北湾村一渔民娶媳妇花费480元，有的渔民买8元一瓶的鹿茸虎骨酒喝，玉环坎门区渔民买了80余只手表，有的渔民买每尺5元的凡力丁衬衫，有的渔民提前给孩子造坟墓、打棺材。洞头县渔民花钱雇人排队抢购木材，同时买布、白糖、猪肉等，造成市场物资供应紧张，渔民买不到东西就抱怨政府。② 玉环陈屿乡海平社一周姓社员，1957年4月8日开始在坎门参与敲𦪑生产，分到240元后天天去酒店、旅馆，八天时间花掉164元。③ 政府甚至认为，敲𦪑发展以后助长了渔民的资本主义思想，不利于集体经济组织的巩固。如温岭县龙门一社平均每个劳动力收入1000多元，收入增加十多倍，"社员穿的香云纱，住的是新屋，有的社员甚至到农区放青苗、抢购物资，单纯追求改善生活，不愿多积累，扩大再生产"④。

在计划经济体制下，海洋渔业生产与出口创汇、工业发展等密切相关，因而政府制定的渔业产量指标逐年递增。虽然敲𦪑渔业的

---

① 玉环县渔业生产指挥部：《渔业生产简报》，1957年5月21日，浙江省档案馆藏，J122—009—131。
② 温州专区渔业生产指挥部：《春夏汛渔业生产工作初步总结》，1957年8月28日，浙江省档案馆藏，J122—009—131。
③ 《节约！节约！不要大吃大喝》，《玉环报》1957年5月4日第1版。
④ 中共台州地委合作部：《关于贯彻省、地委停止敲𦪑作业指示初步的总结报告》，1957年11月29日，浙江省档案馆藏，J122—001—010。

发展可以充分满足当时的收购计划，但由于温州当地相关设备与设施不足，短期内的超高产量使得鱼货的处理愈发困难。作为水产品统购包销政策的执行机构，水产供销公司又不得不收购，最终导致经营出现亏损。

温州水产供销分公司在1957年1—9月共收购黄鱼1524244担，比1956年同期收购量增加6倍多。该公司1957年基建投资40多万元，"原有加工桶、坑239683担，增加了121000担，原有基本运销船580吨，增加了336吨，还建造了加工房28110平方公尺，同时又向上海等地租赁了冰鲜船4660吨"，但这些设备与设施的扩充仍满足不了鱼货处理的需要。在鱼货加工过程中，相关操作也十分粗糙。有的鱼体盐未擦遍，即入桶；有的用盐不匀，重鱼轻盐，如洞头禹岙加工厂一个容量200担的鱼池缺盐48担。腌好的鱼未压石块，出晒时未很好遮盖，以致大批鱼货晒熟，如平阳约有2000担的鱼被晒熟。加工后的成品不分好坏、大小，混在一起包装，有的黄鱼鲞比拳头小，包装不牢固，还有的鱼货未晾透即包装，以致黄鱼干品发红发热、腐烂变质。① 由于欠缺运输、加工、仓储等设备设施，大部分鱼货不得不露天堆放，日晒雨淋，致使部分鱼货变质。据初步统计，1957年上半年温州水产供销分公司鱼货变质42972担，损失176106元。在销售方面，省内外各地滞销，鱼货库存庞大，而敲𦩒渔民仍在继续生产。② 在鱼货处理困难的情况下，1957年1—9月温州水产供销分公司虽然超额完成了收购计划，但实际净亏损达954905元。③

---

① 中国水产供销公司浙江省公司：《关于对温州分公司系统经营敲𦩒黄鱼购销业务中有关问题的检查报告》，1957年11月23日，浙江省档案馆藏，J122—009—081。
② 中国水产供销公司浙江省公司：《关于温州敲𦩒作业生产鱼货处理意见的紧急报告》，1957年8月27日，浙江省档案馆藏，J122—009—081。
③ 中国水产供销公司浙江省公司：《关于对温州分公司系统经营敲𦩒黄鱼购销业务中有关问题的检查报告》，1957年11月23日，浙江省档案馆藏，J122—009—081。

三 敲䑩引发的冲突

海洋经济鱼类的渔汛有特定的时间与区域，历史上渔民们根据地缘籍贯、捕捞技术、资源分布等逐渐形成相对固定的海上生产区域。具有公共资源属性的渔场，实际上被不同地区的渔民分割，渔场的争夺是传统海洋渔业生产中十分常见的一个现象。海洋渔业合作化以后，虽然渔民被组织进了合作社，但由于地缘因素的影响以及生产利益的诱导，渔场纠纷并未消失。敲䑩渔业兴起后，特别是随着敲䑩渔船不断地转移生产，进入其他渔船的捕捞区域，从而加剧了渔场纠纷与渔民间的冲突。

需要注意的是，虽然温州敲䑩渔业规模很大，但并非所有渔民都从事敲䑩生产，当地仍有一部分渔民坚持原来的作业方式。为了拓展生产空间，敲䑩作业与其他作业发生了争夺渔场的矛盾。如瑞安县城关镇第一渔业生产合作社原本经营定置张网舻艚作业，渔场在飞云江口齿头洋面。敲䑩兴起后，专门在舻艚的渔场门口进行捕捞，迫使该社停止生产。① 而且由于每艚敲䑩作业范围广，大量发展之后甚至发生了敲䑩作业之间互相争夺渔场的情况。

为了维持高产，温州敲䑩渔船不仅在当地沿海生产，还不断北上。敲䑩渔船的到来挤压了其他地区渔民的生产空间，损害其利益，引起他们强烈的不满。一部分渔民在高产的刺激下，也倾向于发展敲䑩。对地方政府而言，敲䑩的出现对海洋渔业管理以及海洋秩序的维系形成了严重冲击。

据中共宁波地委渔业干部到温州反映：1957 年 5 月 1—17 日，先后发现温州专区温岭海丰社、海门五星社以及狼鸡山社在龙门洋、蒋儿岙、南泽岛等洋面敲䑩生产 6 次，舟山、宁波的渔民对温州敲

---

① 瑞安县城关镇第一渔业生产合作社：《关于明年度敲䑩作业如何处理有否禁止鱼期由》，1957 年 12 月 9 日，浙江省档案馆藏，J122—010—178。

舢渔民非常气愤。① 1957年猫头洋渔业生产减产，对当地渔民刺激很大。如石浦番头社小对老大项道匀说："敲舢船再敲下去，我们渔民不要吃饭了。"石浦社社长说："人民政府为啥有二样？如果温州不禁止，我们也要敲了。"甚至有少数渔民想与敲舢渔民打架，临海县项科长说："我们是竭力说服渔民不要与敲舢打架。"②

在宁波专区，渔民中存在两种情绪。一种是想动手打敲舢渔民，如三门县健跳社机帆船上的渔民要收缴敲舢作业工具，企图抓住敲舢渔民。另一种是不反对敲舢作业，也想发展，如三门县健跳社准备把长衣网并起来去生产。③ 在临海县，渔民中也存在两种意见。第一种意见是普遍认为猫头洋减产是由于敲舢作业的影响，要求坚决禁止，有的渔民大骂并要打敲舢渔民。川北社渔民说："有鱼舸心要猛起来，拔牢敲舢只有去打。"有的说："政府不禁群众自己来禁。"还有的说："只有撞坏船，打死人，政府才会下定决心禁。"第二种意见是既然不禁止，又不犯法，不如也去搞敲舢。川南社渔民本来反对敲舢，但看政府不禁止，就组织40个渔民合并到前所社进行敲舢生产，还提供一艘大船支持运输。草坦社渔民说："横直禁不了，大家都去敲。"有的说："敲光同死，他敲我不敲，敲舢有饭吃，我们要饿倒。"④

1957年大目洋渔场发生的鸣枪事件，较为典型地反映了地方政府对当地海洋渔业利益的维护。5月31日，象山县渔业指导船发现温州专区平阳县、温岭县渔船在大目洋的四礁北首进行敲舢生产。当该县指导船靠近时，大部分渔船将敲舢工具藏好，拒绝检查，分

---

① 中共温州地委农村工作部：《关于从速禁止敲舢作业渔民去大陈以北洋面生产的通知》，1957年5月31日，浙江省档案馆藏，J122—009—150。
② 中共舟山地委渔业工作部秘书科：《渔业工作参考资料（第64号）：舟山地委办公室王中同志发言》，1957年5月30日，浙江省档案馆藏，J122—001—010。
③ 宁波专署渔盐局：《关于温州地区敲舢作业来猫头洋生产请速予制止的报告》，1957年5月21日，浙江省档案馆藏，J122—009—150。
④ 临海县渔业生产指挥部：《为迅速处理敲舢作业矛盾问题的报告》，1957年8月7日，浙江省档案馆藏，J122—009—150。

散逃跑。温州专区的102号指导船恰好在附近，于是象山县渔业指导船建议温州指导船向渔民进行广播，但温州指导船不予理睬。无奈之下，象山县渔业指导船就一直追赶温州专区平阳县鳌江渔业合作社的一只渔船。在让其停船无果的情况下，该县指导船上的杨某开枪迫使渔船靠拢，并查获敲䑩网具。事后在与温州专区渔业指挥部交涉过程中，温州专区郭科长认为敲䑩有大敲、小敲之分，小型敲䑩影响不大，并说每艚敲䑩作业上都派驻一个脱产干部进行监督。象山县认为这一说法"脱离现实"，不过对于杨某开枪拦住渔船的做法进行了批判，责成其进行书面检讨。杨某检讨，他的开枪行为"在群众中引起不良的影响，造成与温州专区关系的紧张"，更为要紧的是"对正确处理敲䑩作业给领导上带来了被动局面"①。这一事件说明，敲䑩渔船持续北上的行为使地区间关系骤然紧张，围绕海洋渔业利益，不同地区的渔业机构之间已经产生了明显的不信任。如果任由这种局面发展下去的话，那么可能会造成普遍性的海上冲突。

第三节　敲䑩渔业政策的转变

由于海洋渔业捕捞以及渔业资源的流动性，敲䑩渔业的扩散不再只是温州专区的特殊现象，敲䑩最终演变为影响全省海洋渔业生产的重大问题。围绕敲䑩渔业，浙江各级政府、不同党政部门，以及制定和执行政策的干部基于各自的认知与利益考量，产生了明显的分歧。浙江省敲䑩渔业政策的转变，既是自下而上反馈与自上而下调查的结果，又是出于协调渔业利益与安抚其他渔民的需要。本

---

① 中共象山县渔业生产指挥部委员会：《关于杨××同志在大目洋渔场鸣枪拦阻温州敲䑩渔船事件的检查报告》，1957年7月2日，浙江省档案馆藏，J122—001—010。

节主要考察敲𣛮渔业政策的变化与执行情况。

一 停止发展与分歧

如前所述,中共温州地委渔盐部最初对敲𣛮渔业的政策是有领导、有条件地加以推广,温州各县也都积极支持敲𣛮的发展,但这并不意味着政府对于敲𣛮的危害一无所知。由于敲𣛮渔业的发展速度与规模超过预期,以及负面影响的凸显,包括省级渔业主管部门在内的各级党政部门逐渐改变了既有政策。

温州敲𣛮渔业兴起时,浙江省水产局对于"发展不发展"没有统一认识,采取了不加过问的态度。1956年11月中旬秋汛即将结束时,在水产资源遭到破坏并且敲𣛮仍不断发展的情况下,浙江省水产局才指示温州方面停止发展,中共浙江省委农村工作部也指示温州当地党委停止发展,但无法扭转局面。①

1957年1月,中共温州地委提出"控制发展"的方针,随后地委渔盐部召开各县渔盐部长和水产科长会议进行贯彻,提出全区控制在103艚。② 此外,为避免纠纷的发生,中共温州地委渔盐部还特别规定不同地区敲𣛮渔船的作业范围:平阳、福建敲𣛮渔船在南麂渔场生产,瑞安、洞头、永嘉、温州市敲𣛮渔船在北麂渔场生产,玉环、乐清、广东敲𣛮渔船在披山渔场生产,温岭、黄岩敲𣛮渔船在大陈渔场生产,范围固定后敲𣛮渔船不得任意转移。③ 但这一时期温州控制敲𣛮发展的政策并没有获得渔民和基层干部的广泛认可。一些人认为"敲𣛮作业是最完善、是先进的作业",而且是"巩固渔业社的'法宝'";一些干部认为敲𣛮是"发展多种经营的重点",

---

① 《敲𣛮渔业已经停止发展》,《浙江日报》1957年6月14日第2版。

② 张立修、毕定邦主编:《浙江当代渔业史》,浙江科学技术出版社1990年版,第116页。

③ 中共温州地委:《批转地委渔盐部关于加强对敲𣛮作业领导问题的意见》,1957年1月21日,温州市档案馆藏,94—5—15。

是"保证百分之九十的社员增加收入的关键",不加以制止。①

在1957年2月底召开的全省第七次沿海渔区工作会议上,各地渔业干部围绕敲䑩问题表明了态度。舟山、宁波方面坚决反对发展敲䑩渔业,温州方面大部分干部同意不发展,省里也主张不发展。因此,会议明确了温州不准再发展敲䑩这一基本原则,同时要求温州敲䑩渔船不能到大陈以北生产,敲䑩渔民要有条件地逐步转业。②

对于停止发展敲䑩的政策,温州专区进行了自上而下的传达。4月23—25日,温州专区渔业生产指挥部召开渔汛工作会议,指出"渔区必须贯彻执行有重点的全面发展生产的方针,对敲䑩作业则应限制发展,立即刹车,以合理利用水产资源,避免渔场纠纷"③。中共玉环县委通知各地"敲䑩作业一律停止发展",除之前县委批准的24艚以外,其他自发的敲䑩应由相关区乡领导加以制止,帮助渔民搞好原来的作业生产;至于之前县委同意北洋大黄鱼汛结束再发展外塘、龙岩、果丽3艚敲䑩,则希望乡支部尽量动员渔民发展其他作业,不要再发展敲䑩;对于坎门区钓业社临时发展的4艚敲䑩,要求区委动员渔民转回原有作业生产。④ 虽然此时相关政策已经明确,各地也做了一些转业工作,但是基层干部和渔民对政策的执行并不坚决。例如敲䑩渔船不能到大陈以北生产的规定不过是一纸空文,渔民仍经常去大陈以北海域进行敲䑩,而且温州敲䑩渔船的数量很快突破了原来限定的艚数。

关于敲䑩的认知问题,考察时人的看法,涉及对这一渔业生产方式是"先进"抑或是"落后"的基本判断。中共玉环县委在要求

---

① 周兆昌:《敲䑩作业要有控制的发展》,《浙南大众报》1957年1月21日第2版。
② 《敲䑩渔业已经停止发展》,《浙江日报》1957年6月14日第2版;中共舟山地委渔业工作部秘书科:《渔业工作参考资料(第64号):舟山地委渔工部陶清部长发言》,1957年5月30日,浙江省档案馆藏,J122—001—010。
③ 《敲䑩作业要立即"刹车"专区渔业生产指挥部召开渔汛工作会议》,《浙南大众报》1957年4月30日第1版。
④ 中共玉环县委:《关于停止发展敲䑩渔业及有关敲䑩渔业生产领导若干问题的通知》,1957年4月21日,浙江省档案馆藏,J122—009—150。

各地停止发展敲𦨴，指出敲𦨴缺陷的同时，仍承认"敲𦨴是一种合乎科学原理的、经济的、比较先进的渔业"①。1957年5月24日，中共浙江省委农村工作部在岱山县东沙镇召开敲𦨴座谈会，22名与会者围绕敲𦨴问题展开了激烈讨论，内中就存在关于敲𦨴作业是先进还是落后的根本性分歧。上海水产学院副教授李星颉说："对先进、落后的看法问题，我认为是从哪个角度看，从产量高的角度看是先进的，但从资源杀伤角度看是落后的，因此不仅看产量高低，还要看资源保护，从长远利益角度看先进和落后。"② 上海水产学院助教王尧耕则认为："敲𦨴渔业是目前我们水产界海洋渔业的一个主要矛盾。它是先进的生产方式，用音响原理来捕鱼，所以这是先进的生产方式和落后的水产资源科学的矛盾，这种矛盾目前在苏联也是存在的。但我们不能抹杀它的优点，不能完全否定一切。"③ 中共舟山地委渔工部副部长王尊贤说："先进和落后问题，过去有争论，现在看法也不一致，要从二点论，全面、发展的观点看问题。从大家谈的当中看，这种渔业优缺点各有几点，但应分清哪是主要的，哪是次要的，哪是本质的，哪是非本质的。这种作业渔民反映会'敲光、敲死、敲散'，我也认为是杀鸡取卵，绝子断孙的渔业。有的渔民反映'连孙子捕的鱼也给捕光了'是有一定道理的。福建打洋船在猫头洋捕上了一些死鱼，就不捕了。因此从本质上看，它不是一种先进的捕捞方法。敲𦨴对猫头洋减产有一定影响，但也不能完全归罪敲𦨴作业。"④

虽然座谈会基本否定了敲𦨴的先进性，但大多数基层干部和渔

---

① 中共玉环县委：《关于停止发展敲𦨴渔业及有关敲𦨴渔业生产领导若干问题的通知》，1957年4月21日，浙江省档案馆藏，J122—009—150。

② 中共舟山地委渔业工作部秘书科：《渔业工作参考资料（第64号）：上海水产学院李星颉副教授发言》，1957年5月30日，浙江省档案馆藏，J122—001—010。

③ 中共舟山地委渔业工作部秘书科：《渔业工作参考资料（第64号）：上海水产学院王尧耕助教发言》，1957年5月30日，浙江省档案馆藏，J122—001—010。

④ 中共舟山地委渔业工作部秘书科：《渔业工作参考资料（第64号）：舟山地委渔工部王尊贤副部长发言》，1957年5月30日，浙江省档案馆藏，J122—001—010。

民另有想法。在计划经济体制下,尤其是海洋渔业合作化实现以后,基层干部与渔民面临着增产的压力。这种压力迫使他们想方设法提高产量,容易将"增产"与"先进"画上等号。在早期的一些报道中,也往往将敲𦲷作为一种先进的作业方式加以宣传,更加深了"增产即先进"的偏见。如《平阳报》报道敲𦲷丰收后:"社员都深深体会到没有党的领导,没有组织起来用先进技术,那有这样的丰收呢!"①《浙江日报》曾报道:"本年秋冬汛,渔民们与广东省潮阳和福建省惠安等县渔业社,开展经验技术交流,很快地就学会了'敲𦲷'捕鱼的先进作业……目前,各渔业生产社,纷纷制订增产计划,增添船只渔具,将大规模地采用科学方法,扩大渔业生产。"②

由于敲𦲷作业具有明显的优势,温州当地的一些渔业干部对于停止发展敲𦲷的政策有着不同的看法,甚至表现出抗拒的态度。《浙江日报》记者转引浙江省水产局一位负责人的陈述,回顾了温州内部存在的分歧:

> 这位负责人接着谈到了各地党、政领导对敲𦲷渔业的态度。对于温州地区某些领导不重视上级领导的指示提出批评……在去年下半年专署召开的一次水产工作会议上,专署水产局"同意发展,但要加强领导"。今年1月地委召开的渔区工作会议上,虽然这时省水产局、省委农工部要求"停止发展"的指示已经早发下了,但是温州专署水产局领导上仍然坚持发展;这时,温州地委渔盐部则提出不发展的意见。结果,提出了敲𦲷渔业的控制数:不超过一百艘。可是专署水产局的负责人仍然说:原则上不发展,看实际情况决定。③

---

① 《一网捕到一万六千斤黄鱼》,《平阳报》1956年9月28日第2版。
② 郑蔚文:《新的县治——洞头》,《浙江日报》1956年12月16日第4版。
③ 《敲𦲷渔业已经停止发展》,《浙江日报》1957年6月14日第2版。

1957年6月17—21日，中共温州地委召开沿海各县县委书记、渔盐部长、水产科长和盐场场长会议，会上对敲𦪉作业进行了激烈的讨论。有的认为敲𦪉是中国渔业未实现机械化以前的一种最先进作业，但也有人认为它是落后渔业，杀鸡取卵，主张敲𦪉渔民应立即转业。为调和分歧，会议对于敲𦪉决定采取实行禁渔期、放大网目、限制艚数和严格划分渔场等措施。① 这次会议并没有统一当地干部的思想，提出的措施如限制艚数、划分渔场，之前的实践早已证明在解决敲𦪉问题上没有实质性作用。

二 矛盾升级与转业

整体而言，温州并不全面否定敲𦪉渔业，而宁波、舟山则强烈反对。这样的情况导致各方反馈到省级渔业主管部门的信息往往互相矛盾，给政策的制定带来困扰。浙江省水产局决定派出工作组到温州进行实地调查，在了解敲𦪉渔业真实情况的基础上，为进一步决策提供依据。

1957年5—6月，浙江省水产局局长张立修负责组织人员到温州的洞头、平阳、玉环、瑞安、温岭等县，分别召集一些渔区干部和渔业合作社的渔民进行座谈，并深入到洞头、南麂等渔场调查敲𦪉渔业的生产情况。6月25日，中共浙江省水产厅党组向中共浙江省委提交了《关于温州地区敲𦪉渔业的调查报告》。报告认为"敲𦪉作业从根本上看是害多利少的。从长远利益看，是不能搞下去的，否则严重破坏了水产资源，可能出现'竭泽而渔'，造成大黄鱼断种的危险……敲𦪉渔业肯定不是发展的方向，渔区应当积极稳步地进行一些技术上的改进，有条件地增加机帆船、打洋船逐步实现机械化"，提出坚决停止发展和逐步转业、转业前实行水产资源保护措施、限制外省敲𦪉来温等三点建议。8月20日，中共浙江省委将报告批转给沿海各地委、县委，同时提出相关方针："省委认为从长期

---

① 《对敲𦪉作业的一场争论》，《浙南大众报》1957年6月23日第2版。

打算，敲𰻞作业应当坚决停止发展，积极保护资源；但是在进行转业时，必须根据可能条件，逐步实行。在工作中还必须对渔民进行反复的、充分的说服教育工作，并且切实帮助他们解决具体问题，防止简单粗暴的做法。"①

在中共浙江省委批转报告前后，其他地区渔民对敲𰻞的不满迅速升级，甚至将矛头指向了省级主管部门。

8月10日，临海县草坦渔业合作社渔民叶显法等19人向中共浙江省委农村工作部反映敲𰻞对该社渔业生产的不利影响，并提出四点意见：第一，"要求领导上对敲𰻞作业应立即禁止"；第二，"如果达不到禁止要求，我们渔民准备自己也要去禁"；第三，"禁不了，打不掉，横直如流推，好敲都去敲，敲光算了"；第四，如果前三种都行不通，"有部分渔民打算，秋后退出渔业社，划转入社土地，自己转业"。很明显，这四点意见是一环扣一环，充满着无奈与失望的情绪。对于划分渔场限制敲𰻞的政策，草坦社渔民表达了困惑："上半年规定敲𰻞以大陈洋以北为界为何道理？以大陈洋以北为界对猫头洋黄鱼是否对洄游就无影响？今后是否还是这样划？上半年已违犯划界的及目前秋汛亦有违犯怎样办？"至于放大敲𰻞网目保护幼鱼的做法，他们更是不满，甚至指出其中可能存在阴谋："网目放大，对小鱼逃出去，可以避免滥捕幼鱼，从表面看蛮科学，但这些小鱼逃出去是否还有性命？领导上对逃出去鱼是否调查这批小鱼还死还活？我们在海底捕上鱼骨鱼籽及死黄鱼往年没有，今年为何有这样

---

① 中共浙江省水产厅党组：《关于温州地区敲𰻞渔业的调查报告》，1957年7月2日，浙江省档案馆藏，J122—001—010；中共浙江省委：《批转省水产厅党组关于温州地区敲𰻞渔业的调查报告》，1957年8月20日，浙江省档案馆藏，J122—001—010；张立修、毕定邦主编：《浙江当代渔业史》，浙江科学技术出版社1990年版，第118页。需要说明的是，中共浙江省水产厅党组曾向中共浙江省委提交了两份《关于温州地区敲𰻞渔业的调查报告》，时间分别是1957年6月25日和1957年7月2日。其中，1957年7月2日的报告更为详细，而中共浙江省委批转各地的却是1957年6月25日的报告。

多？提倡放大网目是否敲𦽒渔民诡计？来骗骗领导。"①

在9月13日的报告中，宁波专署渔盐局将矛头直接对准了浙江省水产厅，认为省水产厅"对敲𦽒作业采取限制措施不够坚决有力，因此七次渔区会后不仅没有限制，而且大量发展"。同时，宁波专署渔盐局指出省水产厅在处理敲𦽒问题上存在自相矛盾的做法：

> 从钧厅来文来电指示上来看，对敲𦽒作业的号召和行动是不够一致，既要我们坚决阻止我区敲𦽒作业的发展，又要我们支持外区敲𦽒作业的生产，如钧厅多次指示中要求我区支持温州加工桶口、鱼货处理、运输船只和冰鲜冲冰等问题，这对我们限制本区敲𦽒作业发展带来了很多困难，使我们坚决贯彻执行钧厅限制发展阻力很大，造成本区党群关系紧张。②

宁波专署渔盐局对浙江省水产厅的不满可见一斑。在将这份报告上呈浙江省水产厅的同时，宁波专署渔盐局还抄发给宁波专区沿海各县。而在批复中，一方面浙江省水产厅对宁波专署渔盐局进行安抚，认为"你们提出要求积极贯彻省委对敲𦽒渔业的方针的意见是很好的"，并向其解释本厅的做法，"从目前实际情况来看，要想一下子把敲𦽒渔业立即全部转业是有一定困难的，在转业过程中也不能采取粗暴的方法，因此对目前暂时尚不能转业的敲𦽒渔民所生产的鱼货，还要予以处理。因为在没有转业之前，既已经生产起来了，那末已成国家人民的财富，如不处理，任其霉烂变质，也不恰当的。各地本着'地区互助'的精神予以适当帮助，绝不是客观上支持敲𦽒发展"。另一方面，对于宁波专署渔盐局将该报告抄发给各县的做法，浙江省水产厅表达了不满："这一问题，你们在上报本厅

---

① 中共浙江省委农村工作部：《批转临海县草坦社渔民反映敲𦽒渔业的情况》，1957年9月18日，浙江省档案馆藏，J007—009—082。
② 宁波专署渔盐局：《为要求迅即限制温州敲𦽒作业的报告》，1957年9月13日，浙江省档案馆藏，J122—009—150。

同时，又抄发各县，这样做法，我们认为也不好，希望你们今后注意一下。"①

停止敲𦩘的根本途径是将敲𦩘渔民转到其他作业方式，此点各级政府都十分清楚。为贯彻中共浙江省委的方针，消弭矛盾与冲突，地方政府着重进行了转业工作以求彻底解决敲𦩘问题。1957年9月中旬，中共温州地委农村工作部召开渔区工作会议，提出敲𦩘作业分今冬、明冬基本转完，转业原则是"从事敲𦩘作业以前的原作业较先进的，一律恢复原作业生产，原作业是落后的一般不再恢复原作业，应积极创造条件转上较先进的作业"。到10月20日，全区共有71艚敲𦩘（不包括温岭、黄岩）转到带鱼汛生产和本洋张网生产。②平阳县宜山区共有5艚敲𦩘，经动员教育后，有4艚敲𦩘渔民表示愿意转业。玉环县200多艘小钓船由敲𦩘转为原作业，前往北洋参加带鱼汛生产。③为了加快转业速度，政府还降低敲𦩘黄鱼收购价格，迫使敲𦩘渔民转业。温州专署将敲𦩘作业捕捞的大、中黄鱼每担平均收购价格调低到6.5—7元，并规定最高不得超过9元。④刚恢复不久的中共台州地委在9月上旬召开了各沿海县委渔盐部长会议，会议认为停止敲𦩘恢复原有作业所需的工具与技术基础俱在，有条件全部停下投入冬汛生产。至10月底，全区27艚敲𦩘渔船都转为冬汛远洋与近洋生产。⑤

各地在贯彻停止敲𦩘的方针时也遇到了一定阻力。黄岩县在简

---

① 浙江省水产厅：《关于为要求迅即限制温州敲𦩘作业的报告的批复》，1957年9月21日，浙江省档案馆藏，J122—009—150。

② 中共温州地委农村工作部：《关于贯彻执行省委批示温州敲𦩘渔业问题的情况报告》，1957年10月31日，浙江省档案馆藏，J122—001—010。

③ 《各地干部渔民拥护省、地委指示 不再敲𦩘积极准备转业》，《浙南大众报》1957年9月27日第1版。

④ 《敲𦩘黄鱼收购价格为何调低？——专署水产部门答本报记者问》，《浙南大众报》1957年10月4日第1版。

⑤ 中共台州地委合作部：《关于贯彻省、地委停止敲𦩘作业指示初步的总结报告》，1957年11月29日，浙江省档案馆藏，J122—001—010。

单地向干部传达了台州各沿海县委渔盐部长会议精神后,即召开县、区、乡、社四级干部会,然而会上不但很多社干有抵触情绪,而且脱产干部犹豫动摇。在党支部会上,13个党员中只有2个发言。海门五星社社长过去各种会议积极带头发言,这次却说"讲不讲是一样呀",次日在会议上公开反对停止敲𦪽。有的甚至说:"敲𦪽上面停,下面不停,网、𦪽板齐全,三更半夜去偷敲。"有的干部在会议结束后回去贯彻不坚决,如黄琅乡乡长提出全乡2艚敲𦪽,1艚停止,1艚继续生产。① 即便存在抵制的情况,但整体而言,各地都较为坚决地执行了上级指示,大部分敲𦪽渔民也配合转业。

至于广东、福建在浙江的敲𦪽渔船,中共浙江省委通知两省指定有关部门派人前来动员回去或参加其他捕捞生产。② 福建省水产局提出对该省在浙敲𦪽渔船采取"停止增加,逐步讯回"的方针,即在浙江生产的12艚敲𦪽,1958年召回5艚,但仍留下7艚继续维持生产,争取1959年全部召回。浙江省水产厅明确表示拒绝。③ 在各方的配合之下,到1958年,浙江沿海盛行一时的敲𦪽渔业基本停止。

综上所述,浙江敲𦪽渔业的出现与发展,至少有两点特殊之处值得注意:第一,敲𦪽不是浙江传统的生产技术,而是从外省传播过来的,且与渔业合作社结合得十分紧密;第二,与福建全省沿海发展敲𦪽不同的是,浙江敲𦪽渔业形成了"南敲北不敲"的局面,从而导致地区间的海洋渔业矛盾激化。

从技术角度来看,渔业合作社虽然限制了渔民生产上的自由,但积极推动技术改革,促进技术的交流与传播,打破了技术的封闭

---

① 中共台州地委合作部:《关于贯彻省、地委停止敲𦪽作业指示初步的总结报告》,1957年11月29日,浙江省档案馆藏,J122—001—010。
② 中共浙江省委:《请广东、福建省委迅速派人来浙动员敲𦪽渔民回去》,1957年10月16日,浙江省档案馆藏,J122—001—010。
③ 浙江省水产厅:《关于不同意福建省敲𦪽渔业在本省渔场生产的报告》,1957年11月8日,浙江省档案馆藏,J122—009—150。

状况。然而，当时根本性的渔业技术改革很少，像机帆船需要大量资金投入，短期内无法全面推广。敲䑩的特点是规模庞大，需要数十艘渔船联合作业，组织化程度高，但主要利用的是既有生产工具，成本较低。当敲䑩技术扩散到浙南沿海时，当地渔民已经被组织进合作社，因此有了相应的组织基础。在地方政府的支持下，集体经济组织发展敲䑩不仅迅速提高了渔业产量，还有效增加了渔民收入。作为一种外地传来的传统海洋渔业生产技术，敲䑩可以说是充分发挥了渔业合作社的优势，调动了渔民的积极性，从而展现了集体生产的效率。当然，敲䑩的高效丰产也引发了各种问题，促使政府最终改变政策。

从地缘角度来看，海洋渔业生产秩序与利益的维系往往受到地缘因素的深刻影响，不同地区、不同生产方式的渔民形成各自的团体组织，一般有着相对固定的海上生产区域。集体化时期，政府为提高渔业产量，积极组织渔民到外地或外省捕捞，宣扬"天下渔民一家亲"等，试图消除海洋渔业生产中的地域隔阂。广东的敲䑩渔船到福建、浙江生产，福建的敲䑩渔船到浙江生产，敲䑩渔民的跨区域流动体现了这一时期海洋渔业资源公共属性的强化。在浙江，宁波、舟山没有形成敲䑩的风潮，①温州敲䑩渔船北上生产的行为侵犯了宁波、舟山的海洋渔业利益，引起当地干部与渔民的不满。敲䑩渔业激发出强烈的地方保护主义。换言之，虽然海洋渔业生产的地缘因素在集体化时期经常被有意掩盖，但一旦发生地区间矛盾或冲突，地方政府仍会优先考虑保护本地渔民的利益。集体化改变了渔民的生产组织方式，却不可能真正消除海洋渔业生产中的地域隔阂。

---

① 宁波、舟山之所以没大规模发展敲䑩，一方面是因为地方政府不支持，并且能掌控局面；另一方面可能是因为20世纪50年代中期当地渔民的生产收入、捕捞环境与浙南渔民差异较大。整体来看，浙南地区的渔业生产工具相对简陋与落后，正常年景下渔民的收入一般不及舟山，加之国共双方长期在浙南沿海对抗，当地渔业生产受到了很大干扰。地方政府支持敲䑩的发展，也是希望渔民在合作化后能够尽快摆脱贫困状态，进而巩固集体经济组织。

第 五 章

机帆船：新技术的创造与推广

传统渔船的行驶主要依靠风、潮流等自然力与人力的结合，即"一靠风，二靠潮，三靠使橹摇"。19世纪末，渔船开始从风帆动力向机器动力过渡。1882年，英国发明轮船拖网渔业，之后反复试验取得成功，以蒸汽为动力的渔轮逐渐为各国所采用。1904年以后，中国陆续引进拖网渔轮。① 20世纪初，西欧与日本进行了以柴油为动力的渔轮试验。特别是日本在1919年改良后成效显著，1920年确立了以两艘渔轮联合作业的操作模式，此即手操网渔业。② 中国很快从日本购入手操网渔轮，有的甚至直接聘用日本技术人员进行生产操作。③

渔轮的动力来源与传统渔船不同，依靠的是能源转化，因此捕捞效率得以提高。但是，渔轮的购买、使用和维护需要大量资金，成本很高，一般只有渔业公司、研究机构或水产学校才能承担。据统计，截至1932年，在浙江海域从事捕捞的上海、浙江、福建渔轮

---

① 李士豪、屈若骞：《中国渔业史》，商务印书馆1937年版，第153—157页。
② 侯嘉星：《战前山东地区的渔业竞争与渔轮机动化发展（1921—1937）》，《政大史粹》（台北）2011年12月第21期。
③ 李士豪、屈若骞：《中国渔业史》，商务印书馆1937年版，第159—165页。

仅有35艘，其中载重50吨以下的小型渔轮占绝大多数。① 民国时期渔轮的发展处于起步阶段，在海洋渔业生产中不管是船只数量还是渔获量，所占的比重都极低。对绝大部分渔民来说，主要驾驶风帆船②进行渔业生产。为谋求渔船动力的改进，20世纪30年代中期浙江省水产试验场曾计划开展小型发动机船渔业试验，尝试对旧有渔船"改用机械，节省人力"，但最终未能实行。③ 相较于从国外直接引进渔轮，浙江省水产试验场改进传统渔船动力的计划更有意义。因为个体渔民的财力有限，所以大规模推广渔轮的方案并不可行。即便到50年代建立了渔业合作社，公共积累有所增加，但合作社仍承担不了建造渔轮的成本。在此情况下，机帆渔船的成功试制为渔船动力的改进提供了解决方案，机帆化成为海洋渔业生产动力革命的主流。

第一节　机帆船试验

所谓机帆渔船（通常称机帆船），是在原有或新建的风帆渔船上安装机器动力，船体结构和船型保持原来的特点，早期机帆船的行驶仍以风动力为主，在无风或风力微弱时补以机器动力。④ 机帆船在保留原有动力的基础上，增加机器动力，机器与风帆两用，提高了渔船的机动性能。1949年，东北行政区农业部水产处与辽西省水产

---

① 白斌：《明清以来浙江海洋渔业发展与政策变迁研究》，海洋出版社2015年版，第160—163页。

② 从动力上区分，海洋渔船有渔轮、机帆船、风帆船；从建造材料上区分，有钢材、木材、水泥、玻璃钢渔船。传统的海洋渔业捕捞依靠以风帆为动力的木制渔船，木帆船是一种常用的称呼。

③ 《浙江省水产试验场二十五年度工作方案》，《浙江省建设月刊》1936年10月第10卷第4期。

④ 中华人民共和国水产部办公厅编：《水产工作概况》，科学技术出版社1959年版，第97页。

局在营口进行机、帆并用的试验。1952年和1954年,山东省黄海造船厂先后改装机帆船在掖县试验,但结果不够理想。① 差不多同一时期,浙江也进行了机帆船试验。

一 台州海门:无果而终

1952年冬,台州海门区渔业干部苏其坤等联络了一批失业的渔轮工人和机师,向银行申请5000万元贷款,买来2部旧木炭车机器,尝试将地方政府拨给的2只沪艚船改装成机帆船,并计划在1953年春出海试验机帆作业。由于设备陈旧和技术限制,他们未能修理好机器。直到1953年10月,在当地部队工厂的帮助下,才勉强把机器修好,出海生产。因盲目照搬手操网作业方式,机器马力小,拖不动网,加之船身小(每艘载重25吨)、木炭耗费多等,渔船出海2个多月仅捕到800多斤鱼,试验失败。② 这次试验是将木炭车的发动机安装到渔船上,改装的机帆船以木炭燃烧产生的气体作为动力。其他地区也尝试过类似方案,但同样以失败告终。1953年冬,象山县鹤浦渔民改装了2台24马力旧汽车发动机,用木炭炉产生的煤气代替汽油,安装到渔船上作生产试验,最后因机器陈旧、零配件不足等中止。③

试验失败后,海门区政府对船上渔民进行了生活救济,稳定其情绪。同时,当地部队借给他们4部柴油引擎再度进行改装。1954年春汛,机帆船出海试捕独捞网。一开始,由于经验不足、技术生疏、网力过大、沉子太重,致使逃鱼、翻网和网打进螺旋桨等事故不断发生。后来他们吸取经验,将围网由31片减至28片,沉子适

---

① 宫明山、涂逢俊主编:《当代中国的水产业》,当代中国出版社1991年版,第152页。

② 中共海门区委员会:《关于第二渔业生产社试验机帆作业及今后意见的报告》,1955年2月14日,载椒江市水产志编纂委员会编《椒江市水产志》,1993年印,第130页。

③ 周科勤、杨和福主编:《宁波水产志》,海洋出版社2006年版,第85页。

当减轻,规定联络信号,避免了问题的发生。改进后的第一天,捕到9040斤鱼。在夏季休渔期间,他们又进一步改进船只,加大风帆,添置2顶小型打洋网和4顶小对网,还聘请了舟山有经验的技术人员。虽然秋冬汛机帆船出海生产次数少,但单位产量较高,试验获得初步成功。渔民普遍反映:"到底是机帆船,人家流水不顺,三门开不出,它唬唬叫开走。"不过,由于机帆船试验耗费多,导致其所属的海门区第二渔业生产合作社欠债2亿多元,而船上机器最后也要归还部队,所以中共海门区委建议国家发放贷款或投资支持该社改建原有渔船,并新建2只机帆大捕船。①

对于海门区试验机帆船作业以及中共海门区委的建议,浙江省农业厅水产局在回复中指出:"关于机帆捕鱼试验,已由舟山专署水产技术指导站进行试验,待试验成功后,然后有条件、有步骤逐步进行推广。因机帆捕鱼,系试验性质,若由渔民进行,如试验不成功,则影响渔民生产、生活;如由国家投资进行,目前不可能拿出更多的资金进行试验;况试验工作亦不能搞得过多,故除舟山专署水产技术指导站进行试验外,其他地区暂不进行。"② 从中可见,浙江省农业厅水产局明确反对海门区继续进行机帆船试验。一是因为机帆船试验需要大量投入,所以要由政府主导,不能让渔民承担其中的风险;二是由于经费、技术等限制,机帆船试验必须集中在一地,不能分散进行。在缺少政策支持与经费投入的情况下,海门区的机帆船试验最终夭折。

二 舟山专区:试验成功

关于舟山专区机帆船试验的缘起,综合各种材料来看,其过程

---

① 中共海门区委员会:《关于第二渔业生产社试验机帆作业及今后意见的报告》,1955年2月14日,载椒江市水产志编纂委员会编《椒江市水产志》,1993年印,第131—133页。

② 《浙江省人民政府农业厅水产局(函)》,1955年2月18日,载椒江市水产志编纂委员会编《椒江市水产志》,1993年印,第134页。

大致如下。

早在1950年5月解放舟山时，解放军在木帆冰鲜船上安装机器改成机帆船，把木帆运输船队改为机帆运输船队。1953年2月，中共中央决定成立舟山地委后，中共宁波地委副书记兼宁波市委书记、市长李频如调到舟山，担任中共舟山地委书记。由于舟山岛屿分散，地委、专署与各县、乡（镇）的联系十分不便。为保障日常联络通信的顺利开展，舟山有关部门请许根荣等技术人员，仿照当初解放军改装机帆船的做法，利用从海中捞获的2台旧柴油机，修整后装到冰鲜船上，使之成为机帆交通船，方便干部往来各岛。[1]

至于改装机帆渔船设想的来源，有两种说法。第一种说法是，1953年冬汛，李频如到嵊山渔场调查研究和检查指导工作，看到绝大部分渔船是破旧的小型木帆船，抗风能力差，常有安全事故发生，深感渔船引入机械动力的必要性和紧迫性，同时又想起了舟山为解决海上交通联络困难而改装机帆交通船的事情。[2] 第二种说法是，1954年春李频如从省里开会回来，经宁波回舟山，结果没赶上轮船，就搭乘了一条运输船。该船是一艘装有60马力柴油发动机的中型木帆船，李频如从中获得了将渔船装上柴油机的启发。[3] 相比较而言，第二种说法更不可靠。按照常理推断，李频如应该早就接触过装有机器的木帆船，不至于到此时才萌生出机帆渔船的想法。在缺乏档案证据的支持下，两种说法都有附会之嫌。

---

[1] 舟山市普陀区政协教文卫体与文史委员会编：《普陀文史资料》第3辑《普陀渔船史话》，中国文史出版社2009年版，第19页；郭振民：《舟山文史资料》第10辑《舟山渔业史话》，中国文史出版社2005年版，第55—56页。

[2] 郭振民：《舟山文史资料》第10辑《舟山渔业史话》，中国文史出版社2005年版，第55页。

[3] 赵以忠：《中华人民共和国建国初期恢复舟山渔业生产的几个历程》，载政协浙江省定海县委员会文史资料研究委员会编《定海文史资料》第1辑，1984年印，第92页；章凤池：《李频如和风帆渔船动力化》，载舟山市政协文史和学习委、舟山晚报编《舟山文史资料》第8辑《文史天地（上册）》，文津出版社2003年版，第199页。

实际上，舟山改装机帆渔船的时间要早于上述两种说法。从 1953 年夏开始，舟山水产部门和舟山渔船修建厂等在当地以及宁波、上海搜寻到若干台旧柴油机，分别从普陀县选择 2 对（鲁家峙和蚂蚁岛）、岱山县选择 1 对（东沙），共 6 艘木帆大对船安装机器，改装成 3 对机帆渔船。当年冬汛，这 3 对船出海试捕，但由于柴油机质量差、老大对机帆船性能不熟悉等，经常出现机械事故。① 值得注意的是，这种改装旧船的做法与前述海门区、象山县相同，从时间上看也相差无多。与当时海门区继续从事改装试验有所不同的是，舟山专区对发展机帆船更加重视，并率先取得了省级渔业主管部门的支持，从而导致后来海门区提出的计划被否决。

1954 年 2 月 7 日，中共舟山地委召开县委书记会议，会议一致同意李频如提出的关于基本实现全区群众渔船机帆化计划的建议。2 月 10 日，中共舟山地委专门讨论了扩建舟山船厂、建造机帆船等问题。之后，舟山专署向浙江省农林厅水产局和浙江省财政经济委员会提出试验机帆船基本建设和试验经费的报告。②

差不多同一时期，省里也有发展机帆船渔业生产的计划。1954 年年初，浙江省农林厅水产局派人赴东北了解机帆船渔业生产试验情况。根据调查所得，提出了两种试验方法：一是"将群众（互助合作组织）现有渔船（原船原人），由公家装上机器，订立合同（固定产量，不足时公家赔偿，超产时按比率分配），包产试验。船、网不作大修改。配上机器管理人员，争取于今年大黄鱼汛出海试验生产"；二是"重新设计，自建渔船，雇佣渔工，自己生产、试验"。考虑到时间上的紧迫，浙江省农林厅水产局拟采用第一种办法。③ 但

---

① 《普陀渔业志》编纂委员会编：《普陀渔业志》，方志出版社 2015 年版，第 964 页。有的材料将该次试验的时间说成是 1954 年春，并不准确。
② 张立修、毕定邦主编：《浙江当代渔业史》，浙江科学技术出版社 1990 年版，第 508 页。
③ 浙江省农林厅水产局：《为争取今年大黄鱼汛试验机帆船渔业生产报告请批复由》，1954 年 2 月 27 日，浙江省档案馆藏，J122—006—025。

在获悉舟山专区机帆船试验计划后,浙江省农林厅水产局决定放弃原来已经上报核批的试验计划,并调派人员协助舟山专区。①

1954年3月12日,浙江省财政经济委员会核准浙江省农林厅水产局关于舟山地区机帆船试验的报告,下拨基建经费15.8亿元、试验费7亿元,决定由舟山专署水产局局长陈刚负责实施,浙江省农林厅水产局沈家门水产技术指导站负责试验任务。4月,沈家门水产技术指导站成立了以站长周鸣岐为组长的试验小组。在舟山船厂和无锡柴油机厂等单位的协作下,试验小组选择浙江大捕型和福建大围缯型(俗称打洋船)风帆船为母型,采取扩大船只主尺寸和吨位,增设龙骨,增厚船壳板,增加活动甲板,改软帆为硬帆等措施,建成3对不同外形、不同吨位、不同机型的机帆渔船,定名为"机渔501、502","机渔503、504","机渔505、506",分别由普陀县鲁家峙渔业合作社、黄石渔业合作社和墩头渔业合作社负责生产试验,并挑选了最好的老大和船员。1954年冬汛投入对比生产试验,发现机帆渔船驾驶台设计过高与舵面匹配不当,经改进后有所改善。到1955年夏汛,机帆渔船试验第一阶段结束。1955年,试验小组与舟山船厂以"机渔505、506"为原型,新设计建造了一对30吨、29.4千瓦(40马力)的大捕型对网机帆船,从1955年秋到1956年夏汛进行第二阶段的生产试验。两个阶段的试验均成效显著,机帆船的单位产量远高于风帆船。② 至此,舟山专区的机帆船试验获得成功。

与海门区相比,1954年舟山专区开始的机帆船试验有三个特点:首先,舟山专区的试验获得了省级部门、地方政府以及相关工

---

① 浙江省农林厅水产局:《舟山专区拟试验机帆船,请予批核》,1954年3月4日,浙江省档案馆藏,J122—006—025。

② 浙江省水产志编纂委员会编:《浙江省水产志》,中华书局1999年版,第625—626页。关于机帆船试验的详细情况,另可参见张立修、毕定邦主编《浙江当代渔业史》,浙江科学技术出版社1990年版,第509—516页;《普陀渔业志》编纂委员会编《普陀渔业志》,方志出版社2015年版,第965—968页。

厂的支持，在政策、经费和技术上都获得了充分保障，几乎没有太大的阻碍；其次，得益于各方面的支持和保障，舟山专区试验所用的渔船是完全新建改良的，与海门区只能改装旧渔船大不相同；最后，虽然舟山专区的机帆船生产试验是通过配备渔业合作社的生产人员才得以完成，但渔业合作社、渔民都不负直接责任，亦即机帆船试验的风险完全由政府承担。总之，舟山专区机帆船试验的成功是当时各种优等条件组合的结果，如充足的经费、完善的配套、优秀的渔民等。

第二节　机帆化的动力

如前所述，1954年年初浙江省农林厅水产局曾派人赴东北调查机帆船渔业生产试验情况。在2月份形成的报告中，提到了机帆船生产的四点优越性："（1）可以跑得远，扩大渔场面积；（2）无风时可开机器继续生产，提高产量；（3）不受风、潮限制，可以按时出海、归港，主动找寻鱼群，做到'船等鱼'，并缩短航程；（4）有风时利用风力，节省燃油，无风时方用机器，既比机船降低了成本，又比风帆船提高了产量。"[①] 不难发现，这四点优越性其实主要强调的是提高渔业产量。所以，增产无疑是机帆化的直接目的，当然其中还涉及生产效益的问题。结合海洋渔业合作化、渔业生产环境的改善以及渔区妇女的动员，政府还试图通过发展机帆船为权力的扩张创造条件。

一　增产与效益

1949年以后，中国逐步建立起计划经济体制。特别是"一五"

[①] 浙江省农林厅水产局：《为争取今年大黄鱼汛试验机帆船渔业生产报告请批复由》，1954年2月27日，浙江省档案馆藏，J122—006—025。

时期（1953—1957），在加快所有制和微观经济组织改造的同时，国家还加强了对经济资源和经济政策的集中控制，主要企业、主要经济活动、主要生产生活资料的管理权迅速集中到中央政府手中。①

在海洋渔业生产领域，也形成了自上而下的计划体制。典型的如渔业产量计划，一般先由中央政府部门制定全国性计划，然后传到大区、省、专区、县（市）。1950年2月，中央食品工业部②在第一届全国渔业会议上制订了全国性的渔业生产计划，③紧接着华东军政委员会水产管理局、浙江省实业厅也相应提出各自的计划。④当年的渔业产量计划并非固定不变，而是会根据形势变化有所调整。如1951年7月，浙江省农林厅水产局召开第三届全省水产会议，要求宁波专区增加生产任务2511吨，争取下半年完成15000吨；台州专区增加5087吨，争取全年完成20000吨；温州专区增加3000吨。⑤随着海洋渔业合作化的发展以及政府调控资源能力的增强，集体经济组织不可避免地要按"计划"生产。渔业合作社不仅要制订年度生产计划，还要制订每个渔汛的季节计划。产量计划制订后，政府会相应进行渔需物资的供应、渔业用盐的分配、收购计划的制订、运输船舶的调配、加工设备的安排等。

由于计划产量有逐年递增的特点，所以容易形成增产的压力。

---

① 程连升：《筚路蓝缕：计划经济在中国》，中共党史出版社2016年版，第56页。

② 1949年11月1日，政务院各机构正式办公，水产工作由农业部管理。同年12月12日，水产工作划归食品工业部管理，12月16日，两部正式交接。食品工业部下设渔业组，负责管理全国的水产工作。1950年12月，食品工业部撤销，渔业组并入轻工业部。此后不久，水产工作又划归农业部。1953年1月，建立水产管理总局。参见宫明山、涂逢俊主编《当代中国的水产业》，当代中国出版社1991年版，第19—20页。

③ 《全国渔业会议闭幕 规定今年渔产最低任务为七十三万余吨》，《人民日报》1950年2月16日第4版。

④ 《华东举行水产会议》，《浙江日报》1950年4月10日第4版；顾忞：《通过今年水产计划》，《浙江日报》1950年4月24日第1版。

⑤ 《总结和布置全省水产工作》，《浙江日报》1951年7月26日第2版。

为增加产量，政府领导渔民采取了各种措施，如改革技术、扩大渔场、增加船网、延长作业时间（提前出海、常年作业）等。其中最重要的是增加渔船。如果缺少渔船，渔民就无法出海，且不说增产，连基本的生存都成了问题。在浙江解放后，一些渔民仍面临着缺船失业的窘境。如 1952 年秋汛，定海县计划出海大对船 303 对，但缺少 56 对，使 840 名渔民不能及时下海生产。① 定海县缺乏渔船，除了受自然灾害和海匪掠夺的影响外，外地渔业生产发展导致租船困难，本地下海渔民人数增加也是重要原因。② 由于缺少渔船，部分船只超龄破旧，1952 年浙江全省有失业渔民 7000 多人。③ 在渔民人数不增加的情况下，如果以平均一艘渔船 7 个渔民计算，则缺船 1000 多艘。

  造船于是成为当时紧迫的任务。1953 年，浙江省有 5 家造船厂，其中台州 1 家，温州 1 家，宁波 3 家。全省造船工人估计有 2500 人，其中木帆船工人 2000 余人。如果每人每年以 150 个工作日计算，2000 个船工共计全年有 30 万个工作日，以平均建造一只船需 80 个工作日计算，则每年可造渔船 3750 只。④ 但这是乐观估计，除了工人以外，造船还涉及资金、木材等。例如木材，造船的主要材料是樟木、松木、柏木、杉木等，而浙江本省出产的樟木、柏木等较少。⑤ 以台州为例，该区木材主要分布在临海、仙居、天台三县，其

---

  ① 《一九五二年浙江省水产工作综合报告》，1953 年 1 月 20 日，载浙江省水产局《浙江渔业史》编辑办公室编《水产工作文件选编（1950—1985 年）》上册，1987 年印，第 35 页。

  ② 定海县渔工委：《定海县贯彻省委渔区工作会议的情况汇报》，1952 年 9 月 30 日，浙江省档案馆藏，J122—004—018。

  ③ 《一九五二年浙江省水产工作综合报告》，1953 年 1 月 20 日，载浙江省水产局《浙江渔业史》编辑办公室编《水产工作文件选编（1950—1985 年）》上册，1987 年印，第 35 页。

  ④ 浙江省农林厅水产局：《有关渔业生产的几个问题报告》，1953 年 5 月 21 日，浙江省档案馆藏，J122—005—025。

  ⑤ 浙江省农林厅水产局：《有关渔业生产的几个问题报告》，1953 年 5 月 21 日，浙江省档案馆藏，J122—005—025。

中松树、杉树最多,樟树、柏树比较少。这些木材大部分在偏远山区,交通不便,运输困难且费用较高,"大型树整株运不出,历来都是在产地加工成材后,靠肩运到埠头(溪水旁起运点)投售"①。即便有诸多不利因素的存在,但整体而言,如表5-1所示,1949—1957年浙江省海洋渔船数量呈上升趋势,特别是1952年、1953年增加的数量相当明显。

表5-1　　　　1949—1959年浙江省海洋渔船数量统计表　　　　单位:艘

年份	木帆船					机帆船	渔轮	总计
	大捕船	打洋船	中小对船	小钓船	合计			
1949					12574			12574
1950					16002			16002
1951					17655			17655
1952					22467			22467
1953	1287	1	4848	2095	28414			28414
1954	2149	40	8397	1677	29417	4	2	29423
1955	2149	40	8397	1677	29417	8	2	29427
1956	2828	174	8150	2054	28733	70	7	28810
1957	3369	419	6582	1635	32258	189	9	32456
1958	2507	374	5958	1682	29356	432	17	29805
1959	2596	421	4986	1481	26642	993	25	27660

资料来源:浙江省水产厅:《发展水产生产的若干意见》,1962年4月7日,浙江省档案馆藏,J122—014—002。

说明:1949—1951年系指出海渔船数,其余年份均按实有船只统计。原表中缺其他类型的木帆船统计数量。另外,1954年机帆船的数量与本章第一节的叙述有所出入。

① 温州专署工业局:《温州地区造船资料调查总结》,1954年12月8日,浙江省档案馆藏,J122—006—025。此时台州专区已撤销,该报告虽题为"温州",实际内容说的是台州情况。

"造船是渔业生产的基本建设，是增产的主要关键"①，进一步追问的话，造何种船也大有讲究。由表 5-1 可见，1953—1957 年木帆船中的大捕船、打洋船增加数量较多，这两类都是大型渔船。大捕船能一船多用，春汛拼对进行大对网作业，夏汛用大捕网捕大黄鱼，冬汛以背带舢板进行背对网作业，深受渔民欢迎。打洋船从福建传入，可以拖、网、钓等多种作业方式并用。中小对船体型小，一般没有遮雨食宿装置，渔民捕捞时的辛苦程度可以想见，1954 年数量饱和，此后逐年减少。小钓船坚固耐浪，操作灵巧，稳定性好，航速较快，数量上稳中略降。1954 年以后，随着试验的成功，机帆船数量增加。政府与渔民之所以热衷于发展机帆船，一个主要原因是机帆船的单位产量远高于普通渔船。

舟山专署水产技术指导站认为，判断机帆船试验是否成功，"唯一标识就是提高产量降低成本增加收入，也只有以高额的产量与巨大收入充分显现了机帆船的优越性能，以后才可以给渔民以有力的示范"②。1954—1955 年，沈家门水产技术指导站负责试验的三对机帆船中，以"机渔 505、506"产量最高。该对机帆船在带鱼汛、小黄鱼汛和大黄鱼汛三个渔汛中，共产鱼 3117 担，是鲁家峙渔业合作社（舟山产量最高的社）平均产量 1048 担的近 3 倍，是普陀全县三汛平均产量 645 担的近 5 倍。从生产利润方面来看，该对机帆船三个渔汛的生产成本为 29611 元，实际收入为 32807 元，积累了 3196 元。③《浙江日报》也大张旗鼓地宣传三对试验机帆船的高产讯息。如 1955 年 6 月 8 日报道："从今年二月份

---

① 舟山专署：《一九五四年舟山专区造船初步方案》，1954 年 2 月 13 日，浙江省档案馆藏，J122—006—025。

② 舟山专署水产技术指导站：《试验机帆船渔业生产的计划初稿》，1954 年 4 月，浙江省档案馆藏，J122—006—025。

③ 沈家门水产技术指导站：《机帆船试验工作介绍（冬汛、春汛、夏汛）》，1955 年，浙江省档案馆藏，J122—007—020。

到五月底，三对机帆船每对已捕获了二十多万斤鱼，超过一般渔民大捕船的产量将近六倍，比小对船产量提高十七倍以上。"① 1956 年 1 月 6 日报道："三对机帆船在 12 月 2 日到 11 日的十天中，共捕获带鱼近十一万斤，其中最高的一对机帆船，产量高达四万八千余斤。"②

1955 年以"机渔 505、506"为原型新设计建造的一对大捕型对网机帆船，单位产量更高。在当年带鱼汛中，该对机帆船捕鱼 1278 担，是普陀县平均单位产量 181 担的 7 倍，是产量最高的鲁家峙渔业合作社背对作业平均产量 251 担的 5 倍。从收入来看，该对机帆船带鱼汛收入 17438 元，除去成本 5750.5 元，纯收入 11687.5 元，船上 22 个渔民平均每人可分 531.25 元，其中最高可得 800 元，最低也有 300 元。而在带鱼汛中，一般产量的渔业合作社每个劳力平均收入仅 104 元，产量最高的鲁家峙渔业合作社每个劳力平均收入也只有 175.4 元。③

1956 年冬汛，浙江有 70 艘机帆船出海生产，当时计划每对生产 1000 担，但实际上有的产量达 3000 担，一般的也有 1500—2000 担。收入方面，"一个冬汛的生产成本只 400 担鱼就够了，除本之外多产 1000 担就值 14000 元，每对船 22 人分配，每人就得 600 多元，多产 2000 担的就每人可分 1200 元左右"④。根据 1957 年对舟山 4 个不同类型渔业合作社的调查，如表 5-2 所示，其中 3 个社机帆船的纯收入是风帆船的 3 倍以上。

---

① 《舟山渔场的机帆船》，《浙江日报》1955 年 6 月 8 日第 4 版。
② 《用机帆船捕鱼》，《浙江日报》1956 年 1 月 6 日第 2 版。
③ 舟山专署水产技术指导站：《机帆船试验工作汇报》，1956 年 2 月 23 日，舟山市档案馆藏，5—4—169。
④ 《浙江省水产局关于 1956 年渔业生产工作总结报告》，1957 年 2 月 14 日，载浙江省水产局《浙江渔业史》编辑办公室编《水产工作文件选编（1950—1985 年）》上册，1987 年印，第 142 页。

表 5-2　1957 年舟山四个渔业合作社机帆船与风帆船生产对比表

渔业合作社名称	一对风帆船			一对机帆船			除成本外机帆船比风帆船增收（元）	纯收入机帆船相当于风帆船的（%）
	产量（吨）	产值（元）	成本（元）	产量（吨）	产值（元）	成本（元）		
鲁家峙	72.1	15263	5848	268.6	67921	26773	31733	437
荷叶湾	95.4	22159	7090	243.3	60868	23738	22061	246
螺门	101.8	22396	6719	285.0	76950	23853	37420	339
墩头	53.0	11660	4897	222.2	59994	24000	29231	532

资料来源：《关于浙江省发展机帆船问题的调查报告》，1957 年，浙江省档案馆藏，J122—009—146。

　　大体而言，1958 年以前机帆船的产量、收入要高于普通渔船。不过，值得细究的是收入问题。收入可分为两个方面，一是机帆船上渔民的收入（即劳动报酬），二是机帆船在扣除生产成本后的纯收入。一般来说，渔民的收入包含在生产成本中。机帆船高产带来的收益不可能由船上渔民直接分配，上文提到的"多产 1000 担就值 14000 元，每对船 22 人分配，每人就得 600 多元"，仅是一种假设，并不是说这些渔民真能获得如此丰厚的劳动报酬。在高产的情况下，机帆船上渔民的收入是要多于普通渔船上的渔民，但两者之间的差距恐怕不会过于悬殊。因为机帆船是由渔业合作社出资或贷款建造，属集体所有，谁能在机帆船上生产，是由合作社进行安排的。建造机帆船是为了提高渔业产量，而在增产之后，一方面合作社要通过公共积累，逐渐收回建造成本；另一方面也要适当增加其他渔民的收入，否则就会影响集体经济组织的巩固。鲁家峙渔业合作社书记林大苟指出，该社发展机帆船后，"1956 年夏汛的第一对产鱼 1523 担……由于夏汛一对机帆船增产，使全社 321 个社员，平均每人增加收入 30 多元；冬汛二对机帆船，产鱼 5342 担……由于冬汛有二对机帆船的增产，使全社 302 个劳力，平均每人增加收入

120多元"①。在渔业合作社的收入分配机制下，机帆船带来的效益会被稀释到集体之中。同时，也正是因为有了生产收益的整体调剂，才能进一步激发渔民发展机帆船的热情。

二 权力的扩张

20世纪50年代初中期，国家发展海洋渔业生产主要有两条路径：一是将渔民组织进互助组、合作社中，建立起集体经济组织；二是改进生产工具（特别是渔船），逐步实现渔业机械化。第三次全国水产会议的总结中提到："群众渔业的生产工具是由小型变大型，变为半机械化，再变为机械化的逐步提高，逐步发展为原则。"机帆船的试办先由国营单位或者有基础的合作社带头示范，然后再由群众合作组织加以领导建造。② 由此可见，作为渔业机械化重要组成部分的机帆船，在早期的规划中就是要与集体经济组织紧密结合。进一步来说，由于机帆船的建造者通常是拥有较多资金积累的渔业合作社，而非个体渔民，机帆船的发展自然强化了海洋渔业合作化的目标。

1954年2月，浙江省农林厅水产局在要求试验机帆船生产的报告中明确指出，要通过发展机帆船来改造旧式渔业，从而"促进渔业的互助合作运动"③。沈家门水产技术指导站强调，机帆化与合作化之间是一种互相促进的关系，即"发展机帆船不但能改善渔村经济，更能促进互助合作运动的巩固和发展，将来继续改进提高，收入还可以大大提高到一倍或者二倍，这样渔村经济就起到根本变化。只要把这种实际例子向渔民宣传，是没有一个渔民不欢欣鼓舞的，

---

① 林大苟：《我们是怎样提高渔业生产量的?》，1957年，浙江省档案馆藏，J007—009—080。

② 《第三次全国水产会议总结》，1953年2月4日，载农牧渔业部水产局编《水产工作文件选编（1949—1977年）》上册，1983年印，第19页。

③ 浙江省农林厅水产局：《为争取今年大黄鱼汛试验机帆船渔业生产报告请批复由》，1954年2月27日，浙江省档案馆藏，J122—006—025。

渔民对自己的前途和发展就更加明显，更加相信了，他们必定会认识到只有组织起来，只有集体生产，才能够造机帆船捕鱼，单干是不可以达到的"①。《浙江日报》报道舟山三对试验的机帆船在大陈洋丰产的情形时，指出"机帆船增产的事实更坚定了渔民走合作化道路的信心"②。

在政府看来，发展机帆船对渔民认同或走向合作化能起到一定的推动作用。虽然合作化使入社渔民失去了生产工具的支配权乃至所有权，但是生产工具的改进，特别是机帆船的出现与发展，可以让渔民部分地享受到权力扩张所带来的效益。从某种程度上说，政府认为越是以机帆化为口号和目标，就越能激发渔民的兴趣和积极性，从而在集体经济组织中反复塑造权力扩张的合理性。

机帆船抗风险能力强，可以减少海上生产事故的发生，并为其他渔船提供支持。作为机帆化的倡导者和推动者，政府由此扩大了权威的基础。

"三寸板内是娘房，三寸板外见阎王"，这句渔谣形象地反映了渔民使用落后生产工具作业时面临的巨大风险。海洋虽然给渔民提供了赖以为生的资源，但又无时无刻不在威胁着渔民的生命，甚至是部分渔民的"归宿"。普陀县黄石乡有的渔民说："过去渔民死在海比在家里多。"他又指出小木船生产有所谓的"九死"，即"大风大浪翻船'淹死'，陡风陡水'摇死'，船不能靠岸没有米做饭'饿死'，下雨起风'冻死'，飓风来了'吓死'，家里人'哭死'，抬船'压死'，小木船个体生产提不高'穷死'，碰到土匪'打死'"③。

机帆船的体型通常较大，并且机器、风帆两用，有效弥补了传统渔船的动力缺陷，使渔民在海上遇到大风或其他紧急情况时多了

---

① 沈家门水产技术指导站：《机帆船试验工作介绍（冬汛、春汛、夏汛）》，1955年，浙江省档案馆藏，J122—007—020。
② 朱棪：《大陈洋 好鱼库》，《浙江日报》1956年2月19日第2版。
③ 浙江第三次沿海渔区会议大会秘书处：《印发"黄石乡试办渔业生产合作社初步总结"的通知》，1954年2月8日，浙江省档案馆藏，J007—006—005。

一种选择。舟山专署水产技术指导站指出："机帆船船大较稳，再加有机器，就是在洋面上遇到大风也可及时归港避风，同时机帆船有蓬又有机器，坏了风蓬还有机器，坏了机器还有风蓬，所以生产更安全。"① 渔民在作业时最怕碰上大风，因为大风容易引起触礁、撞船、翻船等事故。在对抗大风方面，机帆船的优越性能凸显出来。1956年早冬汛，普陀县的木帆渔船被一阵偏北大风困在嵊山箱子岙，驶不出来，处境十分危险。此时，鲁家峙渔业合作社的2对机帆渔船和县里2只机帆指导船，冒风驶进岙口，拖带出60多只木帆船，使其安全返航。② 1957年12月，嵊山渔场上突然遭受大风袭击，渔场上的舟山机帆船将受风浪威胁的200余艘木帆船拖到安全地带避风。那些没有机帆船帮助的渔民，"他们看到别人家用机帆船拖渔船，而他们只好望洋兴叹"③。机帆船的出现，再加上气象预报、无线电通信等的配合，渔汛期间干部主动下海，并建立渔业生产指挥部，这些使渔民获得了前所未有的海上安全体验。渔业生产环境的改善，意味着渔民对政府的依赖程度加深。这不仅是客观现实的需要，同时也是政府主动介入的结果。

此外，机帆船的发展还为渔区妇女动员创造了有利条件。

在传统观念中，妇女上渔船被认为是不吉利的。"女人上渔船，菩萨就跑掉"，相关迷信思想普遍存在于浙江沿海。舟山的全国劳模郭钦再曾说过，他参加捕鱼的第二年，在普陀洋面搭救过两个妇女，自从妇女过船以后，大家都惶恐不安，害怕生产不好或出危险。④ 除了迷信观念以外，海上生活异常艰辛，渔业生产对体力的要求高，

---

① 舟山专署水产技术指导站：《机帆船试验工作汇报》，1956年2月23日，舟山市档案馆藏，5—4—169。
② 钢浪：《26对机帆渔船》，《浙江日报》1957年1月9日第2版。
③ 中共舟山专区渔场指挥部委员会：《关于12月12日抗风情况的报告》，1957年12月20日，浙江省档案馆藏，J122—001—017。
④ 浙江省农林厅水产局水产资源调查队：《沈家门水产资源调查综合报告》，1952年，浙江省档案馆藏，J122—004—009。

特别是渔汛期间劳动强度大,这些都制约了妇女下海捕鱼。20世纪50年代中期开始,妇女不能下海捕鱼的情况逐渐改变。1956年9月5日的《浙江日报》中提到了舟山沈家门荷叶湾渔业合作社副主任、共产党员张瑶琴带领四个女社员和男社员一起下海捕墨鱼的事迹。①桃花岛上的姑娘谢素英从16岁开始在堂伯父带领下,两年时间里便学会了捕鱼驶船技术。她在1955年墨鱼汛时技术被评为五分,分到了110元钱;1956年墨鱼汛时担任中舱摇橹、放网,技术被评为八分,相当于一个熟练的男渔民。②洞头县洞头乡的青年姑娘看到来此地的福建霞浦渔船中有妇女参加生产,于是向社里提出下海的请求,后来她们被允许跟随福建渔船下海学习生产技术。③

上述是妇女在木帆船上学习技术与参加生产的案例。机帆船出现以后,政府进一步树立起妇女下海的典型人物与事迹。岱山县衢山区女青年王惠菊得知社里打算动员女青年下海捕鱼的消息后,找到石子门渔业合作社党支部书记,表示坚决要求随船下海捕鱼。社里同意她下海尝试,并作为典型来培养,将她安排在衢山的第一对机帆船上。王惠菊顶住舆论压力,到机帆船上后克服了晕船难关,从事煮饭、烧菜、洗衣服、钉扣子等工作,还去拔网,擦机器,协助老轨管机器。1958年,王惠菊荣获第二次全国青年社会主义建设积极分子奖章,赴北京参加会议。上海天马电影制片厂以王惠菊等舟山下海妇女为题材,拍摄了电影《千女闹海》。④岱山县南峰渔业合作社的妇女们勤俭持家,进行编绳、放纱、引梭、织网等副业生产,1957年冬共集资36900元,投入社里第一对机帆船的建造。该

---

① 谭铁民、林永年:《今日沈家门》,《浙江日报》1956年9月5日第2版。
② 毛德传、朱家新:《捕鱼姑娘谢苏英》,《浙江日报》1957年3月8日第4版。据其他材料,《浙江日报》中提到的"谢苏英",其实应作"谢素英"。
③ 黄正潞:《海边的姑娘》,《浙江日报》1956年12月2日第2版。
④ 毛忠国等提供,刘文根记录整理:《王惠菊闯海经历记》,载岱山县政协文史资料与教文卫体委员会、岱山县海洋与渔业局编《岱山县文史资料》第9辑《耕海歌——岱山海洋渔业史料专辑》,中国文史出版社2010年版,第46—48页。

对机帆船被命名为"勤俭号"（口头上一般称"妇女号"），1958年6月2日正式投入大黄鱼汛生产。当年，该社就有7名妇女到机帆船上参加生产。① 相关材料显示，1958年舟山参加远洋捕鱼的妇女有389人，其中达到女老大标准的18人，女轮机手48人，另外参加近洋张网生产和海带养殖的妇女有6600人。②

集体化时期农村妇女参与高强度的劳动生产是非常普遍的现象。③ 在沿海渔区，妇女们也被充分动员起来，参与到渔业生产中。从事远洋捕捞的妇女大多是未婚女青年，年龄不大，适应性强，能较快熟悉并掌握生产技术。在具备条件的情况下，下海妇女一般被安排到机帆船上，适当减轻其劳动强度。有的渔业合作社发动妇女参加副业生产，并将劳动所得投入机帆船的建造中；待机帆船建成后，又挑选合适的妇女上船劳动，把她们树为典型。机帆船与妇女动员之间存在的这种微妙联系，一定程度上体现了海洋渔业生产中国家权力的积极运作。

第三节 机帆化的推进

浙江的机帆化大致经历了三个发展阶段。1955—1959年是机帆船初步应用阶段，20世纪60年代至70年代中期是机帆船改进和普

---

① 赵家栋：《南峰渔业大队全民集资新建"妇女号"机帆船》，载岱山县政协文史资料与教文卫体委员会、岱山县海洋与渔业局编《岱山县文史资料》第9辑《耕海歌——岱山海洋渔业史料专辑》，中国文史出版社2010年版，第94—95页；浙江省妇联舟山办事处：《东海洋面上的第一对妇女号机帆船》，1958年6月7日，舟山市档案馆藏，22—9—32。

② 王尊贤：《总结经验，乘胜前进 为1959年渔业生产更大、更好、更全面的跃进而奋斗》，《水产工作通讯》1959年第4期。

③ ［美］黄宗智：《长江三角洲小农家庭与乡村发展》，中华书局1992年版，第201—203页；［美］贺萧：《记忆的性别：农村妇女和中国集体化历史》，张赟译，人民出版社2017年版，第190—225、339—378页。

遍推广阶段，70年代中期以后机帆船朝大型化、多功能发展。① 第一阶段，亦即早期的机帆化总体处于探索状态，受到诸多因素的制约。本节主要从资金与技术两个角度探讨机帆化的推进，并简要考察其在60年代初遭遇的困境。

一　资金来源

机帆船在改进渔船动力方面具有成本低、见效快的优点，但成本低是相对于建造渔轮而言。当时建造一对机帆船的费用，大概在5万—10万元之间。沈家门水产技术指导站指出，建造一对28吨40马力的机帆船，要花费5万多元；一对40吨60马力的机帆船，要花费8万多元。② 浙江省统计局估计的是，一对40马力的机帆船约需投资6万多元，根据生产试验情况，只要两年多就能回本。③ 而造一对渔轮，则需要60万元以上。④

对集体经济组织来说，建造机帆船的资金主要是公共积累和国家贷款，两者互相补充，但以公共积累为主。在公共积累不足的情况下，可以得到一定的国家贷款来建造机帆船。

合作社的公共积累包括公积金和公益金两部分。1956年6月30日第一届全国人民代表大会第三次会议通过的《高级农业生产合作社示范章程》中规定："农业生产合作社应该从每年的收入当中留出一定数量的公积金和公益金。公积金用作扩大生产所需要的生产费用、储备种籽、饲料和增添合作社固定财产的费用，不能挪作他用。公益金用来发展合作社的文化、福利事业，不能挪作他用。"公积金

---

① 浙江省水产志编纂委员会编：《浙江省水产志》，中华书局1999年版，第141—142页。

② 沈家门水产技术指导站：《机帆船试验工作介绍（冬汛、春汛、夏汛）》，1955年，浙江省档案馆藏，J122—007—020。

③ 浙江省统计局：《关于征求对"浙江的海水产"（初稿）意见的函》，1957年6月11日，浙江省档案馆藏，J129—001—075。

④ 浙江省海洋水产试验所：《关于机帆船试验总结报告》，1957年1月25日，浙江省档案馆藏，J122—009—064。

和公益金从扣除生产费用后所剩下的收入中提留，公积金的提留比例一般不超过8%（在经营经济作物的合作社中可增加到12%），公益金不超过2%。如果遇到荒年，公积金可以少留或不留，丰年则可酌量多留。① 渔业合作社的情况与农业合作社类似，但公共积累的提留比例要高一些。《高级渔业生产合作社章程》中规定，公积金占总收入的10%，用于扩大再生产；公益金占总收入的5%，用于社员集体和个人福利事业。② 两相对比可见，农业合作社的公共积累是从扣除生产费用后的收入中提留，而渔业合作社的公共积累直接从总收入中提留。如果按照农业合作社的提留方法计算，渔业合作社公共积累的提留比例要更高。

公共积累的多少除了与渔业合作社整体收入密切相关外，还受到劳动报酬支出的影响。换言之，在渔业合作社全年总收入变动不大的情况下，通过减少社员的收入，提高提留比例，也能快速增加公共积累。一些渔业合作社即采取此种方式来解决建造机帆船的资金问题，定海县螺头渔业合作社1956年渔民平均收入777.5元，1957年为发展机帆船，提高了公积金的抽取比例，渔民的平均收入下降至575元。此外，该社还教育社员要勤俭办社和勤俭持家，并发动妇女参加农业生产。③

从1958年开始，在"大跃进"的影响下，提高公共积累的抽取比例成为解决机帆化资金的主要方法。中共浙江省委农村工作部副部长高复隆在全省社会主义渔业建设积极分子代表大会和第八次渔区工作会议上提出了浙江机帆船的发展指标，即到1962年全省机帆船超过2500对，争取达到3000对，五年内基本实现机帆化。为实

---

① 《高级农业生产合作社示范章程》，1956年6月30日，载《当代中国农业合作化》编辑室编《建国以来农业合作化史料汇编》，中共党史出版社1992年版，第353、355页。

② 浙江省水产志编纂委员会编：《浙江省水产志》，中华书局1999年版，第429—430页。

③ 庄善兴：《苦战一年，实现机帆化!》，1958年，宁波市档案馆藏，地56—6—20。

现目标，必须增加公共积累，"五年内要求最低限度，积累2亿元"；同时降低社员收入的增长幅度，"五年内最好不超过25%"，而公共积累的比例"可以搞到30%、40%、50%甚至60%"①。中共温州地委计划1958—1960年全区渔民的平均收入在"一五"时期320元的基础上稍有提高，"二五"时期渔民平均收入的增长不超过25%；在公共积累提取方面，1958—1959年为纯收入的40%—70%，平均为55%，1960—1962年平均为65%，五年内要积累2亿元。②黄岩县大陈社代表在该县渔民代表大会上提出，社员收入要从1957年的560元下降到250—300元；除纯收入的30%作为社员生活费外，其余70%的资金全部投入建造机帆船。五星社代表提出社员收入要从1957年的600元下降到300—350元，各社代表普遍提出社员收入下降40%。③洞头县为扩大公共积累，也采取了提高提留比例的措施，即公积金在1957年占纯收入25%的基础上，1958年提高到50%—70%。④

上述各地的方案是否真正实行不得而知，但是采用提高提取比例、减少社员收入的方式，确实能在短期内增加公共积累，部分地解决机帆化资金短缺的问题。不过，这种方式存在很大的风险。如果机帆船生产不好，甚至出现亏损，那么收回成本就将遥遥无期。进一步来说，集体经济组织过多地提取了本该分配给社员个人的收入，再加上盲目或不计成本地发动社员投资建造机帆船，⑤会使渔民

---

① 《中共浙江省委农工部高复隆副部长在全省社会主义渔业建设积极分子代表大会和第八次渔区工作会议上的报告》，1958年，浙江省档案馆藏，J007—010—077。

② 中共温州地委：《温州区渔业发展纲要（初稿）》，1958年3月，浙江省档案馆藏，J122—010—183。

③ 中共台州地委合作部：《批转"黄岩县第三次渔民代表会议总结"》，1958年4月1日，台州市档案馆藏，J013—015—002—037。

④ 《提早实现渔业机帆化》，《浙江日报》1958年4月13日第6版。

⑤ 例如玉环坎门区的一些渔业社为建造机帆船，大力发动社员进行投资，同时派出许多采购员到各地购买机器、零件（参见中共温州地委《关于玉环县渔业整风和渔业生产问题的报告的批示》，1958年5月5日，温州市档案馆藏，87—10—74）。又如普陀蚂蚁渔业社，也积极动员社员投资建造机帆船（参见李明春《克勤克俭实现渔业机帆化》，《水产工作通讯》1959年第9期）。

对抗生产与生活风险的能力迅速下降。机帆船试验的成功以及少数作业单位的高产，大多是各种优等条件组合的结果，机帆船的生产效益仍有较强的不确定性。因此，原本由政府承担的风险，到1958年主要转嫁给了集体经济组织与渔民。

国家贷款是发展机帆船的另一项资金来源。前述舟山专区试验用的机帆船，是由政府出资建造。从1956年春汛开始，为推广机帆船，政府又出资建造了3对。这3对机帆船交给舟山当地的渔业合作社使用，但渔业合作社要分年还款，自负盈亏。① 国家贷款在机帆化资金中主要起到辅助作用，如舟山专区"群众改装机帆船的经费，以自己积累为主，政府扶植为辅……所有改装经费全由群众自己负担，在积累中支出，不足数由政府贷给在今后积累中归还"②。1957年春夏汛，温州专区一些渔业合作社因敲鲓丰收，兴起了建造机帆船、打洋船的热潮，但这些渔业合作社又不愿扩大公共积累，反而向当地银行借款。对于这样的行为，中共温州地委农村工作部进行了通报批评。③ 以公共积累为主，国家贷款为辅来推进机帆化的策略，一直延续到1958年的"大跃进"。高复隆明确指出："要实现机帆化，要有实现机帆化的资金，这都需要我们对消费和积累的问题作进一步的研究，否则机帆化就成为空谈，生产大跃进就没法实现，跃进的资金哪里来？就是依靠合作社，依靠群众，不能依靠国家贷款。"④

为减轻财政压力，政府在机帆化过程中采取了新建与改建并行

---

① 舟山专署水产局：《舟山机帆船试验情况》，1957年3月，浙江省档案馆藏，J122—009—064。

② 中央人民政府第一机械工业部销售局华东销售办事处：《送上调查舟山专区渔业需要船用柴油机报告由》，1954年7月20日，浙江省档案馆藏，J158—007—142。

③ 中共温州地委农村工作部：《批转人民银行温州支行党组关于洞头渔农等四个社贷款初步检查报告的通报》，1957年11月16日，温州市档案馆藏，94—5—12。

④ 《中共浙江省委农工部高复隆副部长在全省社会主义渔业建设积极分子代表大会和第八次渔区工作会议上的报告》，1958年，浙江省档案馆藏，J007—010—077。

的方案。

所谓新建,是指建造新的机帆船。政府适当发放贷款,支持一些渔业合作社建造机帆船。获得贷款的渔业合作社,不一定是本身的公共积累无法承担机帆船的建造成本。普陀县著名的蚂蚁渔业合作社,1955 年年底已经积累了资金 28.2 万余元,但政府仍对其进行贷款援助。① 相反的是,一些渔业合作社在建造机帆船时只能依靠公共积累。如嵊泗县光明渔业合作社,1956 年动用社里积累的 10.88 万元购买了 2 艘机帆船。② 其中差异的缘由,主要在于渔业合作社具有的政治资源不同。蚂蚁渔业合作社是舟山乃至全省在 20 世纪 50 年代中后期要树立起来的一面旗帜,③ 而光明渔业合作社显得默默无闻。从中不难发现,能够获得政府全面贷款支持来新建机帆船的渔业合作社,在当地必有其特定的政治资源。

改建,指将旧船改装成机帆船。有的合作社因规模小、资金少,为节约成本,甚至不用柴油发动机,直接将木帆船改装成木炭机帆船。④ 改装旧船的成本远低于新建机帆船,以大部分集体经济组织的公共积累,结合少量的国家贷款,就能将一些旧船变成机帆船。改建是 20 世纪 60 年代以前的普遍做法,也可以用来解释短期内机帆船数量快速增长的现象。但改装而成的机帆船,质量大都较差。沈家门水产技术指导站早在机帆船试验阶段就注意到原有渔船安装机器存在的问题:"过去我们的认识太简单,认为把既有的风船装上机

---

① 李谒旺、陆渭川:《为建设机帆化的渔岛努力》,《浙江日报》1956 年 1 月 1 日第 5 版。

② 毛方定、陈阿曹:《我们为全国人民生产海味》,《浙江日报》1957 年 1 月 1 日第 2 版。

③ 笔者曾于 2018 年 12 月 19 日去蚂蚁岛考察。当客船靠岸,登上蚂蚁岛时,可看见"全国第一个人民公社蚂蚁岛欢迎您"的标语,蚂蚁岛创业纪念室宣传该岛在 1958 年 7 月 26 日建立了全国第一个人民公社。另外从档案和报纸中,我们也能感受到蚂蚁岛在当时的特殊地位。

④ 庄善兴:《苦战一年,实现机帆化!》,1958 年,宁波市档案馆藏,地 56—6—20。

器就好生产了,这是不对的……为了机帆船要发挥机器效力,就必须适应地放大型船。不但原有风船装上机器对安全没有保障,而且产量不会提得很高,成本上不会合算。"① 另外,由于不少渔民只经过简单的培训,刚学会使用机器,经常出现捕捞事故,导致许多改装的机帆船只能停港待修或带"病"出海,产量一般,有的渔民埋怨称机帆船为"饥荒船""火囟船""穷穷穷"。②

二 技术支持

机帆船的设计主要是从方便渔民操作、掌握技术的角度出发。政府以改建旧渔船为主,也是考虑到"渔民常年习惯操作于旧有型式船只,并旧有船只甚多,因此把原有型式渔船改装为机帆渔船。它的优点是,既可克服风帆在生产中的缺点,有风则张帆行驶节省燃料,无风或顶风用机器行驶,并可使渔民依照原有操作方式在原型船上进行生产"③。沈家门水产技术指导站曾指出,手操网渔轮不仅造价高,而且技术复杂,不是一般渔民短时间内能学会的;机帆船的性能与传统渔船相似,虽然机器操作稍微复杂一些,但渔民学起来很容易;在机帆船刚试验时,"老大本来不懂机帆船的操作,但经过半天座谈,几小时试航,他们就能够自如地掌握着船的行动"④。正是因为机帆船在操作上相对便利,所以容易推广开来,"渔民接受容易,稍有对船作业经验的渔民,只要经过短期的介绍和实习,就可以独立进行操作,所以群众很欢迎,

---

① 沈家门水产技术指导站:《机帆船试验工作介绍(冬汛、春汛、夏汛)》,1955年,浙江省档案馆藏,J122—007—020。
② 浙江省水产志编纂委员会编:《浙江省水产志》,中华书局1999年版,第141页。
③ 中央人民政府第一机械工业部销售局华东销售办事处:《送上调查舟山专区渔业需要船用柴油机报告由》,1954年7月20日,浙江省档案馆藏,J158—007—142。
④ 沈家门水产技术指导站:《机帆船试验工作介绍(冬汛、春汛、夏汛)》,1955年,浙江省档案馆藏,J122—007—020。

推广方便"①。

  船型方面，20 世纪 60 年代以前机帆船的种类较多。譬如台州地区在 1956 年以连江型木帆船为基型，改装成对网机帆船，船长 19.5 米，25 总吨，主机 44.1 千瓦。1958 年，浙江省海洋水产试验所与玉环县坎门民主大队合作，设计建造了省内第一艘母子延绳钓机帆船；同年又与定海县金塘人民公社合作，设计建造了第一艘大型流网机帆船。② 在机帆船最多的舟山地区，主要是以原有大捕船为基础进行改装或新建。常见的是 30 吨 40 马力的大捕式机帆船，船长 18.7 米，船宽 4.2 米，船深 1.55 米，大桅长度 16 米，头桅长度 10 米，载重量 22.5 吨，淡水量 2.5 吨，舱底压载（石头）5 吨，载油量 1 吨，航速 6—7 海里/时，续航力 1200 海里。全船分为鱼舱、网舱、机舱、水舱、卧舱、伙舱等。③ 而民国时期舟山地区的大捕船，船长 15.52 米，船宽 3.12 米，船深 1.36 米，载重量 10—15 吨；50 年代中后期船长增至 16.5—17.1 米，船宽 3.1—3.6 米，船深 1.18—1.5 米，载重量 15—30 吨。④ 由此可见，新建的大捕式机帆船一方面在船型上延续了原来的大捕船，另一方面又对船体稍微进行了放大，以符合安装机器的需要。

  总之，不管是机帆船的设计还是船型，都尽量兼顾渔民原有的生产习惯，使其能快速适应并掌握技术。当然，机帆船的技术便利是相对而言的，这包括三个层面的含义：一是相对于渔轮，机帆船确实操作简单，不需要对渔民进行长期的培训；二是相对于一般技术水准的渔民，那些生产技术高、领悟能力强的渔民更容易掌握机

---

  ① 浙江省海洋水产试验所：《关于机帆船试验总结报告》，1957 年 1 月 25 日，浙江省档案馆藏，J122—009—064。

  ② 浙江省水产志编纂委员会编：《浙江省水产志》，中华书局 1999 年版，第 141 页。

  ③ 浙江省水产厅编：《海洋捕鱼技术》，浙江人民出版社 1959 年版，第 43 页。

  ④ 舟山市普陀区政协教文卫体与文史委员会编：《普陀文史资料》第 3 辑《普陀渔船史话》，中国文史出版社 2009 年版，第 42—43 页。

帆船的操作要领；三是相对于老轨等重要岗位，一些岗位的操作与传统渔船相差无几。

1956年2月，舟山专署水产技术指导站在机帆船试验的工作汇报中强调："老大和司机是机帆船的主要技术人员，特别司机更重要，他不是短时间能学好的，必须及早培养，培养的唯一方法就是开训练班。"老大训练班要"选择社里先进的能钻研的老大进行短期的训练"，司机训练班面向的对象是"社内有机器兴趣的青年"和"沿海渔村农村里有一定机器知识的人才"[①]。老大即船长，对渔船负总责，岗位主要在船上驾驶台和后舱；司机，顾名思义，负责保养和维护机舱内的各种机器，通常称老轨，又称轮机手、轮机长，另外还有协助老轨的二轨。老大和老轨是机帆船上最重要的技术人员。机帆船上的老大一般由传统渔船上经验丰富的老大担任，老轨则偏向让青年渔民担任。1956年，温州专署水产局委托上海柴油机厂专门开办了一个轮机人员训练班，由各县渔业合作社选送32名青年渔民，学习有关船用柴油机的原理和装拆机器、开车停车等技术。[②] 同年，舟山地区训练了166名轮机人员，其中40人送至上海柴油机厂培训，另外在3个月里突击训练出机帆船老大、出网100人。[③] 1957年，浙江省水产干部学校在舟山开办了机帆船轮机人员训练班，全省受训渔民92人，培训时间6个月。[④]

上海柴油机厂是浙江机帆化过程中重要的技术支持单位。1956年以来，该厂不仅为浙江提供机帆船上的柴油机，承担部分渔民的培训，还派出大批工人到舟山渔场安装机器，跟随渔船下海维修护

---

① 舟山专署水产技术指导站：《机帆船试验工作汇报》，1956年2月23日，舟山市档案馆藏，5—4—169。

② 洪绍炳：《温州专区一批青年渔民》，《浙江日报》1956年11月30日第2版。

③ 舟山专署水产局：《舟山机帆船试验情况》，1957年3月，浙江省档案馆藏，J122—009—064。

④ 《训练渔民开机帆船》，《浙江日报》1957年11月2日第2版。

理机器，帮助渔民学会操作。① 当时上海柴油机厂到过舟山渔场的人员，除了普通的修配工、技术员，还有相关科长、车间主任、工程师和厂长。仅1957年冬汛，上海柴油机厂的职工就为舟山渔船修理了400多件船机。② 有的渔业合作社还专门请上海师傅担任机帆船上的老轨，让社里青年渔民在生产实践中向他们学习机器维修技术。③

机器维修技术对机帆船至为关键，因为一旦机器出现问题，机帆船就要停止生产，损失巨大。当然，从另外一个角度来看，由于早期机帆船的设计和建造都比较粗糙，机件质量差，加上有大量机帆船是从旧渔船改装而来，所以机器的维修频率高。1959年，舟山鲁家峙一艘由宁波动力机厂生产的60马力机帆船下海经常出现问题，一年中修理了10多次，导致产量与其他正常机帆船相差6.6倍。④ 从技术人才的储备情况来看，1958年以前，各地培训的老大、老轨大致可以适应机帆化的速度；1959年以后，由于大规模发展机帆船，技术人才的整体水平迅速下降。⑤ 20世纪60年代初，舟山沈家门全镇只有一个老轨是由上海柴油机厂培训出来的，其他都是在当地培训，"有的只会开、不会拆、不会修，机器坏了找不出毛病"。墩头渔民反映："公社化后对老大、老轨的技术要求不严，过去发考试合格证，现在马虎了。"⑥ 本该更加受到重视的技术能力，在机帆化浪潮中反而被轻视了。

---

① 开仁：《舟山水产支援上海》，《浙江日报》1959年2月4日第2版。
② 郭振民：《舟山文史资料》第10辑《舟山渔业史话》，中国文史出版社2005年版，第504—507页。
③ 陈宽信口述，王定甫整理：《东沙渔业队驶出岱山第一对机帆船》，载岱山县政协文史资料与教文卫体委员会、岱山县海洋与渔业局编《岱山县文史资料》第9辑《耕海歌——岱山海洋渔业史料专辑》，中国文史出版社2010年版，第90—93页。
④ 浙江省计委计划局：《关于舟山县沈家门镇机帆船发展问题的调查报告》，1962年1月4日，浙江省档案馆藏，J122—001—033。
⑤ 中共浙江省水产厅党组：《关于当前机帆船发展中存在问题及改进意见的报告》，1962年1月23日，浙江省档案馆藏，J122—001—033。
⑥ 浙江省计委计划局：《关于舟山县沈家门镇机帆船发展问题的调查报告》，1962年1月4日，浙江省档案馆藏，J122—001—033。

三 遭遇困境

如前所述，在"大跃进"的背景下，随着公共积累的增加和技术要求的下降，机帆化得以迅速推进。1957年浙江全省有机帆船189艘，但1959年增加至993艘，1960年达到1237艘。① 1957—1960年，浙江机帆船的数量增长了5倍多。机帆船数量的快速增长具有盲目性，是以转嫁机帆化风险和牺牲机帆船生产效益为前提的。到20世纪60年代初，浙江机帆船的发展出现了困境。根据舟山专署水产局1962年的调查，当地使用机帆船的情况有三类：

> 1. 使用机帆船生产后，产量和收入比木帆船显著增加，因而深受群众欢迎，积极要求发展的，全区有14个公社，共有机帆船414只，占总数的51%左右；
> 2. 在使用机帆船生产后，因为发展较快，技术跟不上，产量和收入增加不显著，有的受到停泊和维修条件的限制，目前需要进一步加以巩固提高，有47个公社，共有机帆船343只，占总数的41.8%左右；
> 3. 一部分地区，由于技术和经济条件较差，经营管理不善，机帆渔船的产量不高，影响了社员收入，因而不很受到欢迎的，约有11个公社，共有机帆船58只，占总数的7.2%。②

由上可知，机帆船质量参差不齐，产量差异明显。舟山地区有大约一半的机帆船，其产量与收入比传统渔船显著增加，拥有这些机帆船的公社只有14个。虽然产量差的机帆船占比不到10%，但存在许多质量和产量都一般的机帆船，数量占比超过40%，并且分布

---

① 浙江省水产厅：《发展水产生产的若干意见》，1962年4月7日，浙江省档案馆藏，J122—014—002。
② 舟山专署水产局：《机帆船渔业生产及制造经营管理的办法》，1962年9月28日，浙江省档案馆藏，J122—014—027。

在 47 个公社中。即便第一种情况与第二种情况公社的数据是重叠的，那么至少也有 33 个公社的机帆船产量一般。当然，还有另外一种可能，即第一种情况的 14 个公社是以渔业为主的公社，是舟山海洋渔业生产中的主力，这就意味着机帆化有了关键的受益者。比较社均机帆船数量，第一种情况的公社有近 30 只，第二种情况的公社只有 7 只，似乎可以说明第一种情况的 14 个公社在海洋渔业生产中占据主导地位。不过，我们仍无法否认舟山地区有差不多半数的机帆船生产效益一般或较差的事实。

机帆船效益不及预期，除了质量与技术方面的问题外，生产成本的大幅增加也是一个原因。据 1961 年在舟山沈家门的调查，每艘机帆船的年生产成本在 28000—32000 元，占其年产值的 40%—50%，而大对船、大捕船、背对船的年生产成本占年产值的比例分别为 30%—35%、25%—30% 和 15%—18%。以鲁家峙大队的机帆船为例，其生产成本 1957 年为 24800 元，1958 年减至 22000 元，但 1959 年增至 28000 元，1960 年、1961 年进一步增加到 32000 元左右。① 由于生产成本的提升，机帆船的效益甚至不如传统渔船。

除了舟山，其他地区也存在机帆船生产亏本、劳力收入下降的情况，渔民的生产信心受到了严重打击。1961 年，温岭县城南公社代表在该县渔区代表会议上说："五九年一下子发展四对机帆船，机帆船一时产量又很低，社员厌干部厌死，只看到小钓、网对年年丰收，不见社员收入增加，生产的劲头就没有了。"② 温州市大门区从 1960 年起就停止发展机帆船，"个别地方渔民甚至不高兴机帆船"③。有的渔民甚至不愿去机帆船上生产。如玉环小迭大队 1962 年春夏汛

---

① 浙江省计委计划局：《关于舟山县沈家门镇机帆船发展问题的调查报告》，1962 年 1 月 4 日，浙江省档案馆藏，J122—001—033。
② 温岭县水产局：《温岭县渔区代表会议的总结报告》，1961 年 7 月 23 日，浙江省档案馆藏，J122—013—050。
③ 中共温州市大门区委：《关于召开全区渔民大会情况的报告》，1964 年 4 月 18 日，温州市档案馆藏，127—3—5。

投入生产的4对机帆船亏本4350元,导致"渔民对机帆船渔业生产信心不高,不管高产单位还是低产的单位,普遍不愿意到机帆船上去生产"①。

从舟山的调查材料来看,发展机帆船消耗了大量公共积累,导致一些集体经济组织资金短缺,负债严重,甚至连出海生产都产生困难。黄石公社梁湖大队1963年新建机帆船9艘,花费24.5万元,其中自有资金4万元,欠有关单位16万元,用流动资金抵上4万元后,导致出海资金困难,不得不向国家贷款2.5万元。塘头大队1963年新建和改装机帆船2对,花费5.2万元,其中自有资金1.07万元,其余资金全部负债解决,秋汛出海资金困难,甚至没钱买柴油,不得不向银行贷款7000元。虾峙区1963年的数据显示,该区共有184艘机帆船,花费552万元,对外负债338.9万元(不包括社员投资等内债),占机帆船投资额的61%,而全区集体积累只有291.3万元。②

综上所述,作为传统渔船动力改进的解决方案,合理地发展机帆船不仅可以提高产量,给渔民带来增收的希望,还能切实提高政府的权威,为权力的扩张创造条件,推动海洋渔业合作化、渔区的妇女动员等。考察浙江机帆化的缘起与开展,可以发现其中政策支持、资源分配的地区差异,以及特定环境下渔业技术革新与推广对生产力发展起到的阻碍作用。

机帆船试验起初是由各地自发进行,但舟山专区率先得到了省级部门的支持,最终在各种优等条件的组合下试验成功。舟山海洋渔业发达,多大型生产工具,当地渔业合作社的经济实力较强,相对其他地区而言更具备推广机帆船的条件。在政策的倾斜下,舟山较多地获得了资金与技术上的保障,于是成为机帆船发展的主要地

---

① 玉环县水产局:《关于机帆船渔业生产情况总结》,1962年9月4日,浙江省档案馆藏,J122—014—027。
② 《关于舟山渔区经济情况的调查报告》,1964年,浙江省档案馆藏,J122—001—039。

区。机帆化原本是促进生产力发展，巩固集体经济组织的"法宝"，但随着1958年"大跃进"的发动，在缺乏合理规划的情况下，机帆化不断消耗公共积累与社员积蓄，加上机帆船无法普遍实现增产增收，从而导致不少集体经济组织陷入困境。本应在海洋渔业生产中创造出巨大效益的新技术，由于20世纪50年代末60年代初的盲目推广，反而阻碍甚至破坏了生产力的发展，使集体经济蒙受损失，并加重了60年代初渔区的复杂困难局面。

结　　语

　　20世纪50年代中国共产党领导下的集体化，使中国基层社会发生了翻天覆地的变化。其中，农村、农民与农业三者通常是理解集体化的核心要素。但如果我们的视野仅限于此，就很难真正理解新中国基层社会治理时遭遇的各种挑战与困难。实际上，中国基层社会的复杂性不仅是地域差异造成的，更主要的是由生存方式各异的人群所创造的。以本书研究的海洋渔业为例，不管是生产环境还是生产方式，与农业相比都有较大的差异。

　　从生产环境来看，大海波涛汹涌，海上匪徒飘忽不定，渔民生产时的处境要比农民凶险，由此形成豪迈粗犷、好勇斗狠的群体特征。爱喝酒与常打架，即是此特征的外在行为表现。"亦渔亦匪"的现象，则表明渔民在险恶环境下谋生方式的多元化。此外，恶劣的海上环境以及对海洋渔业利益的争夺，增强了渔民的地域观念，相同籍贯与生产技术的渔民在渔汛期间集体行动，遇到紧急状况彼此呼应。海洋鱼群的流动促使渔民从此地到彼地，进一步强化了地域认同和团体认同，同时也使渔民接触的讯息与获得的见识多于一般的农民。

　　从生产方式上看，海洋渔业生产更加依靠工具和技术。渔船大小、渔具好坏、技术强弱等，在很大程度上影响了渔业产量与渔民收入。海上作业时，船上渔民各司其职，分工合作，形成一个紧密的团体。农业普遍是家庭经营，虽然不同农户在农忙时节会进行一定的互助，但生产时农民之间的联系远不如渔民。由于生产的不确定性，技术和经验在捕捞时经常起决定性作用。技术强、经验丰富的船老大，熟悉渔场航线、潮流规律、暗礁分布等，能够把握鱼类旺发情况，从而带领渔船取得丰收。反观农业，生产的不确定性弱于海洋渔业，且大部分农民能掌握较好的生产知识与技术，足以应对一般生产。在风调雨顺的情况下，土地质量往往决定了农业产量的高低。

要而言之，不管是生产环境与生产方式，抑或是劳作人群，都表明海洋渔业集体化的基础有别于农业集体化，并有着相对独特的演变轨迹和侧重领域。本书最后尝试从两个方面来深化理解海洋渔业集体化。一是从近代海洋渔业生产秩序出发，以求整体把握海洋渔业集体化的历史展开逻辑以及国家政权在其中发挥的作用。二是从财政汲取角度探讨海洋渔业集体化的意义，在较长的历史脉络中理解20世纪50年代海洋渔业领域财政汲取所发生的变化，并结合海洋渔业的历史经验简要反思现代国家政权建设。①

第一节　海洋渔业生产秩序的变化

近代浙江的海洋渔业生产秩序不仅深受政治局势、社会经济变化的影响，更是不同势力相互碰撞与协调的结果。

西方列强从海上而来，打开了中国的国门。第一次鸦片战争中，英国舰队在中国沿海横行无阻。甲午战败，清政府苦心经营多年的北洋水师化为乌有。从晚清到民国，政府一直尝试对海疆进行有效的控制，但成效非常有限。在政局与社会动荡的情况下，国家海上

---

① 国家政权建设又称国家构建，最早被用于描述近代西欧国家的形成过程，通常是一个中央政权利用专业人员和常设机构在明确的领土内获得垄断、合法地使用暴力的权力的过程。中国现代国家政权建设的重要任务之一是将国家权力延伸到社会底层，在加强管控的同时，有效地汲取社会资源以维持日益庞大的国家机器的运行。参见王健主编《中国史理论前沿》，上海社会科学院出版社2016年版，第53页。

军事力量的欠缺使得海匪不断滋生，这也意味着海洋渔业生产秩序的恶化。为求生命财产安全以及生产安定，渔民与海匪之间达成了妥协，领取"匪片"成为一种普遍现象，海匪因此也有了稳定的收入来源。同时在生存压力下，一些渔民不惜铤而走险，加入海匪从事海上抢劫活动。"亦渔亦匪"情况的存在，使得渔民与海匪间的关系变得更加复杂。总之，海匪是一支不容忽视的脱离于国家政权体系之外的海上武装力量，对近代中国海洋渔业生产秩序的影响甚大。

渔帮是渔民自发联合的团体组织，形成的基础是籍贯与捕捞技术。渔帮一方面使渔民在海上作业时有了可靠的组织依托，另一方面促使公共海洋渔业利益被分割，生产格局逐渐定型。不同地区的渔民往往有特定的捕捞技术，在渔场上有固定的生产区域。但海洋不像陆地一样，没有明确清晰的界线，所以"越界"行为时有发生，容易导致渔民间的械斗。正如民国时有人指出："各帮都有一定的渔场，和各不相同的渔获物。各帮是互相对峙的，要是某帮侵犯了某帮的渔场，往往会引起械斗。"[①] 为协调各帮利益以及处理渔民与政府的关系，浙江沿海地区还发展出更加高级的组织——渔业公所。渔业公所雇用武装保护渔船以应对海匪的骚扰，救济受灾渔民及其家属。[②] 渔帮与渔业公所都是民间自发组织，是维护海洋渔业生产秩序的重要力量。

渔民出海生产前需准备大量物资，捕捞所得鱼货因容易腐败又必须及时销售。在明清以来海洋渔业规模日益扩大的背景下，生产的高投入与产品的时效性，催生出鱼行这样的中介组织。鱼行连接卖主与买主、生产者与消费者（或加工者），是海洋渔业经济链条中的重要一环。另有一些鱼行通过积累与投入，不只充当中介角色，

---

① 王宗培：《中国沿海渔民经济状况之一瞥》，《浙江省建设月刊》1931年6月第4卷第12期。

② 白斌：《明清以来浙江海洋渔业发展与政策变迁研究》，海洋出版社2015年版，第210—218页。

还采取放行头、借旗号的方式，或者自置冰鲜船、加工厂，使自身的业务范围不断扩大。如果鱼行居中使鱼货销售顺畅，那么渔民可以及时偿还鱼行的借款，鱼行经营所得又能继续支持下个渔汛期渔民出海生产，从而形成互利共赢的局面。所以，海洋渔业生产秩序稳定与否，不仅仅在于"生产"，实际也跟"销售"密切相关。

民国时期，特别是南京国民政府建立后，随着国家权力的积极介入，海洋渔业领域出现了一些新变化。政府通过组建渔会来取代渔业公所，对渔民进行重新整合。同时，在渔村中推行合作事业，成立渔业合作社。渔会与渔业合作社数量的大幅增加，主要是在抗战结束以后。另外，政府在鱼货交易繁盛的地方建立官商合营的鱼市场，试图瓦解鱼行对水产品经营的垄断。以上这些举措，由于抗日战争的影响以及战后国民党政权的迅速崩溃，即便是渔会建立了一套相对完整的体系，但这套体系的基层运作者大部分仍来自旧的组织，受到民间传统的制约，所以未能从根本上改变海洋渔业生产秩序。

国民党政权在大陆溃败后，一部分武装力量退守到浙江沿海岛屿，形成国共对抗的局面。盘踞在沿海岛屿的国民党武装力量在地方档案中主要被称为"海匪"，近代威胁海洋渔业生产的海匪有了新的内涵。这些海匪抢船抓人，海上形势动荡不安，一度使渔民不敢出海作业，极大地破坏了海洋渔业生产。1950年舟山群岛解放后，国共在浙江对抗的重心转移到浙南沿海，并持续到1955年年初。浙江沿海地区特别是浙南错综复杂的局势，成为这一时期海洋渔业生产秩序变化的特殊背景。

从1952年开始，浙江沿海各地发动渔民进行民主改革。渔改中阶级的划分重构了渔民的身份，奠定了海洋渔业合作化中渔民差别化待遇的基础。通过入社资格的确定、生产工具所有权的改变，政府有效实现了渔民的整合。原本按照地域、技术联合起来的渔民，被纳入到集体生产与集体分配的渔业合作社中。合作社时期，海洋渔业生产的组织性进一步增强，同时政府采取技术改革、扩大渔场、增加船网、延长作业时间等增产措施，传统的海洋渔业生产秩序发生了显著变化。例如渔业技术的封闭状况被打破，合作社内部以及社与社之间开展了广泛的技术交流与技术互助。又如渔场的公有属性强化，固有的生产格局被突破，在政府的支持下渔民跨区域流动更加频繁。

在水产品销售方面，国营市场与国营公司取代了鱼行，实现了水产品的国家经营。随着鱼市场性质与职能的变化，以及浙江水产运销公司的撤销，地方体制最终统一为全国体制，确立了以水产供销公司为组织形式的经营体制。"供"与"销"相结合，意味着渔需物资供应与鱼货运销一体化，水产经营权高度集中。水产供销公司先将渔需物资拨给渔业合作社，再由渔业合作社分配给渔民；渔民的劳动成果绝大部分归渔业合作社，并由水产供销公司按计划收购。渔业合作社在供销方面起到桥梁作用，因而强化了自身在海洋渔业生产中的地位。

此外，20世纪50年代中期浙江出现的两项重要技术，对海洋渔业生产秩序造成了深刻影响。敲𦪑这一传统技术流传到浙南沿海后，因高产丰收效应受到了政府与渔民的关注，在渔业合作社中迅速扩散开来。敲𦪑渔业不仅严重破坏大黄鱼资源，还挤压了其他渔业的生产空间。浙南敲𦪑渔民经常北上作业，与宁波、舟山渔民发生冲突，使地区间关系骤然紧张。由此可见，海洋渔业生产中的地域隔阂无法通过集体化消除，当渔民利益发生冲突时很容易被激发出来。敲𦪑的案例还表明，合作社时期政府已经成为渔业冲突的仲裁者，维系着海洋渔业生产秩序。机帆船这一新技术的发展，不是简单地以牺牲其他渔民的利益为代价，而是通过提高生产效率来实现渔业产量的增长。与敲𦪑引发广泛冲突不同的是，机帆船在早期获得了渔民的普遍认可，并因其安全性而在一定程度上改善了海上生产环境。可惜的是，由于缺乏合理规划，快速推进的机帆化过多地消耗了公共积累，一度使集体经济陷入困境，对生产秩序造成了冲击。

综上所述，渔帮、渔业公所、鱼行等民间势力在近代浙江海洋渔业发展中扮演了重要角色，在不同环节发挥各自的作用，从而有效保障了渔民的生产。虽然海匪是一种破坏性力量，但其又是当时社会环境的产物，渔、匪之间有着千丝万缕的联系，长期以来形成了共生关系。民间组织的运作方式与内部结构有其特点，在现代国家政权建设中无法有效嵌入到行政体系中。民国时期，政府通过建立渔会、渔业合作社、鱼市场等，试图在海洋渔业领域实现国家权力的增长，但遭到了不同程度的抵制，进展并不顺利。新中国成立以后，中国共产党领导的新政权通过鱼行改造、渔区民主改革、海洋渔业合作化等，成功瓦解了民间力量，有效整合了渔民群体，从而强化了对海洋渔业的管理。随着水产经营体系、集体经济体系的建立，国家权力在海洋渔业领域获得了空前的增长。敲𰻞、机帆船等技术的出现，虽然在渔区引起很大轰动，但其发展始终由政府主导，进一步体现出海洋渔业生产秩序的时代特征。

第二节　海洋渔业与财政汲取问题

水域社会与渔民群体的研究近年来得到了积极推进，特别是明清时期的相关研究，得益于渔课册、契约、族谱等地方文献的发掘，已经取得了令人瞩目的成果。研究者不仅关注水域社会内部的产权与秩序，还通过渔课制度、渔船制度等的建立演变来探讨国家权力如何在水域社会中有效运作，实施对渔民群体的管理。[①] 以渔课制度为例，渔民交纳渔课一般被认为是承认国家统治，成为编户齐民的象征。然而，随着自然环境、社会结构、生产效益等的变化，地方上不断出现渔户逃亡、课额悬空的情况，地方政府只好采取更加灵活的方式来确保渔课的完纳，由此逐渐出现了一批代理人或中间人。在明清王朝国家体制下，渔课是国家权力作用于渔民的一种重要形

---

① 其中以徐斌、刘诗古、杨培娜等的研究成果最具代表性。

式，是国家与渔民之间的一个联结点，却越来越依赖体制外的力量进行维系。

近代以来，国家权力不断向基层社会扩张。但在国家政权与普通民众之间，存在着为数众多的"中间者"，构成现代国家政权建设的障碍。孔飞力将"国家的财政需求如何同地方社会的需要协调起来"作为中国现代国家形成中的根本性问题之一，其中牵涉到消灭税收体系中的中介掮客或势力，提升国家的财政汲取能力。他指出："在努力将未经授权的中介掮客从税收体系中排除出去这一点上，中国进入20世纪的所有政权都继承了旧王朝在这方面曾有过的雄心。"① 杜赞奇注意到，20世纪以后国家政权一直努力将基层行政职员官僚化，以此在税收中摆脱对经纪体制的依赖，但进展十分缓慢，反而由于对财政收入的迫切，造成了赢利型经纪②的大量增生，"国家政权的深入蜕化为将赢利型经纪体制推进到社会最下层"，由此"极大地损害了政权在人们心目中的合法地位"③。很显然，孔飞力与杜赞奇都将税收或者财政汲取视为国家权力向下扩张的重要目标之一，他们的研究都是建立在农村和农业问题的基础之上。

本书所要追问的是，在海洋渔业领域，现代国家政权是否与传统王朝国家类似，将征税作为权力运作的重要目标？中国共产党是否简单地以扩张权力来达到财政汲取的目的，抑或呈现出其他倾向？集体化对于海洋渔业领域的财政汲取有何意义？

一般而言，渔业税主要分为鱼税和船捐两种。鱼税是按渔获物价值征收，"多采包办法，系招商承包制度……或采委任制，吏胥苟

---

① ［美］孔飞力：《中国现代国家的起源》，陈兼、陈之宏译，生活·读书·新知三联书店2013年版，第2、93页。

② 赢利型经纪：指为完成政府规定的某些义务或对乡村社会进行有效的统治，政府将行政职能"转交"给有办事经验的个人或集团（下层吏役）由其承担经纪角色，并默许经纪过程中获取部分利益而不受严厉惩治的经纪模式。

③ ［美］杜赞奇：《文化、权力与国家：1900—1942年的华北农村》，王福明译，江苏人民出版社1996年版，第225—226页。

扰敲剥"。船捐依照渔船大小征收，原本与护洋缉盗相关，后来逐渐演变为牌照税的一种。此外，护洋费也是常见的一种税费。① 当然，这只是一种简单的分类，各地实际的名称与征收情况并不一致。19世纪末，清政府开始尝试设立专门的渔政机构征收渔业税。② 在浙江，光绪二十二年（1896年）宁波、台州、温州三府分别开办渔团，代替各县征收渔船牌照费，主要通过渔团所属分布各处的散董给照收费。③ 这些起到中介掮客作用的散董，大都由当地渔业公所的主事人兼任，在渔民中享有较高的威望，是渔团征税依靠的力量。光绪三十年，在张謇等人建议和推动下，成立了具有政企合一特点的江浙渔业公司。该公司代理到沪渔船报关事务并代收相关税费，同时附设渔会，入会渔民通过所在渔帮的柱首（即负责人）交纳旗照费。④ 从中可见，渔帮的柱首是江浙渔业公司收税的中间人。通过渔帮或渔业公所征收渔业税的方式一直延续到民国时期，各类渔政机构往往需要借助这些民间组织的负责人才能向渔民有效收税。⑤

值得注意的是，虽然浙江的渔业公所最早出现在雍正二年（1724年），但大多数成立于19世纪90年代至20世纪30年代。⑥ 而在此期间，渔政机构普遍设立，渔民承担的税费大量增加。换言

---

① 李士豪、屈若搴:《中国渔业史》，商务印书馆1937年版，第32页。

② 这并不是说之前没有专门的渔政机构。从全国的情况来看，清代继承明代的管理方式，仍设有少量的河泊所征收渔课，直至光绪年间才彻底裁革（参见尹玲玲《明清长江中下游渔业经济研究》，齐鲁书社2004年版，第305页）。但清代浙江与渔业相关的各种税收，长期主要由各县负责征收（参见白斌、张伟《古代浙江海洋渔业税收研究》，载崔凤主编《中国海洋社会学研究》总第1卷，社会科学文献出版社2013年版，第314—316页）。

③ 李士豪、屈若搴:《中国渔业史》，商务印书馆1937年版，第33—37页。

④ 沈同芳:《中国渔业历史》，小说林活版部印刷、江浙渔业公司总发行，1906年，第23—33页。

⑤ 关于民国时期浙江渔政机构的变化和渔业税情况，参见浙江省水产志编纂委员会编《浙江省水产志》，中华书局1999年版，第839—843、911—914页。

⑥ 白斌:《明清以来浙江海洋渔业发展与政策变迁研究》，海洋出版社2015年版，第211—213页。

之，渔业公所数量的增长与政府对海洋渔业领域的财政汲取有着密切关系。另一方面，充当政府税收代理人的渔业公所向着杜赞奇所谓的"赢利型经纪"转变。"至于公所的组织，也是一般投机商人以及土豪劣绅，利用无知渔民的集团"①；"各公所之主办人，非年高之奸商，即无业之渔棍，论其组织内容，向无章程之规定，银钱出纳，素不公开"②；"此种公所，表面虽为渔民组织，然渔民智识幼稚，实际常为豪绅渔棍操纵其间，勾结官厅，从中剥削渔民，利未见而害已随之"③。这类情况的发生，也印证了在国家权力扩张的背景下，政府强烈的财政汲取意图容易导致基层赢利型经纪增生的判断。

实际上，民国时期各级政府从海洋渔业获取的税收，要么被用于行政机构的开支，要么被转移到非渔领域，未能有效转化为海洋渔业现代化的动力。中国的海洋渔业长期处于低效生产状态，既受到自然灾害、经济变化等的影响，又面临来自日本的渔业竞争压力。到20世纪30年代，海洋渔业经济衰落、渔民家庭不断破产的状况促使政府对财政汲取进行了自我抵制。1931年3月28日，国民政府颁布《豁免渔税令》，宣布废除渔业税："吾国渔业，日见衰落，如非积极提倡，实不足以资挽救而图振兴。兹将所有渔税、渔业税，一律豁免。嗣后无论何项机关，皆不得另立名目，征收此项捐税，以副政府废除烦苛，维护渔业之至意。"1933年，国民政府行政院通过实业部提出征收渔业建设费计划。该计划在付诸实践后，却因遭到各地鱼行、鱼商的强烈抵制而最终停止。在官商交涉过程中，官方声称"渔业建设费既系取之于渔用之于渔，是与渔税杂捐不

---

① 王宗培：《中国沿海渔民经济状况之一瞥》，《浙江省建设月刊》1931年6月第4卷第12期。
② 叶奇峰：《对于定海县组织渔会之意见》，《浙江省建设月刊》1936年2月第9卷第8期。
③ 李士豪、屈若搴：《中国渔业史》，商务印书馆1937年版，第96页。

同……不致如国课之流于他用"①。这从侧面反映了海洋渔业税收长期被政府用于其他领域，基本上未投入海洋渔业自身的建设之中。进一步而言，在早期的现代化过程中，有限的财政资源只会被政府投入它所重视的领域，海洋渔业未成为优先发展的产业，而是暂时被牺牲了。

国民政府不仅取消了渔业税，还致力于以渔会取代渔业公所，推动渔业合作社的建立，组织设立渔业银团等，试图通过一定的财政投入来振兴海洋渔业。然而，各级地方政府仍旧设立种种税目，并依靠行政体系以外的中间人向渔民征收。由于渔民一直陷于地方政府与渔业团体共同编织的"税费之网"中，致使推出的革新措施不断遭到消解，有的甚至徒具形式，最终无法改变渔民的处境。整体而言，民国时期国家权力在海洋渔业领域的运作，虽然萌生了一些现代因素，但是始终未能脱离传统王朝国家征收渔课的理路。随着国家机器变得日益庞大，相关机构与人员增多，政府对海洋渔业的财政汲取更加迫切，而支持海洋渔业发展的有限财政投入却未能带来积极变化。

新中国成立以后，国家权力充分深入到基层社会。这不仅是依靠各级党政组织的运转，更是通过开展大规模的群众运动来实现的。作为国家权力扩张重要形式的海洋渔业集体化，也是在如土地改革运动、渔区民主改革运动、海洋渔业合作化运动等一系列群众运动的铺垫和推动下完成的，并建立了由政府主导的水产经营体系和集体经济体系。那么，中国共产党领导下的海洋渔业集体化，是否与民国时期国家权力在海洋渔业领域的扩张类似，将征税作为重要目标？

如前所述，国民政府在 1931 年取消了渔业税，但各地实际仍在用其他名目向渔民收税。新中国成立之初，中央人民政府似乎没有专门规定对渔民进行征税。渔业税收的对象，主要是从事捕捞的机构组织以及处于水产品流通环节的鱼行栈、鱼市场等。1950 年 9 月

---

① 李士豪、屈若搴：《中国渔业史》，商务印书馆 1937 年版，第 53—59 页。

19日，中央人民政府财政部就渔业课税问题规定：

（一）渔民销售自己产品，持有当地村政府以上之证明者，免征营业税及所得税。

（二）水产公司或有固定组织经营渔捞业者（如渔轮业），按税率百分之一征营业税，按一般工商业征所得税。

（三）专向渔民收购产品转售营利之鱼业行栈、渔业合作社、鱼市场、鱼店及鱼贩，按税率百分之二点五课征营业税，按一般工商业课征所得税。

前项鱼业行栈、鱼市场，只代买代卖，收取手续费者，则按其营业收益额依税率百分之六课征。

（四）经常经营鱼业之摊贩，按摊贩营业牌照税办法计征。规模较大者，亦可采用定期定额方法征收之。①

渔民捕捞的鱼货需要在售卖后才能转化为其生活与再生产的物质基础，政府免去渔民的税收，将渔业课税集中在流通环节，相关税收被归入工商业税，这是一种既能减轻渔民负担又符合海洋渔业商业化特点的举措。稍早之前，华东军政委员会水产管理局因各地渔税征收"名目分歧，苛细重复"，下发指示予以规范，其中要义也是对渔民免税，将课税重点放在流通环节。② 至于民国时期各地存在

---

① 《中央人民政府财政部关于渔业交纳工商业税及货物税的几项规定》，1950年9月19日，载华东军政委员会财政经济委员会编《华东区财政经济法令汇编》上册，华东人民出版社1951年版，第271页。

② 《华东军政委员会水产管理局关于各地征收鱼业各税的指示》，1950年7月25日，载浙江省水产局《浙江渔业史》编辑办公室编《水产工作文件选编（1950—1985年）》上册，1987年印，第3页。另外，在该指示下发前，似乎有不少地区对渔民课税，如浙江平阳县鳌江区发生了渔民抗税捣毁国税征稽所的事件。参见平阳县人民政府《关于鳌江区渔民抗税捣毁国税征稽所事件报告》，1950年4月13日，温州市档案馆藏，104—2—28。

的渔船牌照税，从 1949 年以后浙江的情况来看，应该也是被废除了。根据《浙江省渔业登记暂行办法》，凡在浙江省内从事渔业捕捞者，应向当地政府申请登记，由政府发给登记证照和船旗，只向申请者收取工本费。① 为使渔业生产免遭海匪干扰破坏，解放军和各地民兵武装在渔汛期间派出舰艇、人员保护渔船，但未见向渔民收取护洋费的情况。

从已有的材料来看，1956 年以前浙江渔民没有直接纳税的负担。直到 1956 年 2 月 28 日，浙江省人民委员会才颁发《浙江省渔业税征收暂行办法》，规定从当年 4 月 1 日开始按水产品出售额征收渔业税，渔业社（组）、国营或公私合营水产企业税率为 8%，个体渔（农）户税率为 9%。同年 11 月 22 日起，浙江又将海洋渔业税的税率统一改为 3%。渔业税属于浙江省地方税种之一，征收的税额归为浙江省财政收入，采取省与地、县（市）分成的方式。② 为何之前不向渔民征税，政府的解释是："这是因为我国广大渔民在国民党长期的血腥统治下，在苛捐杂税和封建把头的重重剥削下，外海渔民更受到帝国主义的侵略和迫害，生活是十分困苦的。党领导全国人民获得解放之后，为了使渔民迅速地恢复和发展生产，从各方面直接和间接地扶助渔民，前几年之所以不向渔民直接征税，也就是这个道理，在当时是完全必要和正确的。"③

上述理由只是一个方面，1956 年以前之所以不向渔民课税，归纳起来大致有三个原因。一是由于战争破坏以及国共双方长期在浙江沿海对抗，海洋渔业生产处于恢复阶段，渔民生活贫困，加之渔业经济在社会经济结构中所占比重低，课税的基础十分薄弱。二是

---

① 《浙江省渔业登记暂行办法》，1950 年，载浙江省水产局《浙江渔业史》编辑办公室编《水产工作文件选编（1950—1985 年）》上册，1987 年印，第 2 页。

② 浙江省水产志编纂委员会编：《浙江省水产志》，中华书局 1999 年版，第 914—915 页。

③ 《浙江省开征渔业税的宣传要点》，1956 年 3 月，浙江省档案馆藏，J122—008—139。

解放后旧有渔业组织相继瓦解，在反霸、镇反、土改、渔改等运动中，原来替国家收税的中间人被打倒或镇压，新的渔业组织尚未普遍建立，基层渔业干部难以向渔民有效征税。三是随着鱼行被改造以及鱼市场、水产公司的设立，水产经营权从私商转移到国家，由此形成了新的财政汲取模式，这一模式主要靠经营水产品创造财政收入。

在海洋渔业集体化过程中，国家不仅一度不向渔民直接课税，甚至还通过持续的财政投入来支持海洋渔业生产的发展。地方政府向渔民提供无息或低息贷款，重点扶持贫困渔民以及加入集体经济组织的渔民，以此帮助他们摆脱生存危机，购买渔需物资和增添船网等生产工具，这与民国时期的渔贷需要一定财力担保不同。各级水产公司在经营水产品时虽然不忽视经济效益，但更注重政治影响。如1952年冬汛浙江水产运销公司以自身的亏损来保证渔民的利益，1957年温州水产供销分公司在加工处理设备受限和收购计划完成的情况下仍大量收购当地渔民的敲𦩍鱼货。地方政府自觉地推动渔船动力的革新，负责机帆船试验并提供一定贷款给渔业合作社建造机帆船。总之，中国共产党领导下的新政权试图通过有效的财政投入来构建其在海洋渔业领域的合法性基础。新政权并不掩盖通过权力扩张来建立新的财政汲取模式的企图，但也不吝啬通过财政投入来促进国家权力的扩张、渔民生活的改善以及海洋渔业的现代化。

新中国在海洋渔业领域所建立的财政汲取模式，既非明清王朝国家主要采取的渔课定额化，及依靠中间人收税来保证适当的财政收入，又非民国时期通过苛捐杂税，加重渔民负担来增加财政收入。其奥妙在于国家直接经营水产，实行水产品统购包销的政策，从某种程度上来说集体经济组织正是为此服务的。渔民加入渔业合作社后，渔业合作社便成为这一财政汲取模式的基本单元，渔业合作社干部变成了具体的执行者。同时，渔业合作社只有不断增产，才能使国家在水产品经营中获取更多的利润，从而增加财政收入。

从海洋渔业的历史经验出发，真正的现代国家政权建设不只是国家权力扩张进行财政汲取的过程，至少还应包括国家权力扩张中的财政投入问题。如果某一领域汲取的财政资源被大量转移到其他领域，而财政投入又十分有限，那么国家权力在该领域的扩张并不能带来政权合法性的基础，相反还可能因财政汲取的迫切与转移逐渐丧失其在民众心中的正当性。唯有合理的财政汲取与有效的财政投入共同配合，方能为国家权力的深入运作创造持久的合法性资源，为现代国家的形成奠定坚实基础。

参考文献

(一) 档案

浙江省档案馆，中共浙江省委农村工作部档案，全宗号J007。
浙江省档案馆，浙江省农业厅档案，全宗号J116。
浙江省档案馆，浙江省水产厅档案，全宗号J122。
宁波市档案馆，中共宁波地委渔盐部档案，全宗号地8。
宁波市档案馆，宁波地区行政公署档案，全宗号地31。
宁波市档案馆，宁波地区水产局档案，全宗号地56。
舟山市档案馆，中共舟山地委档案，全宗号5。
台州市档案馆，中共台州地委档案，全宗号J013。
台州市档案馆，台州专署档案，全宗号J036。
温州市档案馆，中共温州地委档案，全宗号87。
温州市档案馆，中共温州地委农村工作部档案，全宗号94。
温州市档案馆，中共温州地委渔盐部档案，全宗号95。
温州市档案馆，温州专署档案，全宗号104。

(二) 报纸

《平阳报》
《人民日报》
《瑞安报》
《玉环报》
《浙江日报》

《浙南大众报》

  （三）期刊

《东方渔业》

《东方杂志》

《华东水产》

《水产工作通讯》

《浙江经济月刊》

《浙江农村工作通讯》

《浙江省建设月刊》

《浙江省立水产科职业学校校刊》

《浙温渔业》

  （四）方志

岱山县志编纂委员会编：《岱山县志》，浙江人民出版社1994年版。

定海县志编纂委员会编：《定海县志》，浙江人民出版社1994年版。

方扬编：《瓯海渔业志》，浙江省政府建设厅第三区渔业管理处1938年印。

福建省诏安县地方志编纂委员会编：《诏安县志》，方志出版社1999年版。

嘉庆《澄海县志》，《中国地方志集成·广东府县志辑》，上海书店出版社2013年影印本，第26册。

椒江市水产志编纂委员会编：《椒江市水产志》，1993年印。

民国《潮州志》，《中国地方志集成·广东府县志辑》，上海书店出版社2013年影印本，第25册。

民国《海门镇志稿》，椒江市地方志办公室1993年标点本。

民国《瑞安县志稿》，浙江图书馆古籍部藏，1938年版。

民国《台州府志》，《中国地方志集成·浙江府县志辑》，上海书店出版社1993年影印本，第45册。

南澳县地方志编纂委员会编：《南澳县志》，中华书局2000年版。

普陀县志编纂委员会编：《普陀县志》，浙江人民出版社1991年版。

《普陀渔业志》编纂委员会编:《普陀渔业志》,方志出版社 2015年版。

饶平县地方志编纂委员会编:《饶平县志》,广东人民出版社 1994年版。

汕头市水产局编:《汕头水产志》,1991 年印。

《上海渔业志》编纂委员会编:《上海渔业志》,上海社会科学院出版社 1998 年版。

沈家门镇志编纂领导小组编:《沈家门镇志》,浙江人民出版社 1996年版。

实业部国际贸易局编:《中国实业志(浙江省)》,1933 年印。

《温岭市渔业志》编纂委员会编:《温岭市渔业志》,中华书局 2007年版。

温州市军事志编纂委员会编:《温州市军事志》,解放军出版社 2003年版。

玉环坎门镇志编纂办公室编:《玉环坎门镇志》,浙江人民出版社 1991 年版。

浙江省水产志编纂委员会编:《浙江省水产志》,中华书局 1999年版。

舟山市军事志编纂委员会编:《舟山市军事志》,2009 年印。

《舟山渔志》编写组编著:《舟山渔志》,海洋出版社 1989 年版。

周科勤、杨和福主编:《宁波水产志》,海洋出版社 2006 年版。

(五) 文史资料

岱山县政协文史资料与教文卫体委员会、岱山县海洋与渔业局编:《岱山县文史资料》第 9 辑《耕海歌——岱山海洋渔业史料专辑》,中国文史出版社 2010 年版。

郭振民:《舟山文史资料》第 10 辑《舟山渔业史话》,中国文史出版社 2005 年版。

温州市政协文史资料委员会编:《温州文史资料》第 19 辑,2005年印。

玉环县政协文史资料委员会编:《玉环文史资料》第 13 辑, 1998 年印。

玉环县政协文史资料委员会编:《玉环文史资料》第 19 辑《综合性史料》, 2002 年印。

玉环县政协文史资料委员会、玉环县水产局编:《玉环文史资料》第 16 辑《渔业专辑》, 2000 年印。

浙江省政协文史资料委员会编:《浙江文史集粹(经济卷)》上册, 浙江人民出版社 1996 年版。

浙江省政协文史资料委员会编:《浙江文史资料选辑》第 41 辑《风雨忆同舟》, 浙江人民出版社 1989 年版。

浙江省政协文史资料委员会编:《浙江文史资料选辑》第 50 辑《肝胆常相照——浙江各民主党派工商联史料》, 浙江人民出版社 1993 年版。

政协椒江市委员会文史资料研究委员会编:《椒江文史资料》第 3 辑, 1986 年印。

政协椒江市委员会文史资料工作委员会编:《椒江文史资料》第 7 辑, 1989 年印。

政协三门县文史资料委员会编:《三门文史资料》第 4 辑, 1990 年印。

政协浙江省定海县委员会文史资料研究委员会编:《定海文史资料》第 1 辑, 1984 年印。

政协浙江省定海县委员会文史资料研究委员会编:《定海文史资料》第 2 辑, 1985 年印。

政协舟山市普陀区委员会教文卫体与文史委员会编:《普陀文史资料》第 1 辑《中国渔港沈家门》, 中国文史出版社 2005 年版。

中国人民政治协商会议浙江省岱山县委员会文史工作委员会编:《岱山文史资料》第 4 辑, 1992 年印。

中国人民政治协商会议浙江省委员会文史资料研究委员会编:《浙江文史资料选辑》第 21 辑, 浙江人民出版社 1982 年版。

舟山市普陀区政协教文卫体与文史委员会编:《普陀文史资料》第 3

辑《普陀渔船史话》，中国文史出版社2009年版。

舟山市政协文史和学习委员会编：《舟山文史资料》第17辑《舟山渔业世纪回眸》，中国文史出版社2014年版。

舟山市政协文史和学习委、舟山晚报编：《舟山文史资料》第8辑《文史天地（上册）》，文津出版社2003年版。

（六）资料汇编、工具书等

《当代中国农业合作化》编辑室编：《建国以来农业合作化史料汇编》，中共党史出版社1992年版。

国务院法制办公室编：《中华人民共和国法规汇编》第2卷，中国法制出版社2005年版。

国务院法制办公室编：《中华人民共和国法规汇编》第4卷，中国法制出版社2005年版。

华东军政委员会财政经济委员会编：《华东区财政经济法令汇编》上册，华东人民出版社1951年版。

华东军政委员会土地改革委员会编：《浙江省农村调查》，1952年印。

宁波市鄞州区档案馆编：《近代鄞县史料辑录》上，天津古籍出版社2013年版。

农牧渔业部水产局编：《水产工作文件选编（1949—1977年）》上册，1983年印。

潘迎捷主编：《水产辞典》，上海辞书出版社2007年版。

山东省供销合作社联合社史志办公室编：《山东省供销合作社史料选编（1924—1949）》，1991年印。

《石浦渔业之调查》，浙江省立宁波民众教育馆1936年印。

温州市水产局、水产学会等编：《温州水产志·资料长编》卷4《水产捕捞篇》，1991年印。

温州市水产总公司、温州市水产学会编：《浙江渔业史·温州渔业史料（一）》，1987年印。

夏征农、陈至立主编，熊月之等编著：《大辞海·中国近现代史卷》，上海辞书出版社2013年版。

浙江省档案馆等编：《中共浙江省委文件选编（1949年5月—1952年12月）》，1988年印。

浙江省民政厅编：《浙江建置区划沿革》，浙江大学出版社2009年版。

浙江省水产局编：《浙江省水产统计资料汇编》，1955年印。

浙江省水产局《浙江渔业史》编辑办公室编：《水产工作文件选编（1950—1985年）》上册，1987年印。

浙江省水产厅编：《海洋捕鱼技术》，浙江人民出版社1959年版。

浙江省统计局编：《浙江统计年鉴（1990）》，中国统计出版社1990年版。

中共温州市委党史研究室编：《中共温州地（市）委文献选编（二）》，中共党史出版社2013年版。

中共温州市委党史研究室编：《中共温州地（市）委文献选编（三）》，中共党史出版社2013年版。

中共温州市委党史研究室编：《中共温州地（市）委文献选编（四）》，中共党史出版社2013年版。

中共温州市委党史研究室编：《中共温州地（市）委文献选编（五）》，中共党史出版社2013年版。

中共浙江省委党史资料征集研究委员会等编：《红十三军与浙南特委》，中共党史资料出版社1988年版。

中共浙江省委农村工作部编：《石塘镇第一渔业生产合作社》，浙江人民出版社1954年版。

中共中央文献研究室编：《建国以来重要文献选编》第1册，中央文献出版社1992年版。

《中国的土地改革》编辑部等编：《中国土地改革史料选编》，国防大学出版社1988年版。

中国共产党浙江省委员会办公厅编：《一九五五年浙江农村工作经验汇编》，浙江人民出版社1956年版。

中国人民解放军历史资料丛书编审委员会编:《剿匪斗争·华东地区》上,解放军出版社2004年版。

中国社会科学院、中央档案馆编:《1949—1952中华人民共和国经济档案资料选编(农村经济体制卷)》,社会科学文献出版社1992年版。

中华人民共和国水产部办公厅编:《水产工作概况》,科学技术出版社1959年版。

中央档案馆、中共中央文献研究室编:《中共中央文件选集(1949年10月—1966年5月)》第7册,人民出版社2013年版。

中央档案馆、中共中央文献研究室编:《中共中央文件选集(1949年10月—1966年5月)》第9册,人民出版社2013年版。

中央档案馆、中共中央文献研究室编:《中共中央文件选集(1949年10月—1966年5月)》第10册,人民出版社2013年版。

舟山市档案局、舟山市史志办公室编:《中共舟山地委文献选编(1953—1958)》,2016年印。

（七）著作

白斌:《明清以来浙江海洋渔业发展与政策变迁研究》,海洋出版社2015年版。

程连升:《筚路蓝缕:计划经济在中国》,中共党史出版社2016年版。

丛子明、李挺主编:《中国渔业史》,中国科学技术出版社1993年版。

丁留宝:《上海鱼市场研究(1927—1937年)》,江西人民出版社2019年版。

杜润生主编:《中国的土地改革》,当代中国出版社1996年版。

费鸿年:《中外渔业概观》,商务印书馆1931年版。

宫明山、涂逢俊主编:《当代中国的水产业》,当代中国出版社1991年版。

贺喜、科大卫主编:《浮生:水上人的历史人类学研究》,中西书局

2021年版。

李士豪:《中国海洋渔业现状及其建设》,商务印书馆1936年版。

李士豪、屈若搴:《中国渔业史》,商务印书馆1937年版。

李玉尚:《海有丰歉:黄渤海的鱼类与环境变迁(1368～1958)》,上海交通大学出版社2011年版。

梁敬明:《走近郑宅:乡村社会变迁与农民生存状态(1949—1999)》,中国社会科学出版社2005年版。

林毅夫:《制度、技术与中国农业发展》,上海三联书店、上海人民出版社1994年版。

刘诗古:《资源、产权与秩序:明清鄱阳湖区的渔课制度与水域社会》,社会科学文献出版社2018年版。

马骏杰:《档案里的中国海军历史》,山东画报出版社2014年版。

马玉生:《中国近代中央警察机构建立、发展与演变》,中国政法大学出版社2015年版。

欧阳宗书:《海上人家——海洋渔业经济与渔民社会》,江西高校出版社1998年版。

钱承绪编著:《中国之渔业》,中国经济研究会1942年版。

沈同芳:《中国渔业历史》,小说林活版部印刷、江浙渔业公司总发行,1906年。

沈志华、唐启华主编:《金门:内战与冷战:美、苏、中档案解密与研究》,九州出版社2010年版。

苏泽龙:《晋祠稻米——农业技术与乡村社会变迁研究》,商务印书馆2018年版。

孙善根、白斌、丁龙华:《宁波海洋渔业史》,浙江大学出版社2015年版。

王笛:《袍哥:1940年代川西乡村的暴力与秩序》,北京大学出版社2018年版。

王刚编著:《渔业经济与合作》,正中书局1937年版。

王健主编:《中国史理论前沿》,上海社会科学院出版社2016年版。

王奇生:《革命与反革命:社会文化视野下的民国政治》,社会科学文献出版社2010年版。

文海编著:《流变的民俗:葭沚民俗考》,上海社会科学院出版社2011年版。

徐斌:《制度、经济与社会:明清两湖渔业、渔民与水域社会》,科学出版社2018年版。

薛暮桥:《旧中国的农村经济》,农业出版社1980年版。

杨瑞堂编著:《福建海洋渔业简史》,海洋出版社1996年版。

尹玲玲:《明清长江中下游渔业经济研究》,齐鲁书社2004年版。

张立修、毕定邦主编:《浙江当代渔业史》,浙江科学技术出版社1990年版。

张震东、杨金森编著:《中国海洋渔业简史》,海洋出版社1983年版。

郑广南:《中国海盗史》,华东理工大学出版社1998年版。

中共浙江省委党史研究室:《中国共产党浙江历史》第2卷上册,中共党史出版社2011年版。

中共浙江省委党史研究室、当代浙江研究所编:《当代浙江简史(1949—1998)》,当代中国出版社2000年版。

朱伯康、施正康:《中国经济史》下卷,复旦大学出版社2005年版。

庄维民:《中间商与中国近代交易制度的变迁:近代行栈与行栈制度研究》,中华书局2012年版。

[美]杜赞奇:《文化、权力与国家:1900—1942年的华北农村》,王福明译,江苏人民出版社1996年版。

[美]贺萧:《记忆的性别:农村妇女和中国集体化历史》,张赟译,人民出版社2017年版。

[美]黄宗智:《长江三角洲小农家庭与乡村发展》,中华书局1992年版。

[美]孔飞力:《中国现代国家的起源》,陈兼、陈之宏译,生活·读书·新知三联书店2013年版。

[美]李怀印:《乡村中国纪事:集体化和改革的微观历程》,法律

出版社 2010 年版。

[美] 罗威廉：《红雨：一个中国县域七个世纪的暴力史》，李里峰等译，中国人民大学出版社 2013 年版。

[美] 穆黛安：《华南海盗（1790~1810）》，刘平译，中国社会科学出版社 1997 年版。

[美] 穆盛博：《近代中国的渔业战争和环境变化》，胡文亮译，江苏人民出版社 2015 年版。

[美] 斯科特：《逃避统治的艺术：东南亚高地的无政府主义历史》，王晓毅译，生活·读书·新知三联书店 2016 年版。

中村治兵衛：《中國漁業史の研究》，刀水書房 1995 年版。

（八）论文

白斌、张伟：《古代浙江海洋渔业税收研究》，载崔凤主编《中国海洋社会学研究》总第 1 卷，社会科学文献出版社 2013 年版。

郭于华、孙立平：《诉苦：一种农民国家观念形成的中介机制》，载刘东主编《中国学术》第 12 辑，商务印书馆 2002 年版。

黄宗智：《中国革命中的农村阶级斗争——从土改到文革时期的表达性现实与客观性现实》，载黄宗智主编《中国乡村研究》第 2 辑，商务印书馆 2003 年版。

李玉尚：《明清以来中国沿海大黄鱼资源的分布、开发与变迁》，载夏明方主编《生态史研究》第 1 辑，商务印书馆 2016 年版。

刘利民：《领海划界与捍卫海疆主权——南京国民政府颁布"三海里令"成因论析》，载张宪文主编《民国研究》第 23 辑，社会科学文献出版社 2013 年版。

伍振华：《清末民国上海水产市场的演变特征与动力机制》，载张利民主编《城市史研究》第 32 辑，社会科学文献出版社 2015 年版。

夏继果：《海洋史研究的全球史转向》，载刘新成主编《全球史评论》第 9 辑，中国社会科学出版社 2015 年版。

张小军：《阳村土改中的阶级划分和象征资本》，载黄宗智主编《中国乡村研究》第 2 辑，商务印书馆 2003 年版。

周晓虹：《1951～1958：中国农业集体化的动力——国家与社会关系视野下的社会动员》，载周晓虹、谢曙光主编《中国研究》总第 1 期，社会科学文献出版社 2005 年版。

白斌：《清代浙江海洋渔业行帮组织研究》，《宁波大学学报》（人文科学版）2011 年第 6 期。

蔡勤禹：《小农经济型态下的渔民组织及其职能——以民国青岛渔会为例》，《中国社会经济史研究》2006 年第 3 期。

蔡勤禹、庞玉珍：《社会转型中的民间组织研究——以战后青岛渔会为例》，《东方论坛》（青岛大学学报）2006 年第 3 期。

蔡昇璋：《战后初期台湾的渔业技术人才（1945—1947）》，《师大台湾史学报》（台北）2010 年第 3 期。

常明明：《农业合作化运动中农业技术改造考察》，《中国农史》2015 年第 4 期。

陈辰立：《一九五〇年代惠安沿海渔业民主改革研究》，《党史研究与教学》2018 年第 5 期。

陈冠任：《盟军总部与中日渔权争议（1945—1952）》，《国史馆馆刊》（台北）2011 年 3 月第 27 期。

陈广相：《建国初期华东地区剿灭海匪的斗争》，《党史资料与研究》2008 年第 3 辑。

都樾、王卫平：《张謇与中国渔业近代化》，《中国农史》2009 年第 4 期。

樊树志：《"倭寇"新论——以"嘉靖大倭寇"为中心》，《复旦学报》（社会科学版）2000 年第 1 期。

冯贤亮：《清代太湖乡村的渔业与水域治理》，《中国高校社会科学》2017 年第 3 期。

冯筱才：《跨过 1949：二十世纪中国整体研究刍议》，《社会科学》2012 年第 5 期。

高粱：《鲥鱼与鲥贡》，《古今农业》1988 年第 1 期。

葛玲：《中国乡村的社会主义之路——20 世纪 50 年代的集体化进程

研究述论》，《华中科技大学学报》（社会科学版）2012年第2期。
韩志浩：《粮食危机与明清以来东海北部带鱼捕捞》，《科学与管理》
　　2012年第1期。
侯嘉星：《战前山东地区的渔业竞争与渔轮机动化发展（1921—
　　1937）》，《政大史粹》（台北）2011年12月第21期。
江涛：《明以来湖北渔业产权的归属与变迁》，《湖北大学学报》（哲
　　学社会科学版）2009年第3期。
黎心竹：《水域政区化：新中国水上民主改革的历史透视（1950—
　　1955年）》，《当代中国史研究》2019年第6期。
李飞龙：《合作化时期沿海"半渔半农"生产结构的调整与平衡——
　　以山东日照地区为中心》，《史林》2023年第1期。
李飞龙、厉文姣：《1950～1957年的日照渔业生产互助合作组织》，
　　《当代中国史研究》2018年第6期。
李金铮：《问题意识：集体化时代中国农村社会的历史解释》，《晋
　　阳学刊》2011年第1期。
李里峰：《阶级划分的政治功能——一项关于"土改"的政治社会
　　学分析》，《南京社会科学》2008年第1期。
李里峰：《群众运动与乡村治理——1945—1976年中国基层政治的
　　一个解释框架》，《江苏社会科学》2014年第1期。
李玉尚：《河流淤废与宋以降松江鲈之变迁》，《科学与管理》2014
　　年第6期。
李玉尚：《明清以来黄渤海带鱼渔获量变化及其原因》，《科学与管
　　理》2012年第1期。
李玉尚：《乾嘉以来小黄鱼渔业的开发与市场体系》，《中国农史》
　　2013年第5期。
李玉尚、胡晴：《清代以来墨鱼资源的开发与运销》，《思想战线》
　　2013年第4期。
梁洪生：《捕捞权的争夺："私业"、"官河"与"习惯"——对鄱阳
　　湖区渔民历史文书的解读》，《清华大学学报》（哲学社会科学版）

2008 年第 5 期。

梁洪生:《从"四林外"到大房:鄱阳湖区张氏谱系的建构及其"渔民化"结局——兼论民国地方史料的有效性及"短时段"分析问题》,《近代史研究》2010 年第 2 期。

刘汉东:《魏晋南北朝林业、渔业考查》,《中国社会经济史研究》1991 年第 3 期。

刘俊勇、刘倩倩:《辽东半岛早期渔业研究》,《辽宁师范大学学报》(社会科学版) 2010 年第 5 期。

刘利民:《论民国时期日本对华侵渔活动及其特点与影响》,《吉首大学学报》(社会科学版) 2006 年第 2 期。

刘利民:《清末社会维护领海渔业权活动考察》,《晋阳学刊》2015 年第 4 期。

刘利民:《日本越界侵渔与民国北京政府的应对 (1924—1927)》,《抗日战争研究》2013 年第 3 期。

刘利民:《试论 1927—1937 年国民政府制止日人侵渔政策——以中日渔业交涉为中心》,《抗日战争研究》2015 年第 1 期。

刘诗古:《从"化外之民"到"水上编户":20 世纪 50 年代初鄱阳湖区的"民船民主改革"运动》,《史林》2018 年第 5 期。

刘诗古:《明代鄱阳湖区渔课制度的建立及其演变——以〈嘉靖二十一年都昌县渔米课册〉为中心》,《新史学》(台北) 2017 年 3 月第 28 卷第 1 期。

刘诗古:《明末以降鄱阳湖地区"水面权"之分化与转让——以"卖湖契"和"租湖字"为中心》,《清史研究》2015 年第 3 期。

刘诗古:《清代内陆水域渔业捕捞秩序的建立及其演变——以江西鄱阳湖区为中心》,《近代史研究》2018 年第 3 期。

刘诗古:《"入湖权"的由来——明初鄱阳湖区的湖池"闸办"与渔户"承课"》,《历史人类学学刊》(香港) 2016 年 4 月第 14 卷第 1 期。

刘兴林:《论商代渔业性质》,《古今农业》1989 年第 1 期。

刘兴林：《浅议商代渔业的几个问题》，《殷都学刊》1995 年第 4 期。

刘亚娟：《新旧之间：建国初期上海国营鱼市场经纪人制度的改革》，《史林》2016 年第 2 期。

鲁西奇：《中古时代滨海地域的"水上人群"》，《历史研究》2015 年第 3 期。

吕世忠：《先秦时期山东的渔业》，《齐鲁学刊》1990 年第 2 期。

邱仲麟：《冰窖、冰船与冰鲜：明代以降江浙的冰鲜渔业与海鲜消费》，《中国饮食文化》（台北）2005 年 7 月第 1 卷第 2 期。

邱仲麟：《从禁捕到渔甲：明代江浙地区出海捕鱼管制措施的变迁》，《清华学报》（新竹）2005 年 12 月新 35 卷第 2 期。

任云仙：《1952～1953 年江西省水上民主改革研究》，《当代中国史研究》2019 年第 6 期。

王利兵：《记忆与认同：作为非物质文化遗产的南海〈更路簿〉》，《太平洋学报》2019 年第 3 期。

王利兵：《流动的神明：南海渔民的海神兄弟公信仰》，《中山大学学报》（社会科学版）2017 年第 6 期。

王利兵：《流动与边界：南海渔民的跨界互动》，《二十一世纪》（香港）2017 年 4 月总第 160 期。

王利兵：《南海航道更路经研究——以苏德柳本〈更路簿〉为例》，《中国边疆史地研究》2016 年第 2 期。

王利兵：《文化生态学视野下的海洋生计与文化适应——以海南潭门渔民为例》，《南海学刊》2016 年第 1 期。

王利兵：《制度与生活：海洋秩序的渔民实践》，《开放时代》2019 年第 5 期。

王利兵：《作为网络的南海——南海渔民跨海流动的历史考察》，《云南师范大学学报》（哲学社会科学版）2018 年第 4 期。

王楠：《海洋风暴、应灾模式与社会变迁——以 1950 年代的胶东渔场为中心》，《中国历史地理论丛》2017 年第 4 辑。

王楠：《渔业合作化中的资源争端——以 1950 年代的胶东渔村为中

心》,《古今农业》2017 年第 3 期。

王楠:《政府权力与资源保护——以 1950 年代的胶东渔场为中心》,《中国历史地理论丛》2016 年第 2 辑。

王楠:《资源禀赋、政策导向与社会效应——1950 年代荣成地区的捕鲨计划》,《中国农史》2014 年第 5 期。

王楠:《资源、技术与政策:妇女的角色转变——以近现代的胶东渔村为例》,《妇女研究论丛》2016 年第 2 期。

王赛时:《中国古代食用鲥鱼的历史考察》,《古今农业》1997 年第 3 期。

王子今:《秦汉渔业生产简论》,《中国农史》1992 年第 2 期。

魏天安:《宋代渔业概观》,《中州学刊》1988 年第 6 期。

魏文享、王增峰:《抗战后的上海渔会与渔业经济(1946—1949)》,《中国社会经济史研究》2011 年第 4 期。

吴俊范:《传统时期太湖流域的渔民及其生计》,《地域研究与开发》2017 年第 1 期。

吴赘:《二十世纪下半叶鄱阳湖区的"农进渔退"》,《历史研究》2016 年第 6 期。

徐斌:《国家与渔民:宋至清两湖地区渔税的性质、征收及其演变》,《清华大学学报》(哲学社会科学版)2019 年第 4 期。

徐斌:《明代河泊所的变迁与渔户管理——以湖广地区为中心》,《江汉论坛》2008 年第 12 期。

徐斌:《明清河泊所赤历册研究——以湖北地区为中心》,《中国农史》2011 年第 2 期。

徐斌:《明清湖池水域所有制研究——以两湖地区为中心》,《中国社会经济史研究》2006 年第 1 期。

徐斌:《明清两湖水域产权形态的变迁》,《中国经济史研究》2017 年第 2 期。

徐斌:《清代水域上的征课体系、产权与湖区社会——以湖北大冶河泾湖册为中心》,《历史人类学学刊》(香港)2016 年 4 月第 14 卷第 1 期。

徐斌：《以水为本位：对"土地史观"的反思与"新水域史"的提出》，《武汉大学学报》（人文科学版）2017 年第 1 期。

徐世康：《宋代沿海渔民日常活动及政府管理》，《中南大学学报》（社会科学版）2015 年第 3 期。

薛磊：《元代河泊所与河泊课考述——从"金山台池印"谈起》，《中国社会经济史研究》2017 年第 3 期。

杨国桢：《海洋世纪与海洋史学》，《东南学术》2004 年增刊。

杨培娜：《澳甲与船甲——清代渔船编管制度及其观念》，《清史研究》2014 年第 1 期。

杨培娜：《从"籍民入所"到"以舟系人"：明清华南沿海渔民管理机制的演变》，《历史研究》2019 年第 3 期。

杨培娜：《明代中后期渔课征纳制度变革与闽粤海界圈占》，《学术研究》2012 年第 9 期。

杨培娜：《清朝海洋管理之一环——东南沿海渔业课税规制的演变》，《中山大学学报》（社会科学版）2015 年第 3 期。

杨培娜：《"违式"与"定例"——清代前期广东渔船规制的变化与沿海社会》，《清史研究》2008 年第 2 期。

杨培娜：《新中国成立初期渔业合作化政策演进与海洋渔业发展——以广东潮汕地区为例》，《广东社会科学》2022 年第 1 期。

杨培娜：《渔引与"乾标"——清代前中期广东渔盐配给制度的形成》，《盐业史研究》2011 年第 2 期。

杨钊：《先秦时期的渔捞业》，《农业考古》1999 年第 1 期。

易素梅：《鲜味与权力——海鲜在唐宋转型期的位置》，《历史人类学学刊》（香港）2017 年 4 月第 15 卷第 1 期。

尹玲玲：《略论清代的渔盐》，《中国社会经济史研究》2005 年第 1 期。

尹玲玲：《明代的渔政制度及其变迁——以机构设置沿革为例》，《上海师范大学学报》（哲学社会科学版）2003 年第 1 期。

曾品沧：《埤与塘：清代台湾养殖渔业发展的比较分析》，《台湾史研究》（台北）2012年12月第19卷第4期。

张剑光：《唐代渔业生产的发展及其商品化问题》，《农业考古》1996年第3期。

张举：《新中国初期农民协会兴起与隐退原因探析》，《湖南农业大学学报》（社会科学版）2002年第3期。

郑晓云：《关于水历史》，《光明日报》2014年1月8日第16版。

周苏平：《先秦时期的渔业——兼论我国人工养鱼的起源》，《农业考古》1985年第2期。

庄维民：《近代山东渔业生产的改良及其局限》，《古今农业》1998年第2期。

陈亮：《国家、技术与市场：闽台沿海海洋鱼类种群结构变迁原因研究（1492—1966）》，博士学位论文，上海交通大学，2013年。

黄晓岩：《民国时期浙江沿海渔会组织研究——以玉环渔会为例》，硕士学位论文，浙江大学，2009年。

江涛：《明至民国湖北省渔业经济研究》，博士学位论文，厦门大学，2009年。

姜明辉：《近代上海渔业用冰与冰鲜水产消费（1931—1949）》，硕士学位论文，上海师范大学，2015年。

李勇：《近代苏南渔业发展与渔民生活》，博士学位论文，苏州大学，2007年。

彭宁：《晚清中韩渔业纠纷研究》，硕士学位论文，中国社会科学院研究生院，2012年。

王涛：《明清以来南海主要渔场的开发（1368—1949）》，博士学位论文，上海交通大学，2014年。

张骏杰：《明清鲥贡制度变迁研究》，硕士学位论文，江西师范大学，2015年。

附 录

附录一 20世纪50年代中期浙江省海洋渔业主要作业概况

渔船名称	每艘载重量（担）	作业人数（人）	渔具种类	渔具数量	渔期（农历）	作业区域	平均单位年产量（担）	主要渔获物
大对船	200—300	15—16	裤网	2顶	正月至四月 七月至十月	佘山、韭山、洋鞍、浪岗、吕泗	680	小黄鱼、带鱼
大捕船	350	6—8	张（裤）网	3顶	四月初至六月底	岱衢洋、大戢洋	400	大小黄鱼、墨鱼、梅子
背对船	350	12	裤网	2顶	三月半至五月半 十月半至十二月半	嵊山、中街山、浪岗、南韭山	180	带鱼

续表

渔船名称	每艘载重量（担）	作业人数（人）	渔具种类	渔具数量	渔期（农历）	作业区域	平均单位年产量（担）	主要渔获物
小对船	60—80	8	裤网	2顶	常年作业	大目洋、猫头洋、岱衢洋、花鸟、浪岗、大戢洋、衢港	300	大小黄鱼、墨鱼、带鱼、鲳鱼
擂网船	60—90	10	裤网	2顶	南洋常年作业 北洋三月廿至五月半，九月底至十一月廿	披山、大陈、南北麂山、大目洋、猫头洋、嵊山	330	大小黄鱼、鲳鱼、带鱼、鳓鱼、墨鱼
江蟹背	400—600	12	裤网	2顶	三月底至五月半 九月底至十一月廿	大目洋、猫头洋、大陈、披山	460	大小黄鱼、带鱼、墨鱼
大流网	470	8	刺网	40片	十一月半至次年三月半	旧黄河口、佘山洋、福建外海、台湾海峡、浪岗、花鸟、青岛	640	鲨鱼、鲷鱼、马鲛、鳓鱼
小流网	60	5	刺网	25片	四月至八月	衢山、大戢洋、鱼山、沿海均有	80	大黄鱼、鲍鱼、鳓鱼
独捞船	130	8—11	围网	2顶	三月半至五月半	猫头洋、大目洋	300	大黄鱼、鲳鱼
鹰捕船	60—200	7—11	张网	20—50筐	九月半至次年五月	南麂洋面及近海岸边	1200	带丝、带鱼、虾潺、梅子

续表

渔船名称	每艘载重量（担）	作业人数（人）	渔具种类	渔具数量	渔期（农历）	作业区域	平均单位年产量（担）	主要渔获物
舻艚船	300—500	11—15	张网	每船一个舻	三月初至十月初	鳌江、飞云江、椒江口、瓯江口	650	大小黄鱼、鲵鱼、杂鱼、梅子、虾蟹、带丝
单夹船	120—250	8	有袋围网	1张	八月初至次年五月底	南北麂山、台山	200	大小黄鱼、带鱼、鲵鱼、鲳鱼、杂鱼
双夹船	180—600	16	裤网	2顶	八月初至次年五月底	南北麂、大陈、洞头、三沙	750	大小黄鱼、大鲨鱼
墨鱼船	10—15	3—4	拖网	2—3顶	三月中旬至六月上旬	嵊山、中街山、南北麂、洞头、大陈	80	墨鱼
大钓船	1000	32	钓钩	大约8篮，大花约14篮，小花约14篮	八月至年四月	鱼山、洋棋、披山、南北麂、东西福山、嵊山、桃花、大陈	800	鳗鱼、黄鱼、带鱼、鲳鱼、大鲨鱼
小钓船	80—150	5—6	钓钩	大约8篮，大花约14篮，小花约14篮	常年作业	鱼山、南北麂、披山、南韭山、洋棋、嵊山、马蹟、大陈、东福洋	250	鳗鱼、黄鱼、带鱼、鲳鱼、大鲨鱼

资料来源：浙江省水产局编：《浙江省水产统计资料汇编》，1955年印，第1页。

附录二　浙江传统渔场

名称	面积（平方千米）	范围	生产主要鱼类
嵊山渔场	8050	北至佘山洋，南至浪岗，东连舟外渔场，西至嵊泗列岛	带鱼、小黄鱼、乌贼、鲐鲹鱼
中街山渔场	1372	北至浪岗，南至洋鞍渔场，东接舟外渔场，西连岱衢渔场	乌贼、带鱼、小黄鱼、鳓鱼
洋鞍渔场	5505	以洋鞍为中心，北连中街山渔场，南至韭山渔场，东接舟外渔场，西靠朱家尖、桃花岛等	带鱼、小黄鱼、鲐鲹鱼
岱衢渔场	3430	北到大小洋山，南至岱山、长涂，西靠杭州湾口，东至三星列岛	大黄鱼、鲳鱼、鳓鱼、海蜇等
大目渔场	1850	北自六横诸岛，南至檀头山接猫头洋，西靠象山半岛，东连韭山列岛	大黄鱼
猫头渔场	2750	北起檀头山接大目洋，南达东矶列岛，西至三门湾，东连鱼山水域	大黄鱼
南韭山渔场	3087	南起北纬29°，北至北纬29°30′，水深55米以内	带鱼、小黄鱼
大陈渔场	7426	西自台州湾外侧，东至鱼外渔场，北接鱼山渔场，南连洞头披山洋	带鱼、小黄鱼、乌贼
洞头渔场	10331	北起大陈渔场，南接南北麂渔场，东连温外渔场，西至洞头诸岛	带鱼、乌贼、小黄鱼、大黄鱼
南北麂渔场	7644	南起北纬27°，北连洞头洋，西自鳌江口外侧，东至温外渔场	大黄鱼、带鱼、乌贼、梭子蟹、中国毛虾
佘山渔场	5515	北接吕泗渔场，南至鸡骨礁，东起长江口外，西至崇明水域	小黄鱼、梭子蟹

资料来源：浙江省水产志编纂委员会编：《浙江省水产志》，中华书局1999年版，第106页。

索　　引

A

阿大　78
鳌江　49，61，192

B

北麂　30，43，49，50，55，177，179，193
滨海地域　2
冰鲜船　17，22，69，79，81，83—86，94，106，150，189，207，238

C

财政汲取　6，35，236，240，241，243，244，247，248
财政投入　35，149，170，244，247，248
曹世豪　114
长元　68—72，74，75，83，121，129，130，136，149，163

陈必胜　58
陈刚　209
陈仁兴　83
陈侠　102
楚门　47
船主　70，71，74，75，112，119，121，131，132，146
船租　65，74，75，101，110，132，150，158

D

打洋船　170，182，195，197，209，214，225
大捕船　68，70，74，82，157，158，170，206，214，215，228，232
大陈　30，53，185，193，194
大对船　30，53，64，68—70，74，82，83，85，136，137，155，157，168，170，208，212，232

大黄鱼　21，22，30，34，100，174—178，183—186，197，214，239

大目洋　191

大渔乡　148，151，170，177

邓林华　99，102

邓子恢　138

地域隔阂　34，202，239

丁阿德　150

东钱湖　64，69，74，114，115

东沙　82，208

东山　133，176，177

董大成　89

洞头　29，30，49，55，60，64，142，155，177，184，185，188，189，193，197

独立劳动者　110，131，132，134，135，137—139，141，144，146，147，153

杜润生　161

多人　55，67，69，70，212

F

方原　120

匪棍　41

匪片　38，40—42，50，51，56，59，237

匪属　57—59，61

冯维周　89

付息法　159，160

妇女动员　35，219，221，233

G

高复隆　223，225

工分　167—169

公共积累　34，35，159—161，163，164，171，181，182，204，216，222—226，230，233，234，239

公有化股份基金　162，163

雇工　66，67，70，72，75，84，125，129，131，132，134—137，147，149，150

郭钦再　219

国营牌价　100

H

海匪　33，36—52，54—60，212，237，238，240，246

海门　42，44，53，55，89，115，116，120，123，124，190，201，205

海涂　30，123，125

海洋史学　1

航地　123

鹤浦　205

胡宗南　55

互助合作　53，60，76，104，

107, 120, 121, 138, 145—
149, 166, 208, 217
划分阶级　75, 122, 127, 137
还本法　159
黄妹九　163
黄明胜　74, 75
黄石乡　158, 218

J

机帆船　5, 34, 35, 52, 170,
171, 182, 191, 197, 202—
210, 213—234, 239, 240,
247
机帆化　5, 35, 204, 208,
210, 217, 218, 221—225,
229—234, 239
机械化　15, 120, 182, 183,
197, 217
鸡山乡　59, 161
计划经济体制　76, 188, 196,
210
技术改革　165, 169—171, 201,
202, 238
技术交流　165, 166, 196, 239
江浙渔业公司　108, 242
蒋介石　48, 54, 55
蒋世泽　158
阶级成分　4, 34, 121, 127,
128, 130, 131, 133, 137—

139, 141, 143—146, 152,
153, 155, 168
借旗号　83—85, 95, 238
经售员　92—95, 98
纠会　64—66

K

坎门　49, 50, 52, 59, 61,
150, 152, 188, 228
扣圈　174

L

劳力报酬　158, 159, 167
劳武结合　51
老大　52, 66—71, 129, 165—
169, 178, 185, 191, 208,
209, 221, 227, 229, 230, 236
老轨　220, 229, 230
李大富　116
李寄耕　83
李老六　185
李频如　207, 208
李士豪　7—9, 121
李星颉　195
粮食漏海　56
鲁家峙　50, 169, 170, 208,
209, 214—216, 219, 230,
232
绿壳　40

落河先生 79

M

蚂蚁岛 48，134，208
蚂蚁乡 149，158，161
猫头洋 185，191，195，198
毛贤友 115，116
毛止熙 45

N

南峰 220
南麂 30，49，55，193，197
鸟头票 85

P

披山 40，181，187，193
贫苦渔民 41，45，65，131，132，135，138，139，141，142，147，149，151—153，155，157，159，162，163，168

Q

敲𦩍 5，34，171—202，225，239，240，247
屈若搴 7，9

R

饶尚友 177

入股法 159

S

三伯爷 40
散董 242
商品化 4，10，11
邵阿毛 163
沈家门 31，43，53，64，73，74，77，80，82，83，85，86，88，89，92，94，131，133，150，165，166，209，214，217，220，222，226，227，230，232
沈同芳 7，9
石浦 42，53，93，175，191
石塘 39，134，181
史锦纯 114
水产供销公司 34，96，105，106，189，239
水产经营权 34，76，88，96，239，247
水产运销公司 34，96，99—104，239，247
水产资源调查队 73，131，150
水警 42，44，45
水域社会 2，6，24，240
宋裕和 118
苏其坤 205
所有权 24，28，34，125，

156, 158, 159, 161, 162, 164, 218, 238

T

统购包销 106, 189, 247

统购统销 60

土改 4, 25, 34, 122, 124—128, 130, 131, 133, 135, 141, 144, 145, 163, 247

W

王惠菊 220

王士龙 185

王尧耕 195

王玉忠 69, 70, 74, 75

王裕民 102

王云祥 39, 40

王尊贤 195

X

虾峙 53, 70

现代国家政权建设 35, 236, 240, 241, 247

项道匀 191

项来保 70

小钓船 49, 52, 82, 155, 182, 200, 214

小对船 30, 82, 214, 215

谢明术 176, 177

谢素英 220

新水域史 2

行话暗语 79, 81

行基 123, 124, 144

行业术语 77, 79

许根荣 207

Y

叶航民 176, 180

叶显法 198

一般渔民 63, 88, 119, 133—135, 137, 138, 147—149, 151—153, 157, 158, 161—163, 165, 168, 215, 227

一江山 50, 61

亦渔亦匪 37, 46, 235, 237

佣金 82—84, 86, 89, 91, 92, 95, 132

鱼厂 77, 83, 84, 86

鱼贩 17, 27, 82, 86, 90—93, 245

鱼商 27, 65, 92, 93, 96, 243

鱼市场 3, 7, 16—18, 27, 33, 34, 76, 85, 88—100, 238—240, 244, 245, 247

鱼行 15—17, 19, 27, 32, 34, 36, 64—66, 69, 76—78, 80, 82—84, 86, 88—

96，99，101，129，135，141，144，237—240，243，247

鱼行栈　65，77—79，81—86，88，92，93，244

鱼行主　131，132，139—141，146，149，150，153，154

鱼栈　77，78，85，91

渔霸　113，131，132，139—141，146，147，152，153，180

渔帮　15，18，107，122，237，239，242

渔改　34，62，83，122，134—141，143，144，146，150，152，163，238，247

渔工　52，65，75，110—112，126，128，129，131，132，135，138，139，141，142，146—153，155，157—159，161—163，168，208

渔会　18，19，34，44，107—113，238，240，242，244

渔伙　45，70—72，121

渔轮　16，203—205，222，227，228

渔民协会　53，107，108，110—113，125，134

渔民自卫队　44

渔山　50，55

渔团　38，42，242

渔武队　52

渔业产量　169，171，176，178，184，185，188，202，210，211，216，235，239

渔业公所　18，41，42，107，109，237—239，242—244

渔业合作社　5，19，33，34，107，108，111，113—121，145，147—151，153—164，166—171，173，177，178，180—182，184—187，192，197，198，201，202，204，209—211，214—217，219—221，223，225，226，229，230，233，238—240，244，245，247

渔业建设费　243

渔业警察　43

渔业税　12，241—244，246

渔业土地　123，125

渔业资本家　65，75，113，125，128，131，132，134—139，141，144—147，149—155

渔用地　125，128

Z

造船　10，149，157，212，213

曾山　105

增产　165，169—171，178，181，184，186，196，210—213，216，218，234，239，247

张宝盈　69，70，74，75

张謇　7，15，38，42，242

张立修　99，102，197，198，209

张瑶琴　220

张志清　116

章以托　78

招待所　61

折价　34，47，151，156—159，161，164，180

郑馨　38

指导船　29，191，192，219

致富　70，183，186，188

周良顺　163

周鸣岐　209

朱德　46，118

柱首　242

转业　34，76，92，93，96，98，141，177，194，197—201

后　　记

　　我出生在一个山村里，尽管我们这个县级市叫"临海"，但县城并不靠海。我的父母都是农民，我的村庄离海也很远。我可能是十多岁才第一次见到海，记忆中的那片海很黄，与我在课堂中获知的蓝色印象完全不同，好让人失望！

　　求学岁月于我而言是幸运的，从小学到大学没有太多波折。2014年本科毕业后，我在无多少规划与确切目标中进入直博生涯，幸运地遇到了认真负责、令人敬重的导师梁敬明教授。梁师总是对我们寄予很高的期望，不赞成亦步亦趋，希望我们能拓展出别开生面的研究领域。

　　梁师鼓励我们结合个人兴趣，努力发掘博论选题，这是一个深入思考与自我提升的训练过程。在确定海洋渔业相关的选题后，接下来就是漫长的资料搜集。其间，浙江省档案馆的档案抄录花费了最多的时间与精力，断断续续将近一年。此外，我又去台州市档案馆、温州市档案馆、舟山市档案馆和宁波市档案馆搜集了一些档案，特别是在台州市档案馆和温州市档案馆收获颇丰。在此，感谢档案馆工作人员所提供的便利。我还曾到浙江图书馆、杭州图书馆、温州图书馆搜集资料，感谢图书馆的工作人员。

　　在梁师的催促与带领下，我们一起去舟山做了一次田野调查，并得到了舟山市档案馆张燕儿、章啸女士以及浙江国际海运学院孙峰、吴革老师的热情帮助。那是2018年的冬天，舟山已没有了夏日的人头攒动，我们主要跑了蚂蚁岛、朱家尖的樟州村和桃花岛的龙洞村。蚂蚁岛的坚守、樟州村的转型以及龙洞村的荒芜，见证了新中国成立后特别是改革开放以来舟山渔区的社会变迁。我们也在当地做了一些口述访谈，感谢接受采访的章新亚、王瑞琪先生以及任杏莲女士。十分遗憾的是，永远错过了曾短暂电话交谈的葛银水先生。

  2019年年底，我完成了博士学位论文答辩。当时自认为较成熟的稿子，现在细读错漏不少。尤让我感到惭愧和不安的是，这是一个与我个人生命体验基本无关的研究领域。

  本书的一些章节曾作为单篇论文提交学术会议或投稿给学术刊物，感谢学者们的中肯批评与建议。实事求是地说，尽管做了不少的删改与完善，这仍是一部不太成熟的书稿。谨以此书纪念逝去的学术懵懂岁月，感谢家人的理解与陪伴。未来，或许更加迷茫，但希望也是在各种不确定性中产生的。

2023年9月